全国高等职业院校餐旅类专业教改教材
中国烹饪协会职业培训指定教材

LüYOU
FANDIAN SHICHANG YINGXIAO

旅游饭店市场营销

李日欣 主编
中国烹饪协会 组织编写

中国轻工业出版社

图书在版编目（CIP）数据

旅游饭店市场营销 / 李日欣主编. —北京：中国轻工业出版社，2014.7

全国高等职业院校餐旅类专业教改教材

ISBN 978-7-5019-8285-1

Ⅰ. ①旅…　Ⅱ. ①李…　Ⅲ. ①旅游饭店-市场营销学-高等职业教育-教材　Ⅳ. ①F719.2

中国版本图书馆CIP数据核字（2011）第179429号

责任编辑：史祖福

策划编辑：史祖福　　责任终审：张乃柬　　封面设计：锋尚设计

版式设计：锋尚设计　　责任校对：郎静瀛　　责任监印：胡　兵

出版发行：中国轻工业出版社（北京东长安街6号，邮编：100740）

印　　刷：三河市万龙印装有限公司

经　　销：各地新华书店

版　　次：2014年7月第1版第2次印刷

开　　本：787×1092　1/16　印张：17

字　　数：391千字

书　　号：ISBN 978-7-5019-8285-1　定价：34.00元

邮购电话：010-65241695　传真：65128352

发行电话：010-85119835　85119793　传真：85113293

网　　址：http：//www.chlip.com.cn

Email：club@chlip.com.cn

如发现图书残缺请直接与我社邮购联系调换

140965J2C102ZBW

全国高等职业院校餐旅类专业教改教材编审委员会

主　任　杨　柳

委　员　王美萍　郭春慧　曲绍卿　刘　捷
鲁琳雯　巩显芳　石长波　隋海涛
郭晓赓　杨雪欣　王　玉　宋国庆
轩福华　汪晓梅　杨　晶　田　彤
李日欣　王　美

本书编写委员会

主　编　李日欣（哈尔滨商业大学）

副主编　张　众（河南商业高等专科学校）
刘　巍（河北旅游职业学院）

参　编　汤　姿（哈尔滨商业大学）
崔久玉（河北旅游职业学院）
马　立（河北旅游职业学院）

PREFACE 序言

为深化我国高等职业教育教学改革，加强课程改革的实体教材建设，解决教材滞后对餐旅类院校深入推进教学改革带来的影响，2009 年中国烹饪协会与中国轻工业出版社联合启动了高等职业教育餐旅类专业教改教材的研究项目，对餐旅类专业的课程、教学与教材进行了深入探讨。

职业教育教学改革的核心是课程改革，而课程改革的中心又是教材的改革。教材的内容与编写体例基本上决定了学生从该门课程中能学到什么样的知识、技能，形成什么样的逻辑思维习惯。以往餐旅类专业课程教材的编写多数是沿袭传统的学科教材模式，教材的内容与体例按章节设计，理论性强，没有与行业产品、岗位紧密联系在一起，缺乏针对性。本套教材以课程改革为主线，采取模块化的编写体例，以任务的形式完成课堂教学。教材内容围绕职业教育特点和行业对技能人才的需求进行阐述和安排。

本套教材作为中国烹饪协会与中国轻工业出版社联合推出的餐旅类专业的教育教学改革成果，获得了业内专家、学者与教师的大力支持和参与，经过了持续探索和大胆创新。本套教材由中国烹饪协会组织相关专家进行审稿，以确保教材质量。但由于教学改革是一项庞大的系统工程，不免会存在一定的局限性，恳请广大读者提出宝贵意见，以便我们今后修订时不断完善。

全国高等职业院校餐旅类专业教改教材编审委员会

PREFACE 前言

我国的酒店业是改革开放以后与国际接轨最早、国际化程度最高的行业之一。作为旅游业的三大支柱产业之首，我国的酒店业取得了长足的发展。随着旅游业的飞速发展，我国酒店业将迎来更加灿烂辉煌的明天。

然而，我国酒店业在经历了高速成长期后，已经开始进入成熟期，市场竞争激烈。如何将市场营销的观念、方法和手段全面贯彻落实到旅游饭店的各个经营实践环节中去，如何在新形势下生存和发展，是我国任何一家旅游饭店都无法回避且迫切需要解决的重要课题。现代意义上的市场营销理论于20世纪初产生于美国。20世纪70年代末，现代营销思想开始引入我国。我国理论界对旅游饭店市场营销的研究相对比较滞后。在这种背景下，我们编写了这本教材，以适应旅游教育对专业课程教材的需要和酒店业对专业人才培养的需要。

本教材的编写内容是根据当前市场营销的成熟理论体系逐渐展开的，从基本概念和营销观念入手，围绕旅游饭店进行市场营销活动的内在逻辑层次顺序推进。本教材的特点在于：将市场营销学的一般原理与酒店业的经营特点紧密结合起来，使其有很强的针对性和实践指导意义；根据学生的学习要求和工作岗位的技能要求，以旅游饭店营销的基本知识介绍和能力培养为主；反映知识更新和营销理论、实践发展的最新动态，将新的操作技术、营销精髓和最新的营销实例反映到教材中，所选取的案例取材于国内外知名企业的资料，甚至就发生在学生身边。

本教材由李日欣（哈尔滨商业大学）担任主编并负责统稿。各模块编写分工为：李日欣（哈尔滨商业大学）负责编写模块一、模块八，张众（河南商业高等专科学校）负责编写模块四、模块九、模块十，刘巍（河北旅游职业学院）负责编写模块五、模块七，汤姿（哈尔滨商业大学）负责编写模块二、模块三，马立（河北旅游职业学院）负责编写模块六，崔久玉（河北旅游职业学院）负责编写模块十一。

由于编者的水平和能力有限，缺点与疏漏在所难免，恳请读者提出批评与建议，以便日后改正和完善。

编者

2011年8月

目 录 CONTENTS

模块一 旅游饭店市场营销概论

模块二 旅游饭店市场营销环境分析

模块三 旅游饭店顾客购买行为分析

模块一

旅游饭店市场营销概论

1．了解市场营销学的发展
2．了解市场营销学的研究对象、研究方法
3．了解并重点掌握五种不同的市场营销观念
4．了解市场、市场营销以及旅游饭店市场营销的准确含义
5．了解并掌握旅游饭店市场营销的新理念

市场营销学是一门研究企业市场营销活动和行为及其基本规律的新兴学科。旅游饭店市场营销学作为市场营销学的分支，其产生和形成是社会经济高度发展的产物，它指导和提升了旅游饭店市场营销实践活动，而这种实践活动同时又反作用于旅游饭店经济。要大力发展我国旅游饭店的竞争能力和发展能力，必须加强对旅游饭店市场营销理论与方法的学习和实践。

项目一　市场营销学的发展和研究方法

一、市场营销学的发展

1912 年，美国哈佛大学经济学教授哈杰特奇首次出版了以“市场营销学”（Marketing）

命名的教科书，标志着市场营销学正式成为一门独立的学科。20 世纪 30 年代的经济萧条更使得各生产厂家开始认真研究和分析市场销售活动，从而使市场营销学研究工作普遍展开，并逐渐传入西欧和日本。进入 20 世纪 60 年代，对市场营销学的研究进入高潮，各种理论著作相继问世，以美国麦卡锡和科特勒为代表人物的著作已形成了完整的现代市场营销学的理论体系和研究方法。20 世纪 70 年代，市场营销学又结合社会学、心理学、行为学以及公共关系学等学科发展成为一门重要的边缘学科。随着商品经济不断向纵深发展，为适应瞬息万变的市场，适应社会经济发展的需要，市场营销学一直在不断充实、不断完善中发展，并形成了自己完整的学科体系。

二、市场营销学的研究对象

现代市场营销学对其研究对象的认识可以称为广义认识，它是随市场营销学内容体系的发展而逐渐形成的。

随着商品经济的发展，市场营销学的研究对象已不仅仅局限于原来的商品销售（流通）领域，而是扩大到从研究消费者的需求开始，一直到如何保证消费者的需求得到真正和全部的满足为止的全过程。这实际上形成了一个由研究市场（消费者）需求开始，最后又以满足市场（消费者）需求为终结的往复循环过程，这种循环又称为市场营销循环。

现代市场营销学研究如何在满足消费者利益的基础上，适应和刺激消费者的需求，并有计划地组织整体市场营销活动，提供满足消费者需求的商品和服务，并从中获得最大限度的利润。市场营销学理论及其内容体系的核心是，强调一切活动必须以消费者的需求和利益为中心，这也是任何企业得以生存和发展的关键。

三、市场营销学的研究方法

市场营销学的研究方法较多，归纳起来有如下几种：

（一）分类研究方法

所谓分类研究方法指的是，在市场营销活动中，按产品的不同属性、市场的不同职能、营销活动的不同阶段等进行分类，并按类别分别对市场营销活动进行研究。具体有：

1. 产品研究法

产品研究法就是以各类产品及其组合为研究对象，着重分析它们的市场需求变化及发展趋势，分析产品开发、产品质量控制、产品定价、产品分销和促销等方面的问题。

2. 机构研究法

机构研究法着重研究分销渠道系统中各个层次和各种类型的市场营销机构的市场营销问

题。例如，产品生产者、批发商、零售商和旅游代理商的功能、作用以及他们的营销活动。

3. 职能研究法

职能研究法即通过详细分析研究各个市场职能以及企业在执行其职能中所遇到的问题，来研究和认识市场营销问题。例如，在买方市场的条件下企业的定价问题、竞争问题等。

4. 社会研究法

社会研究法主要是研究企业的各种市场营销活动对社会所产生的积极或消极影响，以及影响的程度。这是一种以社会营销观念为导向的研究方法，其目的在于寻求企业的利益与社会根本利益的完美结合。

5. 管理研究法

管理研究法也称决策研究法，是从管理决策的角度来研究市场营销问题。企业的营销活动中存在着很多问题需要决策，而决策是否科学合理，直接关系到企业营销的成败。管理研究法就是以系统工程的原理和方法为指导，充分运用经济学、社会学、心理学、管理学、运筹学以及计算机等学科的知识，对市场营销活动进行综合性研究，以便提高营销活动中决策的科学性。

（二）定性分析研究法

营销中有很多问题，诸如消费者的态度、行为、动机、趋势等无法量化，只能对其进行定性分析，定性分析是建立在逻辑思维和经验判断的基础之上的。定性分析研究法在市场营销学中占有重要的地位。

（三）定量分析研究法

定量分析是建立在数学、统计学、系统工程等学科的基础之上，运用数学模型进行的数量分析。定量分析能够揭示事物发展、变化的程度，而市场营销中有很多问题需要进行定量分析，如市场的规模、各种指标的增长率、环境容量及企业的市场占有率等问题都需要进行定量的分析，以得到较准确的结果，便于营销决策人员进行决策。

需要指出的是，在进行市场营销研究的时候，有时要综合运用多种方法进行研究。

项目二 市场与市场营销

一、市场的概念

市场是生产力发展到一定阶段的产物，是随商品生产和交换的发展而发展的。相应的，

“市场”这一概念在不同时期和不同场合具有不同的内涵。最早的市场概念是指商品交换的场所，即具备买卖双方进行商品交换活动所需条件的地点，是从有形的“物”的角度描述市场的，这种说法至今在某些场合仍在使用，如超级市场等。随着经济的发展，交换活动日益渗透于整个现代经济，成为联系现代经济体系的纽带，市场的概念也就有了新的形式和内涵。在现代，广义的市场概念是指以交换过程为纽带的现代经济体系中的各种经济关系的总和。美国市场学家菲利普·科特勒在《营销管理》一书中将“市场”定义为：“一个市场是由那些具有特定的需要或欲望，而且愿意并能够通过交换来满足这种需要或欲望的全部潜在顾客所组成。”从这一定义可以看出，市场营销学中关于市场的一般概念是建立在“消费主体”即“人”的基础上的。换言之，市场就是在一定时间、一定地点的条件下，对某种产品或劳务具有潜在购买欲望和购买力的消费主体的集合。

从市场营销学关于市场的一般概念不难看出，市场是由消费主体、购买力和购买欲望三个主要因素构成的，其关系可用公式简单表示为：

市场 = 消费主体 × 购买力 × 购买欲望

消费主体是购买商品、服务的消费者和各类社会组织的总和，这些社会组织包括各类工商企业、政府机构和其他非营利机构。购买力就是消费主体支付货币购买商品或劳务的能力。购买欲望是指消费主体购买商品的动机、愿望或要求，是消费主体把潜在购买力变为现实购买力的重要条件，是构成市场的基本要素。

构成市场的三个要素是密切相关、缺一不可的。消费主体因素是前提，没有消费主体就没有市场。当然还要看消费主体的收入状况，只有人口多而居民收入又高的国家或地区，才可能拥有一个真正大的和有潜力的消费者市场。有了消费主体及其收入，还必须使商品和服务能符合消费主体的要求，能够引起消费主体的购买欲望。而激发消费主体的购买欲望，并为消费主体顺利实施购买行为创造必要的条件，往往离不开提供产品和服务的企业所制定和实施的市场营销策略。从这个意义上说，企业的市场营销能力甚至也可以被看作是市场的一个要素。只有同时具备了消费主体、购买力、购买欲望以及企业的市场营销能力这几个因素，才能保证企业的产品和服务具有一个现实的市场。

二、市场营销的定义

关于市场营销的第一版官方定义是在 1935 年由美国市场营销协会（AMA）的前身——美国营销教师协会所采用的，1948 年被美国市场营销协会正式采用。1960 年，美国市场营销协会对这一定义进行了重新审视，但并未做任何修改。就这样，关于市场营销的最初定义一直沿用了 50 年，直到 1985 年才进行重新修订。此次修订后的定义将市场营销表述为：市场营销是计划和执行关于商品、服务和创意的观念、定价、促销和分销，以创造符合个人和组织目标交换的一种过程。这个定义一直被沿用到 2004 年夏季。2004 年 8 月，于美国市场营销协会波士顿夏季营销学者研讨会上，在整合了来自全球的理论界和实业界众多市场营销者贡献的基础之上，关于市场营销的新定义出台，并以此更新了近 20 年来对市场营销的官方定义。中国人民大学商学院郭国庆教授建议将其完整地表述为：市场营销既是一种组织职能，也是为了组织自身及利益相关者的利益而创造、传播、传递客户价值，管理客户关系的一系列过程。

新定义在着眼点、表述的重点上都有了创新。具体表现为：

1. 着眼于顾客

首先，明确了顾客地位。新定义在表述上始终是围绕“顾客”而展开的，尤其强调了要重视“管理客户关系”。关于营销的定义，不同的学者或者机构虽从不同的角度给出过不同的看法，其中也不乏对顾客的认同。但是，在定义中如此着重突出“顾客”，这在市场营销发展史上可以说是第一次。由此，我们不难看出新定义中“顾客”在市场营销中的地位。

其次，承认了顾客价值。新定义不是停留在市场营销要有盈利这样一个水平上，而是着重体现承认顾客价值。新旧定义的交替实际上是承认顾客价值驱动着市场。顾客构成市场，市场沉浮企业。因此，无论何时何地，争取顾客的支持，千方百计地满足顾客，应当是企业思考营销问题的核心。

最后强调了与顾客的互动。新定义在描述市场营销过程时是紧紧围绕顾客价值来阐述的。新经济条件下的市场营销发展趋势之一就是客户越来越多地参与到营销活动中来。从新产品开发到售后服务，从营销战略制定到营销策略实施，这样一系列的过程中应当重视客户更多地参与，也只有这样才能真正做到尊重客户价值。

2. 肯定了市场营销的特质

第一，肯定了市场营销是一个过程。市场营销不仅是一种经营哲学，更是一种应用性很强的学科，它的发展历程本身就注定了它的实践性。强调它的可操作性，自然就已经把市场营销活动看作是一个过程。对这一问题，新定义主要是从客户价值的角度来阐述的，它要求改变市场营销就是围绕 4P（产品、价格、促销、渠道）而展开的传统看法，而应该着眼于客户价值来综合运用各种营销策略，以期给客户提供更多更有意义的价值。

第二，肯定了市场营销的地位。市场营销是一项组织职能，现在看来这似乎是一个很简单的命题。在国外，市场营销作为一项组织职能的作用受到了高度的重视，但不可否认的是，在我国的企业中，对营销的重视也不过就是近几年来的事情。目前，大多数企业还是把市场营销看作是一项营利的手段而已，并没有将其当作一项经营哲学或者理念来指导组织的行为，倘将其上升到一项组织职能，还有待进一步发展。

第三，肯定了市场营销的目标。在现代社会里，随着经济的不断发展，各种组织与利益相关者之间的联系比历史上任何一个时期都更为广泛，市场营销不仅要以本组织的利益为目标，而且要兼顾到利益相关者的利益，这样才能保证本组织市场营销活动的可持续发展。

第四，肯定了市场营销的导向。市场营销以客户为导向还是以竞争者为导向，不同的市场营销者有着不同的观点。新定义中对市场营销应该着重于客户价值给出了明确的表述。市场营销在理念上应该以关注客户价值为核心，专注于更好地创造、传播和传递客户价值，管理客户关系，这是市场营销最本质的要求。当然，重视竞争，这也是市场营销操作上应该予以关注的，但是应该强调的是，即使是强化竞争，也应该始终围绕“客户”这样一个核心，不然就会偏离了方向。

三、旅游饭店市场营销的概念

旅游饭店市场营销就是旅游饭店市场营销者识别、发现旅游饭店消费者需要和欲望，通过创造、提供和交换旅游饭店产品来满足这些需要和欲望，进而实现旅游饭店目标的一种管理过程。

项目三 市场营销观念的演变

市场营销观念，是指企业领导人在组织和谋划企业的营销管理实践活动时所依据的指导思想和行为准则。市场营销观念是企业领导人对市场的根本态度和看法，是一切经营活动的出发点，也是一种商业哲学或思维方法。一种市场营销观念的形成不是凭人们主观臆造出来的，而是一个复杂的社会过程。一定的市场营销观念是一定社会经济发展的产物。它是企业领导人在企业所处的特定的内外环境下，为了有效地实现企业的经营目标而在其经营实践中逐渐地产生和形成的。一定的市场营销观念一旦形成，又会反过来对企业的经营管理活动产生积极的能动作用，指导和推动企业经营管理活动的开展。

市场营销观念大体经历了生产观念、产品观念、推销观念、市场营销观念及社会营销观念五个发展阶段。

（一）生产观念

生产观念是指导市场卖方行为的最古老的哲学观念之一，这种观念是在卖方市场条件下形成的。生产观念认为，消费者最中意的产品是那些容易得到的和支付得起的，所以管理人员就应该关注生产和分销的效率。生产观念是一种典型的重生产、轻营销的观念，其最大的问题在于管理人员可能过于注重制造系统而忽略顾客的存在。例如：一位旅游者住在瑞士阿尔卑斯山上一家可以俯瞰日内瓦湖美丽景色的饭店里。饭店的餐厅有一个户外阳台，在那里可以充分感受美丽的周边环境，倘若在这个阳台上吃早餐，应该说是夏日里开始一天生活的最好方式。对于这位宾客来说，这个阳台是个很大的利益所在；而对于饭店来说，它却成了麻烦。因阳台处在离厨房最远的边缘上；阳台附近没有服务台，所有的供应品都得从餐厅中间通过；而进入阳台的通道只有一个，出入很不方便。总之，在阳台上为客人提供服务很不划算。饭店为了限制顾客在阳台就餐，索性不在那里置放餐桌。如果有客人要求在阳台就餐，服务人员就会给客人以痛苦的表情，然后磨蹭 15 分钟才放好桌子，待食物端上餐桌，服务员便会无影无踪，这就是他们提醒顾客别在阳台就餐的方式。这种处理方式只会让顾客反感。相反，如果饭店将阳台视为提供产品的优势所在，想办法解决问题，满足顾客的需要，这种差异就会足以给饭店创造更多的顾客，并从这些顾客中获得利益和好评。

（二）产品观念

产品观念，像生产观念一样，也是一种内视型的陈旧的经营观念。产生这种观念的客观背景基本上还是供不应求的卖方市场。这种观念认为，消费者更喜欢现有的产品和产品形式，管理人员的工作是去更好地研究和翻新这些产品，即企业只应在提高产品质量、增加产品功能及突出产品特色方面下工夫，有了好的产品，就会有好的市场，也就会有可观的利益。这就忽略了重要的一点：消费者是寻求需要的满足，而且很可能转向完全不同的产品以便更好地满足他们的需要。例如，汽车旅馆可以代替饭店。

在这种观念的支配下，企业的经营管理者往往看不到消费者需求的不断变化，看不到消费者对产品提出的新要求。忽视市场需求的变化，一味地去注重产品，必然导致企业经营者在市场营销管理中的短视行为，从而使企业经营陷入困境。

（三）推销观念

推销观念产生于卖方市场向买方市场过渡时期。推销观念认为，除非一个组织做出大量的销售和促销努力，否则消费者就不会购买更多该组织的产品。在持推销观念者看来，消费者通常表现出来的是一种购买惰性或抗衡心理，如果任其自然的话，他们一般不会自愿或足量购买某一企业的产品。因此，企业的推销自然就有较大的市场空间，企业就可以通过推销而使潜在的购买者发生转化。推销观念支配下的销售导向目标是：尽可能地获得每一笔生意。

推销观念并不能建立起与顾客的长期关系，因为它的指导思想就是要甩掉所拥有的产品，而不是创造市场所需要的产品。企业在生意走向清淡时往往要做广告，却不去分析一下生意清淡的原因，设法改变产品以便适合变化了的市场，而是更多地忙于促销，通过加大广告力度和增加折扣来把产品推给顾客。

推销观念在旅游业当中非常普遍，其中一个重要的影响因素是持续的生产能力过剩。实际上，这个产业内部的很多旅游企业都曾深受生产能力过剩之苦，当所有者或最高管理层面临生产能力过剩的情况时，自然就会想到：销售—销售—再销售。

（四）市场营销观念

市场营销观念是一种较为现代的经营哲学，是一种被旅游业迅速采纳的观念，许多企业都以这种哲学思想作为指导。四季饭店集团、马里奥特公司都完全采用这种观念。市场营销观念认为，组织目标的实现，离不开对目标顾客需要和欲望的识别，更依赖于能比竞争者更有效地满足顾客的需要。对营销观念的描绘可谓是五花八门，例如，“找到需要并满足之”，“制造你能销售出去的东西，不要销售你能制造的东西”等。此外，营销观念经常被混同于推销观念。图 1-1 对两者进行了比较。

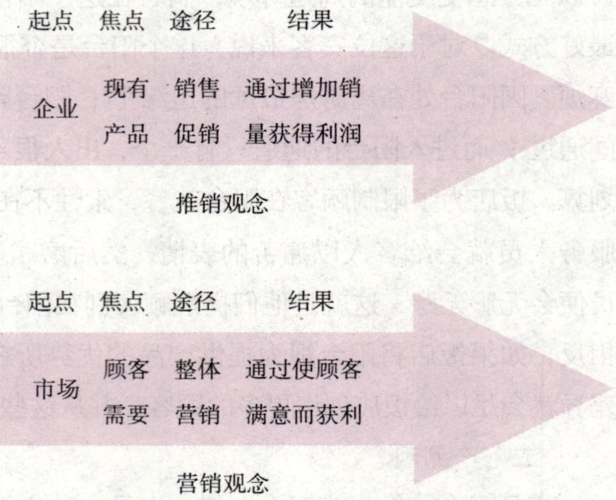

图 1-1 推销观念与营销观念的对比

推销观念采取的是一种自内而外的观察方法，先从公司现有产品出发，再求诸密集的销售和推销攻势以增加销售量。相反，市场营销观念先从公司目标顾客的需要和欲求开始，采取一种自外而内的观察方法，先明确地定义市场，聚焦于顾客需要，然后在整个组织当中协调营销活动。而这些营销活动最终都要有利于达到组织的目的和目标。市场营销观念可以概括为：“公司对所有足以影响顾客满意程度的活动进行协调，并通过创造和维持顾客的高满意度而使公司获利。”

市场营销观念摒弃了以企业为中心的指导思想，而以消费者为中心取而代之，它为现代社会企业的经营活动规划出了一个更加完善、更加理想的发展方向。

（五）社会营销观念

社会营销观念产生于 20 世纪 70 年代西方资本主义国家出现能源短缺、通货膨胀、失业增加、环境污染加剧、消费者保护运动盛行的形势之下。社会营销观念是以市场需求和社会效益为中心，以发挥企业的优势、满足消费者和全社会的长远利益为重点的营销观念。它是对市场营销观念的修正和取代。因为市场营销观念回避了消费者需求、消费者利益和长期社会福利之间隐含着矛盾冲突的现实，以致消费者在享用各种产品效应的同时，往往不知不觉地被迫接受产品在使用过程中带来的负面影响。

20 世纪 70 年代以后，一些旅游企业打着“以旅游消费者的需求为中心”的幌子，不顾社会整体利益，大量地浪费资源，严重地污染环境，造成社会资源的巨大浪费和社会环境的严重破坏，社会公众利益也被严重侵害。这引起了西方各国消费者的强烈反对，一些旅游企业不得不反省自己的经营行为，在追求利益最大化的同时，考虑兼顾社会利益，力争取得更好的社会利益，以寻求旅游企业与社会的和谐发展。

社会营销观念是一种全新的市场营销观念，它主张旅游企业的营销活动不仅要满足旅游者的欲望与需求，而且要符合旅游者和全社会的最长远利益，要由“以旅游者为中心”转变为“以社会为中心”。因此，旅游企业在市场营销中，要将旅游市场需求、旅游企业优势与社会利益三者有机地结合起来，确定旅游企业的经营方向。

案例

环保节能从取消“六小件”开始

对于中国大多数消费者而言，在宾馆的盥洗台上看不到那些熟悉的面孔——一次性牙具、拖鞋、沐浴液等，心里总有些难以接受。但在欧美一些国家，饭店为重视环保，取消提供客房一次性用品，早已不是稀奇事。

有专家曾算过这样一笔账：目前星级饭店使用的一次性用品按进货均价每件 1.2 元计算，一家 300 间客房规模的星级饭店，每年花在一次性用品上的成本达到 30 万元。而且，一次性用品存在严重的浪费现象。据统计，随着近几年来宾馆饭店数量的不断增多，每年为了处置这些被饭店丢弃的“六小件”，环卫部门就要投入上百万元资金。

过去，饭店倡导环保从取消“六小件”开始，而如今全行业更关注节能、节电、节水等方面的节能降耗问题。

纵观市场营销观念的发展历程，从生产观念、产品观念到推销观念，再到市场营销观念、社会营销观念，每一种观念的形成和发展都有其特定的社会经济条件，都是市场环境发生变化的产物。而在这一过程中，市场也经历了由小到大、由地区化到国际化、由卖方为主到买方为主的巨大变化，而正是市场的这种变化驱动着市场营销观念的演进，成为市场营销观念由低级形式向高级形式发展的不竭动力。

项目四 旅游饭店市场营销新理念

一、服务营销

（一）服务营销的构成

服务是生产者向消费者提供的基本上是无形的活动或利益，并且不涉及任何事物的所有权，其生产可能与实际产品相关，也可能无关。与有形产品相比，服务有其自己的特征：即无形性、不可分割性、变动性和易衰败性。

面对服务的各种内在特点，旅游饭店在进行市场营销的过程中就应该制定具有针对性的措施，不断提高服务的质量和效果。好的服务企业总是运用各种营销手段来给自己准确定位，明确自己所处的目标市场。例如，丽思·卡尔顿饭店定位在为顾客提供永志不忘的经历："激活感觉，注入康乐，甚至满足顾客潜藏的愿望和需要。"通常，服务企业一般都通过传统的营销组合活动来给自己定位。但是，由于服务与有形产品存在差异，因而常常需要采用另外一些营销方法。在生产有形产品的企业，产品完全标准化，而且可以"坐家待客"。但在服务企业，一线服务人员是与顾客相互合作来创造服务的，因此在服务过程中，服务人员必须与顾客有效地合作，才能创造出最佳的服务。有效的合作反过来又依赖于服务人员的技能，依赖于服务人员背后的服务生产和支持过程。所以，成功的服务企业总是把他们的注意力同时集中在雇员和顾客身上，具体表现为服务——利润链关系，该链把服务企业的利润与雇员和顾客的满意程度联系在了一起。服务——利润链包括以下五个环节：

（1）显著的服务利润与增长——服务企业出众的表现，而这来自于……

（2）满意而忠诚的顾客——满意的顾客，他们保持着忠诚，成为常客，并积极向其他顾客推荐本企业，而这来自于……

（3）提供更多的服务价值——更有效果地创造顾客价值，更有效率地提供服务，而这来自于……

（4）得到满足从而提高了生产效率的服务雇员——更满意、更忠诚和更辛勤工作的雇员，而这来自于……

（5）内部服务质量——良好的雇员选拔和培训制度，高质量的工作环境，对那些与顾客做生意的员工的完全支持。

由此可见，要达到企业的利润和增长目标，需要先从关怀那些关怀顾客的雇员开始。有一个关于马里奥特饭店总裁比尔·马里奥特如何接见未来的经理们的故事，能很好地说明服务——利润链的概念。

比尔·马里奥特告诉寻找工作的人，饭店联号要满足的是三个集团的需要：顾客、雇员和股东。尽管所有这些集团都很重要，但他要求指出满足这些集团需要的次序是什么？大多数应聘人员都回答说要先满足顾客的需要。可是，马里奥特却得出了不同的结论：首先，要满足的是雇员的需要。如果雇员热爱他们在饭店的工作并感到自豪，他们就会给予顾客很好的服务，满意的顾客会经常光顾马里奥特饭店。而且，与满意的顾客做生意，也会使雇员更加感到满意，结果是更好的服务带来更多的生意，所有这些会使利润达到令股东满意的水平。

由此可见，服务营销已经不局限于传统的那种运用 4P 理论所做的外部营销。如图 1-2 所示，服务营销还包括内部营销和互动营销。

图 1-2 在服务业中的三种营销类型

内部营销是指旅游饭店必须对直接与顾客接触的前台员工和所有提供服务支持的后台员工进行有效的培训和激励，使之成为一个工作团队来共同满足顾客的需要。对于要始终如一地提供优质服务的企业来说，每一个人都必须坚持顾客导向。旅游饭店如果只是设有一个营销部，做着传统的营销工作，而其他人员却依然故我是远远不够的。营销人员必须把组织内部所有其他人都动员起来从事营销活动，才能够更好地实现营销目的。

互动营销是指现实的服务质量在很大程度上依赖于买卖双方在服务过程中形成的互动关系。在实物产品营销当中，产品质量的高低与获得产品的方式并没有多少关系。但在服务营销当中，服务质量的高低既取决于为什么样的人服务，又取决于具体服务过程的质量，在专职服务当中更是如此。顾客判断服务质量，并不仅仅以技术质量为依据（例如，餐厅提供的食物本身的质量），还要看服务的功能质量（服务的质量）。所以专职服务人员不应该认为，仅仅靠提供好的技术性服务就可以使顾客满意，他们还必须掌握互动营销的功能和技巧。

案例

丽思·卡尔顿饭店：为“替客人着想的人”着想

以其出色的服务著称的丽思·卡尔顿饭店是一家拥有 28 家饭店的联号，为 5% 的大企业和休闲旅游者提供服务。这家联号的信条是把对客服务放在至高无上的地位，声称“在丽思·卡尔顿饭店，无微不至的服务和客人的舒适是我们最高的使命。我们保证为客人提供最好的人员和设施，客人自始至终都将享受温暖、惬意而且幽雅的氛围。在丽思·卡尔顿饭店消费的经历可以抒发情感，陶冶性情，甚至带给您出乎意料的惊喜和满足。”

这一信条当然不是停留在书面上，丽思·卡尔顿饭店履行了它的诺言。在对其客人的售后调查中，大约95%的人认为他们在丽思·卡尔顿饭店的经历确实难以忘怀。事实上，在丽思·卡尔顿饭店，非常规的服务比比皆是。如《纽约时报》报道的来自曼哈顿的南希和哈维·海芬纳在佛罗里达那不勒斯的丽思·卡尔顿饭店的经历："这家饭店是幽雅和美丽的，"海芬纳夫人认为，"但最重要的是服务人员表现出来的美。他们所做的让你非常满意。"当这对夫妇的孩子去年在那不勒斯的丽思·卡尔顿饭店生病时，饭店的员工在整个晚上为他们随时提供带有蜂蜜的热茶。海芬纳曾回了家一段时间去处理公务，返回饭店的那天，飞机延误，饭店的一位司机在大堂里等了大半夜。这样的人员和服务同样赢得了会议代表的垂青。一位会议组织者如是评价："我们在那里开会的时候，受到了皇室般的礼遇，我们没有任何理由抱怨。"

1991年，丽思·卡尔顿饭店获得了来自旅行行业的121项质量奖。1992年，它成为第一家获得马尔科姆·贝尔爵国家质量奖的饭店公司。好的服务质量赢得了较高的顾客保持率：90%以上的客人成为回头客。除了150美元的平均房价，这家联号有着70%的入住率，高出行业平均值9个百分点。顾客的满意绝大部分应归功于与客人接触的员工。饭店在人员雇佣方面非常重视。该饭店的质量副总监帕特雷克·梅恩说："我们只选择那些能够为他人着想的人。"员工一旦被录用，就会受到在对客服务方面的严格培训。新员工必须参加两天的理念培训，高级管理人员向他们灌输"丽思·卡尔顿饭店的基本原则"。其首要的原则就是"应该了解、掌握和熟练运用饭店的信条。"

员工要学会竭尽全力留住顾客。"在丽思·卡尔顿，处理客人的问题不需要事先沟通。"任何员工接到顾客投诉后应该马上进行处理，直到解决；员工可以因为帮助客人而放弃正在从事的任何工作；员工被授权在现场解决问题，而不是求助于他的上司；每个员工都有权动用不超过2000美元的款项来补偿客人的损失。"我们把握着每个客人的满意。"梅恩说，"这是通过我们最敏感的听觉器官……我们的'预警系统'来感知的。"于是，在其他竞争者试图通过分析客人登记卡来解决顾客问题的时候，丽思·卡尔顿饭店已经很好地解决了这些问题。

丽思·卡尔顿饭店的规则要求员工陪同客人到其指定的区域而不应仅指明那个区域的方向，要做到电话铃响三声之内接听电话，并伴随着微笑；要注重自己的仪容仪表并以之为荣。

丽思·卡尔顿饭店注意发现和奖励做出出色服务业绩的员工。在它的"五星奖"活动中，由同事和管理者提名的出色的员工获奖者会在庆祝会上得到奖章。对于现场解决客人问题的员工，经理可以发给他最高级别的优惠券，员工可以凭此券获得礼品店的商品并享受周末的免费入住。丽思·卡尔顿饭店还有其他很多方式来奖励和激励员工，如超级运动会、员工绝活表演、庆祝员工入店周年的午餐会、家庭野餐以及员工餐厅等各种主题活动。所以丽思·卡尔顿饭店的员工可以说与他们的客人一样满意，与其他豪华饭店45%的跳槽率相比，丽思·卡尔顿饭店的员工跳槽率不到30%。

丽思·卡尔顿饭店的成功源于一个近乎简单的道理：要为客人着想首先必须为“替客人着想的人”着想。这样才会有满意的客人以及他们带给饭店的收入和利润。

（二）服务营销战略——差异化

在当今价格竞争极其激烈的情况下，服务营销人员经常抱怨他们难以将本企业的服务同竞争者的服务有效地区别开来。由于顾客把不同企业所提供的服务看成是大同小异的，所以他们很少介意谁提供服务，而是更关心所提供服务的价格如何。解决价格竞争的途径就是要提供差异化的服务，建立不同的服务过程，形成有特色的形象。这种差异化服务一般应包括各种足以将本企业的服务与竞争者的服务区别开来的创新性的特征。旅游饭店对服务过程进行差异化有三条途径：通过人员、物质环境和过程的差异化来实现。即旅游饭店可以通过聘用更有能力、更有责任心的服务人员来使本店不同于竞争对手；再者，可以创建一种独特的物质环境，服务就在这样的环境中进行；最后，还可以设计一个独特的服务流程，例如凯悦饭店集团在某些饭店中为顾客提供一种计算机化的入住方式。

（三）产品有形化

服务营销人员应该采取措施向潜在顾客提供各种有助于使服务产品有形化的表征。促销材料、员工风貌和企业硬件环境等都有助于服务有形化。饭店的促销材料可能包括一个会议策划人的材料袋，装有饭店公共区、客房、会议室的照片，袋里可能还有会议空间的分楼层计划，介绍适合不同用途的会议室容量，以此来使会议策划人对会议空间有具体的了解。

有形表征有多种多样的形式。例如，给客房中的水杯包上一张裹纸，可以让客人知道杯子已经清洗过了；将卫生间的手纸有意叠一下，等于告诉客人卫生间已经打扫过了。汉普顿客栈的外表给旅行者的感觉是它会以适中的价格提供整洁、舒适和安全的住宿服务，等客人抵达时，他们发现，这里没有门童，没有总服务台，没有其他能显示一个高档饭店的标志，相反，他们发现这里有一位非常细心的接待员，穿着得体的工作服，这里还有一个客厅，设备舒适但并不奢华。

二、关系营销

（一）关系营销的含义

关系营销是一种新的营销观念与方式，是美国营销学者巴巴拉·杰克逊于 1985 年首先提出的，菲利普·科特勒在其《营销管理》第六版中对此也有论述。关系营销即企业建立、维护并增进与顾客和其他参与者之间的关系，满足各方的目标。这是靠双方相互交流和完成一系列承诺来实现的。

关系营销最适合运用于那些可以影响公司未来的顾客身上。对于许多公司而言，有一小部分顾客总是占有公司销售份额的一大部分。与这些关键顾客打交道的推销人员应该对每一笔交易都做到心中有数，并且准备若干种应付可能存在问题的办法。他们应该经常打电话，经常拜访，对顾客的经营之道能提出有用的建议，带顾客出去吃顿饭，或提供一次娱乐放松的机会，对顾客作为平常人的需要表现出兴趣等。

毫无疑问，关系营销的重要性在未来会日益突出。大多数公司发现，他们用于吸引新顾客所花费的金钱，若用于维持老顾客从而形成重复购买，其回报要高得多。他们意识到了从老顾客那里可以获得交叉销售的机会，越来越多的公司都在把娴熟关系营销作为根本来寻找战略伙伴，对于那些购买大型而复杂的产品（如大型会议设施）的顾客而言，销售只是这种关系的开始。所以，尽管关系营销未必适合所有场合，但它的重要性却一直在增强。

旅游饭店关系营销在以下领域显得尤为重要：

即在旅游饭店与营销中介之间；在旅游饭店与重要顾客（如大公司和政府机构）之间；在旅游饭店（如一家汽车旅馆联号）内部成员之间；在旅游饭店与重要的供应商之间；在旅游饭店与其雇员之间；旅游饭店与其营销代理机构之间。

一旦管理人员看出谁有可能成为忠诚的顾客，他就必须寻找途径，与这些顾客建立一种忠诚的关系。关系营销包括建立、维持和发展与顾客间的紧密联系等内容，关系的概念现已拓展到包括与各种利益集团建立关系，这些利益集团能帮助公司为顾客服务。例如，员工和营销中介机构就属于这个群体。营销正日益从关注个别交易转向对重要关系和营销网络的建设。关系营销的目标是向顾客提供长期的价值，其成功的手段是长期的顾客满意。这就要求旅游饭店所有部门都要团结成一个营销团队，共同为顾客服务。这种关系体现在诸多层面：经济的、社会的、技术的和法律的，其结果是建立顾客的高度忠诚。

旅游饭店与购买其产品（如会议或宴会）的顾客之间可能形成的关系可以区别为以下五种水平：

（1）基本水平　旅游饭店出售产品，但并不以任何方式采取进一步的行动。

（2）有所反应水平　旅游饭店出售产品，并鼓励顾客有疑问或遇到难题时打电话。

（3）负责任水平　旅游饭店的销售代表在顾客预定之后不久就打电话给顾客进行核实，并回答顾客的问题。在这期间以及之后，这位销售人员还会诚恳地征求顾客对产品的任何改进意见，了解他的任何不满，这个信息会帮助旅游饭店不断地改善其服务。

（4）主动水平　旅游饭店的销售人员或其他人经常通过电话向该顾客通报旅游饭店根据其建议已经做出的改进，或征求对未来有创见的各种建议。

（5）合作性水平　旅游饭店与顾客保持不断的合作，并与其他顾客一道共同发掘能提供更好价值的途径。

（二）建立紧密顾客关系的方法

旅游饭店用什么样的营销工具才能令顾客非常满意并建立起非常紧密的联系呢？下面有三种顾客价值捆绑方法可供选择：

（1）在与顾客关系上添加经济利益　例如，有些饭店向常客提供的客房免费升级服务等。尽管这些奖励性计划以及其他一些经济激励手段能讨顾客喜欢，但竞争者也很容易模仿这些手段，因此最终很难长期地使旅游饭店的产品与众不同。

（2）在增加经济利益的同时增加社会利益　旅游饭店员工通过了解每个顾客的需要和欲望，将各种社会利益结合到一起，然后针对每个顾客提供定制化的产品和服务。要把顾客变成主顾，即旅游饭店可以不知道普通顾客的姓名，但不能不知道主顾的姓名；对顾客的服务仅向整体市场或比较大的细分市场的部分顾客服务，而对主顾的服务是一对一的服务；只要可能，谁都可以为顾客服务，但对主顾的服务一定要安排专门的人员。

（3）在提供经济和社会利益的同时建立与顾客的结构性联系　例如，给常客提供电话专线。

（三）制定关系营销计划的主要步骤

（1）识别出那些适合进行关系管理的关键顾客　选择最大的或最佳的顾客群体，并将他们确定为关系管理的对象，还可以加上其他一些顾客，只要这些顾客属于快速增长的群体或属于某些倡导新兴产业发展的群体。

（2）对每个关键顾客都指派一位谙熟关系管理技巧的经理负责　对正在负责为这些顾客服务的销售人员应该接受关系管理的训练，或者用别的更懂得关系管理技巧的人替换他。关系管理人员应具有某些符合顾客需要或能吸引顾客的品质。

（3）为关系管理人员制定清晰的工作守则　要对他们的报告程序、目标、责任和评价标准给予描述。要使关系管理人员成为所有涉及顾客事务的焦点。每一位关系管理人员应该只管理一个或少数几个关系。

（4）让每一位关系管理人员都制定年度和长期顾客关系计划　这些计划要明确各种目标、战略、各种特殊行动和必要的资源。

（5）安排一位总管负责监督关系管理人员的工作　这位总管要撰写工作描述，制定评估标准，开发各种支持性资源，以便使关系管理人员的工作更有成效。

关系管理人员安排落实之后，公司就要开始集中精力对顾客及产品施加管理。尽管许多旅游饭店都开始非常重视关系营销，但并非在各个方面都非常奏效。关系营销亦并非要与每个顾客都建立起特殊关系，而是要有选择地建立关系，弄清楚哪些顾客是值得培养的对象。

（四）关系营销与传统营销的比较（表 1–1）

表 1–1　　　　关系营销与传统营销的比较

关系营销	传统营销
以保持顾客为导向	以单纯的销售为导向
保持与顾客的不间断的联系	偶尔与顾客进行联系
注重顾客价值	注重产品特征
注重长期效益	注重短期效益
高度强调顾客服务	对顾客服务的强调不够
对满足顾客期望的承诺度高	对满足顾客期望的承诺有限
所有员工都关心质量	只有生产人员才关心质量

案例

挖掘客户关系管理的价值

浙江开元旅业集团宁波开元大酒店自 1999 年开业以来，迅速占据了市场的前沿，成为当地的“会议之都”。为了加强宾客与酒店经营者之间的信息交流，酒店于 2000 年成立了信息中心，专职专人进行客户档案、客户信息、市场信息管理。在市场运作成熟后，又进一步理清职能，完善组织结构，成立了公共关系部，建立饭店与顾客的信息交流系统。利用现代的信息技术手段，在饭店与顾客之间建立一种数字的、及时的、互动的交流管理平台。

开元大酒店公共关系部在酒店的管理职能中，主要发挥以下作用：

建立信息渠道，协调酒店内外关系。在饭店经营过程中，无论是消费决策还是投资决策，无论是生产还是销售，都离不开信息服务。信息服务越充分、越及时、越全面，越能强化饭店企业的生存与竞争的地位。酒店的客户关系部在固定的机构设置之外，还在酒店内部和酒店外部组织发展了一批对酒店具有认同感、经营意识强、对市场敏感的成员。一方面了解宾客、同行的市场信息，对信息分类加工整理，建立档案，将获得的信息及时反馈给酒店的高层决策和相关经营性部门；另一方面对重点客户进行重点管理。为配合此项工作的需求，酒店还在餐饮、康乐等宾客接触点多的岗位设置客户接待主任一职，加强经营性部门与客户的联系，起到了较好的效果。客户接待主任很多情况下都在充当饭店和宾客的双重代言人。

实现酒店营销一体化管理。成立后的公共关系部拥有大量实时的市场需求信息，在市场营销推广上更具优势，从而可能实现真正的营销管理，有针对性地做好市场推广活动。公共关系部在宾客信息的整理过程中，发现宁波客人对杭州菜肴有了解的兴趣或尝试消费的欲望，就及时把这一信息反馈到餐饮部。开元酒店随即推出了杭州“迷踪菜”美食节活动，餐饮部精心组织，邀请“迷踪菜”创始人、中国烹饪大师胡忠英来酒店作现场展示；公共关系部在广告宣传、信息发布上组织了一系列活动，如举办杭州菜知识讲座、通过酒店的移动办公助理系统和小区广播系统向有消费需求的宾客开展一对一的数字信息交流。于是，一大批有消费潜力的客户纷纷到酒店一尝“迷踪菜”的口味，使美食节获得了较大的成功。

实现一对一和交互式的客户服务、大客户的定制化服务、客户亲情计划等。随着客户消费需求的变化和服务产品的成熟，标准化和规范化的服务将很难让大客户动心，一对一的服务和定制化的服务将越来越占据市场的主流。但就现在的技术和人力而言，全面推广定制化的服务也不太现实。所以酒店利用客户关系管理，初步实现对重要客户的一对一营销和一对一服务。同时，定期组织客户亲情服务，如组织大客户的联谊、客户少儿夏令营等，满足重要客户的归属需求，从而促进饭店与客户之间的关系像“拉链式”的紧密结合。即形成双方各层人员关系的对等结合，建立以客户为目标的人际关系网络，以提供优质服务，提升酒店产品的附加值，促进他们对酒店的忠诚度。

深入了解客户和市场，并牢牢抓住客户是饭店在竞争中获胜的关键。利用客户关系管理，饭店可全面分析目标市场客户的需求，按客户的爱好和需求设计产品和服务，而且使与客户的联系不会因人员的流动而中断。客户关系部通过对客户的管理，也提高了酒店赢得新业务的能力，尤其是忠诚客户所带来的边际效应十分明显，可以帮助酒店更好地把握机会，给酒店高层决策定位以参考。客户关系部对同行的了解也能及时发现竞争对手的行动对客户的影响，从而做出快速的应对策略。

三、网络营销

（一）网络营销的特点

网络营销是借助联机服务网络、电脑通信和数字交互式多媒体等来实现营销目标，实质是以计算机互联网技术为基础，通过与潜在顾客在网上直接接触的方式，向顾客提供更好的产品和服务的营销活动。按目前在互联网上的商业应用方式，网络营销可分为：网上广告、电子商店和网络服务。

随着互联网技术发展的成熟以及联网成本的低廉，使得信息的交换变得唾手可得。网络营销具有如下特点：

（1）跨时空 由于互联网具有超越时间约束和空间限制进行信息交换的特点，因此使得脱离时空限制达成交易成为可能，对旅游饭店而言，则可24小时随时随地提供全球性营销服务。

(2)多媒体　互联网络被设计成可以传输多种媒体的信息，如文字、声音以及图像等信息，使得为达成交易以多种形式存在和交换，并可充分发挥营销人员的创造性和能动性。

(3)交互式　互联网络可以展示商品目录、链接资料库提供有关商品信息的查询，可以与顾客做互动双向沟通，可以收集市场情报，可以进行旅游饭店产品测试与顾客满意度调查等。

(4)拟人化　互联网络上的促销是一对一的、理性的、顾客主导性的、非强迫性的、循序渐进式的。而且，是一种低成本与人性化的促销，避免推销员强势推销的干扰，并通过信息提供和交互式交谈与顾客建立长期良好的关系。

(5)整合性　互联网络上的营销可由旅游饭店产品信息至收款、售后服务一气呵成，因此也是一种全程的营销渠道。另一方面，旅游饭店还可以借助互联网络将不同的传播营销活动进行统一设计规划和协调实施，以统一的传播咨询向旅游者传达信息，避免不同传播的不一致性而产生的消极影响。

(6)超前性　互联网络是一种功能强大的营销工具，它同时兼具渠道、促销、电子交易、互动服务，以及市场信息分析与提供的多种功能。它所具备的一对一营销能力，符合营销的未来趋势。

(7)高效性　电脑可储存大量的信息，待顾客查询，可传送的信息数量与精确度远超过其他媒体，并能适应市场需求，及时更新旅游饭店产品或调整价格。因此，能及时有效了解并满足顾客的需求。

(8)经济性　通过互联网进行信息交换，代替以前的实物交换，一方面可以减少印刷与邮递成本，可以无店面销售，免交租金，节约水电与人工成本；另一方面可以减少由于迂回多次交换带来的损耗。

网络营销作为一种全新营销理念，具有很强的实践性，它的发展速度是前所未有的。

（二）中国旅游饭店发展网络营销的障碍

中国旅游饭店网络营销中，信息不过是其网站的一部分，甚至是一小部分，其屈指可数的信息更多的是停留在门户阶段，还只是对现有网站内容的补充。另外，由于专业性不强、缺乏行业性等天然“营养不良”的缘故，现有的内容和服务远远没有完全展现其网络的魅力。

国内旅游饭店网络更多的仍然停留在传统供应链阶段，互联网上仅有的几家信息网站还只是简单地把网络视为介绍旅游饭店和产品的工具，没有认识到网络化的巨大价值在于改造传统的商业链条，将企业的核心业务流程、客户关系管理等都延伸到互联网上，使产品和服务更贴近用户需求，让网络成为企业资源计划、客户关系管理及供应链管理的中枢神经。

与发达国家相比，我国旅游饭店网络营销发展的总体水平较低，仍停留在起步阶段。具体表现在：网络竞争意识不强，对网络营销认识不清；上网旅游饭店数量少，分布不均衡；网络利用率不高，营销方式单一；网络营销产品少、范围不广；网络营销策略水平不高，效益不佳。

究其原因，主要有以下障碍：网络发展水平不高，覆盖率低；网络基础设施差、线路少、速度慢、安全性不高，但用户使用成本开支较大；安全、方便的网络支付机制欠缺；顾客传统观念的束缚；物流网络不配套。此外，旅游饭店信息管理与分析能力低，缺乏既懂网络技术又懂营销管理的复合型人才等，也是制约旅游饭店网络发展的一大障碍。

（三）中国旅游饭店网络营销的战略重点

当前重点是从战略高度充分认识发展我国旅游饭店网络营销、抢占网络信息市场的必要性与紧迫性，抓住有利时机，缩短我国与发达国家的差距。强化对旅游饭店网络营销的舆论宣传，提高社会与公众对旅游饭店网络营销的认识，消除陌生感、神秘感，增强信任感。广泛开展对旅游饭店网络营销的学术研究，不断开发适合我国国情的旅游饭店网络营销新方式与新策略。加强对旅游饭店网络营销的立法与监督，规范旅游饭店的网络营销行为。在网络商场的市场准入制度、网络交易的合同认证、执行和赔偿、反欺骗、知识产权保护、税收征管、广告管制、交易监督以及网络有害信息过滤等方面制定规则，为旅游饭店网络营销的健康、有序、快速发展提供一个公平规范的法律环境。制定鼓励、扶持旅游饭店网络营销发展的优惠政策，为旅游饭店网络营销的发展提供一个良好的经济环境。同时，对旅游饭店网络营销的发展也要科学规划，统筹安排，既要防止畏缩不前，又要避免不顾客观现实条件的急躁冒进。加强网络技术研究，改善网络基础设施，提高网络整体水平。加快电子货币的研究，尽快实现网上安全支付。旅游饭店应尽早申请注册自己的网址域名，并加强对网址域名的宣传，努力树立网络形象；要大力培养网络人才；要整合其他营销手段，不断提高旅游饭店网络营销的水平和效益。要把旅游饭店网络营销做大，就必须先把网站做“小”做“精”。如通过提供网上订宾馆等，着力将信息与商务服务相互结合，全面推进我国旅游饭店的网络信息化。从而实现减少销售环节、降低产品成本、提高工作效率、为客户提供更低廉且更优质服务的目的。

综合案例

以顾客为导向的营销理念

米切尔·赖文是世界饭店业营销专家之一，从阿麦里卡纳饭店被聘请到时代旅馆做首席执行官。在他任职期间，时代旅馆的饭店数和客房数翻了一番还多。他成功的一个重要因素就是引入了一个观念，向时代旅馆的管理人员和雇员说明以顾客为导向的重要性。在赖文的管理下，雇员们主动帮助顾客，就会受到奖赏。赖文认为，如果雇员总是极力取悦于当前的上司，服务质量就会降低，结果就会在雇员自身和顾客之间设下障碍。赖文对顾客的关注，可追溯到30年前他在纽约的罗斯威饭店做销售代表的时候。有一次，他接到一个会议策划人员的电话，要预定一个有60人参加的宴会，需要有10张6人的桌子。与这个策划人员确认了整个安排之后，赖文很得意地把宴会的单子交到了宴会部。令他吃惊的是，这个宴会的单子被退回来了，上面盖了一个红色的印记——“不行！我们不能提供6个人的宴会桌”。宴会部还解释说，饭店联盟要求宴会设置的桌子应是8人或10人的。赖文给客户打电话说明了情况。若干年后，赖文说，他永远不会忘记那个会议策划者的回答：“我不管你们饭店联盟的合同是怎么规定的——我是顾客，我会到其他能满足我需要的饭店去。”说完就“砰”地把电话挂了。这位未来的首席执行官没有就此放弃，而是返回了宴会部，并了解到每张桌子必须最少付给服务员8份小费。于是，赖文想出了一个创造性的解决方法：他给那个会议策划者打电话，解释了协约的限制，并说服这个客户同意每桌付额外的2份小费。这样，通过满足客户的需要挽回了这个宴会预定。

案例思考

1. 米切尔·赖文成功的重要因素是什么？
2. 如果你是宴会部的负责人，遇到赖文提交的此类宴会订单，你应该如何处置？

复习思考题

1．简述市场的含义。

2．简述市场营销的含义。

3．论述市场营销观念演进过程中的五种市场营销观。

4．许多管理人员都把企业的经营目标看作是追求利润，有些则看作是创造并维持顾客。请解释这些不同的观点将如何影响公司与顾客之间的互动关系？如果一位经理将企业目标看作是创造并维持顾客，这是否意味着该经理不关心利润？

5．讨论饭店的服务人员是如何在顾客购买产品时构成产品的一部分的。

参考文献

1.（美）科特勒等著．谢彦君译．旅游市场营销（第二版）．北京：旅游教育出版社，2002.

2. 程萩，朱生东．旅游市场营销．合肥：合肥工业大学出版社，2005.

3. 吴金林．旅游市场营销．北京：高等教育出版社，2003.

4. 钟海生，郭英之. 中国旅游市场需求与开发. 广州：广东旅游出版社，2001.
5. 刘德光，陈凯，许杭军. 旅游业营销. 北京：清华大学出版社，2005.
6. 王仲君. 旅游市场营销实用教程. 天津：南开大学出版社，2010.
7. 蔡洪胜. 旅游市场营销. 北京：清华大学出版社，2010.
8. 赵春雷. 旅游市场营销. 北京：北京理工大学出版社，2010.
9. 王金池. 旅游市场营销学. 北京：化学工业出版社，2009.
10.（美）帕洛格著. 旅游市场营销实论. 天津：南开大学出版社，2007.
11. 鲁峰. 旅游市场营销学. 北京：中国科学技术出版社，2008.
12. 吴金林，李丹. 旅游市场营销. 北京：高等教育出版社，2010.
13. 赵西萍. 旅游市场营销学. 北京：高等教育出版社，2002.
14. 刘德光. 旅游市场营销学. 北京：旅游教育出版社，2002.
15. 马勇，刘名俭. 旅游市场营销管理. 大连：东北财经大学出版社，2002.
16. 张玉明，陈鸣. 旅游市场营销. 广州：华南理工大学出版社，2005.
17. 田雅琳. 酒店市场营销实务. 北京：人民邮电出版社，2010.
18. 严伟，葛怀东. 旅游饭店市场营销（第二版）. 上海：上海交通大学出版社，2010.
19. 赵伟丽. 饭店市场营销. 长春：吉林教育出版社，2009.

模块二

旅游饭店市场营销环境分析

1. 理解旅游饭店市场营销的含义和特点
2. 理解并掌握旅游饭店市场营销宏观环境因素
3. 理解并掌握旅游饭店市场营销微观环境因素
4. 理解旅游饭店市场营销环境分析的SWOT分析法和机会——威胁矩阵

作为向旅游者提供住宿、餐饮、娱乐和其他服务的综合性产业，旅游饭店的经营和其他产业一样，都必然受到市场营销环境的影响。旅游饭店市场营销环境是旅游饭店的生存空间。旅游饭店要想在环境多变、竞争激烈的市场上生存和发展，只有对自己所处的市场营销环境有充分的了解和认识，用适应市场营销环境的经营理念去指导旅游饭店的营销实践，才能做到知己知彼、百战不殆。因此，分析旅游饭店市场营销环境，把握营销环境的变化趋势，充分利用营销环境机遇，化解营销环境威胁，制定适应营销环境变化的营销策略，成为旅游饭店市场营销活动的重要内容。

项目一 旅游饭店市场营销环境概述

一、旅游饭店市场营销环境的概念

环境是指某个主体周围的情况和条件。旅游饭店的一切市场营销活动，总是在一定的时间、空间条件下开展的，离开了必要的时空条件，旅游饭店市场营销活动就无法进行，这一条件就是旅游饭店市场营销环境。因此，旅游饭店市场营销环境是指存在于旅游饭店市场营销活动之外，能够推动或影响旅游饭店市场营销活动的各种因素和力量的总和。

旅游饭店市场营销成败的关键首先在于能否把握营销环境的特点及变化趋势，并与营销环境的变化相适应、相协调，旅游饭店企业才能顺利地开展营销活动，并实现其预期的各项目标。在旅游饭店市场营销中，从环境因素对企业的影响方式来划分，分为宏观环境和微观环境两部分（图 2-1）。旅游饭店市场营销宏观环境是指那些给旅游饭店带来市场机遇和挑战的外部力量，主要是由政治环境、经济环境、自然环境、社会文化环境、人口环境、科学技术环境等重要因素构成。旅游饭店市场营销微观环境是直接影响和作用于旅游饭店市场营销活动的环境因子，主要包括饭店本身、供应商、营销中介、顾客、竞争者和公众。

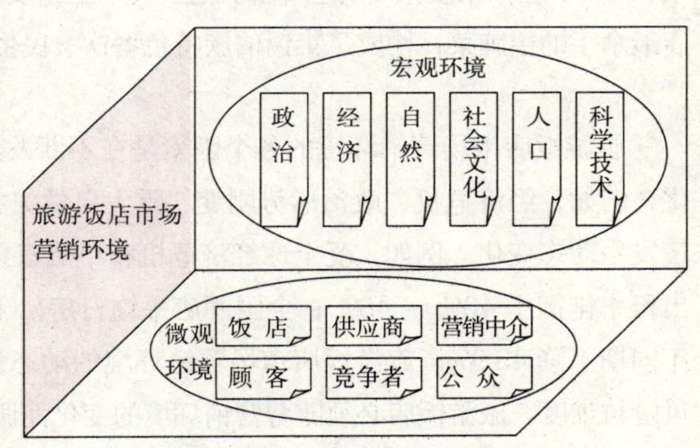

图 2-1　旅游饭店市场营销环境构成

应该指出，两者并非并列关系，而是相互影响和相互制约的主从关系。一般情况下，旅游饭店的内部微观环境因素容易受到外部宏观环境因素的影响。通常来说，每一个宏观环境因素带来的机遇或挑战，对任何一个旅游饭店来讲，都是无法回避和控制的。而对微观环境中的一些因素，旅游饭店经过努力可以不同程度地加以回避和控制。因此，微观环境对旅游饭店的影响比宏观环境更为直接。

二、旅游饭店市场营销环境的特点

1. 系统性

旅游饭店市场营销环境是由政治、经济、自然、社会文化、人口、科学技术等子系统组成的宏观环境系统，以及饭店、供应商、营销中介、顾客、竞争者和公众等子系统组成的微观环境系统共同组成的复杂原系统。这就需要将旅游饭店市场营销环境看作一个整体，研究其结构功能、相互作用机理等。从系统整体上看，同一国家、同一地区的市场营销环境是相同的。例如，西方人对饮食强调营养的合理搭配，牛排的味道从纽约到旧金山毫无二致，配菜也只是番茄、土豆、生菜有限的几种。因此，旅游饭店比较容易与之相适应。

2. 地域性

不同国家或地区，由于地理位置、社会制度、民族文化、经济发展水平等方面的差异，使旅游饭店市场营销环境呈现出地域性的特点。这一特性使得旅游饭店因地制宜地制定市场营销因素组合方案，突出旅游饭店的区域特色。例如，位于新疆察布查尔锡伯自治县的山银哈达大饭店，以锡伯族特色菜肴为主，结合全国八大菜系中最知名的菜肴共推出 100 余道热菜和 50 多道凉菜及数 10 道风味小吃。其中全羊宴系列、全鹿宴系列以及野鱼宴系列是该饭店最拿手的招牌菜，构成了集锡伯族特色餐饮、民俗文化、歌舞表演为一体的生态旅游饭店。

3. 动态性

旅游饭店市场营销环境的各个因素是在不断发生变化的，只要其中某一重要因素发生变化，例如，经济危机、政治形势剧变、重大自然灾害发生等，就会促使旅游饭店市场营销环境发生动态变化。例如，受全球经济危机和甲流双重影响，2009 年第一季度，全国星级酒店出租率徘徊于 40% ~ 45%；全国酒店平均日房价下降 22.2%，每间可出租客房收入比 2008 年同期下降 43.9%。旅游饭店市场营销环境的动态性，给旅游饭店的营销活动带来了很大的风险与难度。旅游饭店必须随着营销环境的变化而调整营销战略，灵敏地适应各种营销环境。

4. 可转化性

市场营销环境既有可能是旅游饭店营销的制约因素，也有可能是机会因素。当遇到环境威胁时，旅游饭店若能运筹得当，有可能减轻、避免环境威胁，甚至能转换成有利因素。例如，美国希尔顿饭店集团的创始人希尔顿先生，在 20 世纪 20 年代，很好地把握了经济危机周期的不同阶段，以 5000 美元果断地买下了他的第一家旅馆，用“微笑”的服务模式加以经营和管理，最终把希尔顿饭店发展成庞大的饭店连锁集团。希尔顿先生正是通过把环境威胁转化为环境机会并通过独特的经营模式成为“旅店帝王”的。

项目二 旅游饭店市场营销宏观环境分析

旅游饭店市场营销宏观环境是影响旅游饭店运作的外部大环境，既包括国际环境，又包括国内环境。旅游饭店市场营销人员必须根据宏观环境中的各种因素及其变化趋势来制定和调整营销策略，以达到最好的营销效果。宏观环境主要包括政治环境、经济环境、自然环境、社会文化环境、人口环境以及科学技术环境等因素。

一、政治环境

任何国家、任何社会制度下，政治环境都是企业市场营销活动最重要的影响因素。政治环境是旅游饭店市场营销活动所处的外部政治法律形势和制度状况。旅游饭店市场营销是在一定政治背景下进行的营销活动，它随国家的政治形势、法律制度、方针政策而变化。这里的政治背景不仅包括本国的政治环境，还包括客源国的政治环境。

1. 政治的稳定性

一个国家的政局是否稳定，会给旅游饭店营销活动带来重大的影响。旅游者外出旅游首先是考虑安全问题。如果一个国家政局稳定，人民安居乐业，旅游者就有安全感，旅游饭店市场营销就会面临着较多的机会。相反，一个国家的政局动荡，社会秩序混乱，旅游者不会冒着生命危险去游山玩水，旅游饭店市场营销也会受到很大的冲击。例如，2010 年 4 月份，泰国适逢传统新年宋干节，原本有超过 100 趟的中国游客包机前往泰国，但是由于动荡的政治局势，所有包机航班被取消。泰国旅游业受到重创，首都曼谷酒店的住客率不到三成，部分酒店住客率只有 5%。

2. 法律法规

任何国家都需要运用法律法规对社会经济活动进行规范和干预。法律法规的影响主要包括国家有关法律制度、经济政策及公众利益对旅游饭店营销活动的影响等方面。旅游饭店企业研究并熟悉法律法规，既可以保证自身严格依法经营和管理，也可以运用法律手段保障自身的权益。如中国旅游饭店业协会依据国家有关法律、法规，在 2002 年制定了《中国旅游饭店行业规范》。并根据时代发展需要，在 2009 年对其进行了修订，例如，删除了“12 点退房”的规定。在此之前，锦江宾馆、喜来登酒店等一些旅游饭店已将“延迟退房”作为酒店的一项增值营销活动，并取得了良好的效果。

3. 政府的各项政策

无论哪个国家，都必须从本国的政治、经济、民族利益出发，制定出具体的鼓励或限制旅游发展的政策，从而对旅游饭店市场营销产生直接的影响。例如，在1997年东南亚金融危机的背景下，为了刺激消费，拉动国内经济，促进国内旅游，1999年国务院公布了《全国年节及纪念日放假办法》。2007年又对其进行了调整，法定节假日增加到11天。人们闲暇时间的增多，用于餐饮、购物、旅游等的消费大幅增加。据商务部监测，2007年“五一”黄金周期间，全国实现社会消费品零售总额3200亿元人民币，同比增长15.5%，其中餐饮业增长17%。“民以食为天，生以食为本”，伴随着政府扩大内需、拉动消费的政策影响、城乡居民收入较快增长和消费观念更新等因素，旅游饭店餐饮消费水平将继续保持高速增长。

二、经济环境

经济环境是指旅游饭店市场营销活动所面临的外部经济条件，它是影响旅游饭店发展规模和速度的基本因素，直接关系到旅游饭店的市场状况及其发展趋势。较高的经济水平能推动旅游饭店业的发展，而较差的经济环境，会对旅游饭店需求、旅游饭店消费能力、旅游饭店消费方式和旅游饭店规模产生不利影响，进而影响旅游饭店市场营销活动。经济环境主要包含以下内容。

1. 经济发展水平

一个国家或地区的经济发展水平会制约旅游饭店的市场营销活动。国民生产总值（Gross National Product，GNP）是反映国民经济发展状况的综合指标。人均GNP更能反映出一个国家人民的富裕程度。有研究指出，人均GNP达到300美元就会兴起国内旅游，达到1000美元就会有出境旅游的需求，超过1500美元时，人们对旅游的需求迅速增长，并由低端的观光旅游向高端的休闲度假旅游过度和转变。这种经济发展对旅游的促动，必然会带动本国旅游饭店业和旅游目的地旅游饭店业的需求增加。截至2009年年底，我国星级饭店已经达到了14237家，从业人员167.26万人，实现营业收入1818.18亿元，上缴营业税金122.16亿元。同时，有41家国际饭店管理集团、67个饭店品牌进入中国市场，世界排名前10位的国际饭店管理集团均已进入中国市场。

同时，旅游业也是对经济环境非常敏感的产业。受国际金融危机影响，许多欧美和亚洲国家失业率上升，对我国入境旅游也产生了一定的影响。例如，2009年我国全年入境旅游人数仅为1.26亿人次，同比下降2.73%；入境旅游（外汇）收入396.75亿美元，同比下降2.86%。其中美洲入境游客人数为249.12万人，比2008年下降3.51%；欧洲和大洋洲入境人数同比分别下降24.9%和2.4%；亚洲地区的主要客源国日本和韩国入境游客人数分别下降了3.73%和19.26%。入境游客的减少对我国旅游饭店产生了一定的消极影响，2009年我国星级饭店平均客房出租率比2008年下降了0.42%。

2. 货币汇率

货币汇率是不同国家、不同货币之间的相互比价。它对旅游饭店的客源数量和营业收入的变化起着十分重要的作用。如果客源国相对于旅游目的国的货币升值，汇率提高，而旅游目的地国的商品价格又未相应提高，这样出国旅游价格相对降低，而旅游客源国还会放松甚至鼓励国民出国旅游并购买国外商品，就会刺激客源国游客人数的增加，从而促使目的地旅游饭店需求的增加。相反，如果客源国相对于目的地国的货币贬值，汇率下降，而旅游客源国政府还会采取以鼓励国内旅游来替代国际旅游的紧缩政策，就会抑制客源国对目的地国的旅游人数，必然也会减少游客对目的地国的饭店的需求。

例如，自 2005 年以来，美元对人民币的汇率持续下降。美元对人民币的贬值，以及中美 ADS 协议的达成，对吸引中国公民赴美旅游起了相当大的推动作用。2009 年中国游客赴美旅游数量达到 49.3 万人，比 2008 年增长了 4%。游客每人花费 1.5 万元到 2.5 万元的价格就可以享受到以前 3 万到 4 万价格的美国西部、东部、东西部、中部、夏威夷和深度游的路线。另一方面，从美国到其他国家旅游的费用则迅速上涨。2009 年美国游客来我国旅游人数为 170.98 万人，比 2008 年下降了 4.29%。这种货币汇率变动引起的旅游人数的增减，对旅游饭店外汇收入及营销活动具有直接的影响。

三、自然环境

自然环境主要指优越的地理位置和丰富的自然资源，包括气候条件、环境质量、自然灾害发生概率及影响程度等。自然环境是能否吸引旅游者的重要因素，也是影响旅游饭店市场营销的一个重要因素。

1. 自然条件

自然资源丰富、地理区位优越的地区，能吸引更多的旅游者来此观光游览，旅游饭店也会相对集中，有助于旅游饭店市场营销的开展。例如，我国海南省，年平均气温 22~26℃，优越的地理位置、独特的热带季风气候、长达 1528 公里的海岸线、优美的海水沙滩、绵延起伏的山峰、密布的热带原始森林、广泛分布的温泉、蜿蜒有致的河流，热带风情田园等在全国独具特色，已成为我国重要的旅游目的地。经过多年的发展，截至 2009 年，海南省星级饭店已达到 237 家，接待人数达 1706.64 万人次，星级饭店客房出租率达 60.59%。而其他住宿设施接待人数也达到 488.54 万人次。其中三亚市，五星级及准五星级酒店已达到 63 家，密集程度高于北京、上海、广州等大城市。喜达屋、万豪、希尔顿、凯莱、喜来登等 20 多家国际知名品牌酒店和饭店管理集团均看好三亚市得天独厚的自然地理条件，陆续入驻三亚，从整体上提高了三亚旅游饭店的品质和管理水平。

2. 突发性自然灾害

生态环境的优劣可以给旅游饭店市场营销带来不同的效应。优越的生态环境给旅游饭店市场营销提供了得天独厚的机遇，但是生态环境变化有时又给旅游饭店市场营销带来了危机，例如火山爆发、地震、洪水、干旱、恶劣天气等自然灾害都可以给旅游活动造成损失。2010 年 4 月，冰岛埃亚菲亚德拉火山强烈爆发，喷出的火山灰南飘，导致欧洲空中交通几乎瘫痪，世界各地飞往欧洲的航班几乎全部取消，造成大批游客滞留，主要城市的饭店全部爆满。这对旅游饭店市场营销也提供了机遇和挑战。例如，北京新侨饭店对因冰岛火山灰滞留的欧洲客人，迅速制定出各项方便和优惠客人的营销策略。如免去滞留客人在店期间的电话费、长途话费；对客人的住宿费、餐费给予优惠；同时对因火山灰原因，有预定而未到店或取消预定的客人不收取取消预订费用；对已付过房费且又因以上原因而取消行程的客人，饭店安排退款或为客人变更行程。因此，旅游饭店营销者要能根据不同的自然条件，随时掌握游客的心理变化，从而更好地开展旅游饭店市场营销活动。

3. 全球变化

随着人类社会的进步，工业化进程的加速，人类在开发利用自然资源的同时，也带来了资源短缺、生态破坏和环境污染等不良后果。1962 年美国生物学家蕾切尔·卡逊的《寂静的春天》引发了公众对环境问题的注意，各种环境保护组织纷纷成立，从而促使联合国于 1972 年 6 月在斯德哥尔摩召开了第一届“人类环境大会”，并由各国签署了“人类环境宣言”。此后的《21 世纪日程》、《京都议定书》等都加强了公众对环境问题的关注。2009 年哥本哈根会议之后，低碳的理念已深入到生活的各个领域。为应对气候变化和实现旅游业可持续发展，《国务院关于加快发展旅游业的意见》中明确提出大力推进旅游业节能减排，五年内将星级饭店、A 级景区用水用电量降低 20%。因此，旅游饭店在市场营销中要积极响应国家低碳经济的政策，制定绿色采购、绿色宣传及绿色营销等环节组成的“绿色”标准，建立有利于节能减排的员工培训管理、客人宣传教育以及相应的激励制度安排，推行节俭化旅游消费，使游客获得更多的精神体验。适时推出低碳套餐，让旅游者在观光的同时，将节能减排融入低碳旅游活动中。举办节能、减排专题宣传周活动。建立碳补偿活动，例如，为客人建立低碳消费记录档案，以便于实施相应的奖励措施，对客人的节能行为进行奖励等。

四、社会文化环境

社会文化环境是指在一种社会形态下已经形成的民族特征、文化传统、价值观念、宗教信仰、风俗习惯以及道德规范等的总和。不同社会文化环境下，个人受教育的程度、生活方式、主导需求、消费结构及方式都有明显差异，从而形成不同的旅游消费习惯和购买特点。因此，社会文化环境对旅游饭店的产品开发、价格策略、营销渠道、宣传促销等每个营销环节都有影响。只有适应当地社会文化，旅游饭店市场营销活动才能成功。社会文化环境对旅游饭店市场营销的影响主要包括相关群体、家庭组成、社会地位以及文化传统等。

1. 相关群体

相关群体，就是能影响一个人态度、行为和价值观的群体，例如家庭、邻居、亲友以及周围环境等，他们受相同社会风气的影响而形成相似的消费倾向。相关群体一般包括以下三种类型：一是主要群体，与消费者个人关系密切、接触频繁、接触最大的团体，例如家庭、邻居、同事、朋友等。二是次要群体，与消费者关系一般，成员之间的联系不如初级群体密切，例如各种社会团体、职业协会、学会等。三是渴望群体，即消费者渴望加入这一群体，将他们的生活方式和消费行为作为自己的参照。相关群体为个人的消费思考提供了“参考依据”，是人们行为的主要决定因素，从而导致旅游饭店消费行为的异同。因此，旅游饭店市场营销工作时刻要注意在相关群体中主导影响力，分析他们接触到的信息媒体，设计更具有吸引力的信息，利用意见领袖的影响力使产品在该群体内部得到广泛认同，从而推广旅游饭店产品和服务。例如，一些旅游饭店在开业或周年庆典时，常常会邀请当地的知名人士或新闻人物。并充分抓住这一时机，向新闻机构大力宣传，并为名人拍照，签名留念。然后把这些相片、签名挂在饭店里，来增加饭店知名度，树立旅游饭店形象。

2. 家庭及其生命周期

家庭是指居住在一起由拥有血缘、婚姻或者领养关系的两个人或更多人组成的群体。一般来说，按照规模，家庭可以分为核心家庭和扩大家庭两种形式。核心家庭包括父母和未婚子女，扩大家庭常常几代同堂，规模较大。此外，家庭生命周期也对其旅游活动产生影响，例如刚结婚无子女的青年家庭往往对旅游感兴趣，而空巢家庭由于时间和收入富裕，也对旅游特别感兴趣。目前，我国城乡空巢家庭超过50%，部分大中城市达到70%；农村留守老人约4000万，占农村老年人口的37%。从心理学的角度来说，“空巢”给老人带来了极大的无奈和困惑，而旅游作为一种有效的放松心情的方法，常常被他们用来作为充实生活、增强心理调适能力、不断提高家庭生活质量的手段。因此，旅游饭店要很好地了解空巢老人的需求和愿望，以及为他们提供有吸引力的服务。例如，坐落于北京西郊妙峰山的京西酒店，设有养老公馆300余套，另有星级酒店客房供暂住，常年可容纳近千人同时居住。公馆定位中高端，是离退休老干部的休养所，老知识分子、老同志著书立说、写回忆录的理想书斋，是“空巢老人”的温馨栖息地。

3. 地位阶层

地位阶层是按个人或家庭相似的价值观、生活方式、兴趣以及行为等进行分类的一种相对稳定的等级制度。同一社会阶层的成员具有相似的价值观、兴趣爱好和行为方式；不同阶层的人会表现出不同的旅游倾向。旅游饭店市场营销人员应针对不同阶层设计不同的广告和产品，选择各阶层都愿意接受的销售渠道和价格。例如，定位于收入较高的中高层人士的俏江南北京国贸店以幽雅如诗的环境与香辣似火的氛围将名流骄子和商务人士的胃口牢牢吸引住，并成为“食尚”又一代名词。俏江南的装修充满异国风情，幽雅而韵味深长，西式装修中有中国文化的味，非常符合办公室白领的审美情趣。其中点缀着的竹林、小桥流水又增添了几许江南水乡风韵。房间内有壁炉，房间名都是宋词牌，最重要的是菜品地道、服务精细。以“时尚、经典、品位、尊崇”为经营理念，俏江南目前已在北京、上海、天津等大中城市重点商业区设立了50多家分店，让收入较高的白领体味了独特的融合中西文化的川菜体验。

4. 文化传统

传统的文化对人们价值观、欣赏能力、生活消费习惯等都有很重要的影响，有些已经固定为特有的行为模式。文化包含的因素非常广泛，和旅游饭店市场营销关系比较密切的有宗教信仰、风俗习惯、语言文字、价值观、文化程度等。而且，每一个社会都有亚文化，它由建立在共同生活经验或生活环境基础上形成的有着共同的价值观念体系的人群所构成。根据亚文化团体所表现出来的不同要求和购买行为，饭店营销人员可以选定这些亚文化群体作为目标市场。旅游饭店要考虑如何创造文化环境，开发饭店的文化资源，尊重地区间的文化差异，也要考虑在经营中如何适应顾客的不同文化背景。

案例

“东西南北中，饮食在广州”，来到广州最不能错过的就是“美食”，如名声在外的“鸡仔饼”。但是，对于穆斯林来说，使用猪油及猪肉烹制的鸡仔饼是忌口的“黑名单”。在2010年广州亚运会期间，为了让来自亚洲各国的穆斯林客人品尝到广州美食，广州亚组委特意从宁夏聘请了70名穆斯林厨师，他们将为亚运城内的运动员、技术官员及媒体记者等人员烹制精美而正宗的清真菜肴。此外，作为广州亚运会的清真餐厅接待单位，在广州已有54年历史的回民饭店也准备了各色的清真粤菜，并以羊肉代替猪肉，按照广东口味改进了用工用料，推出了“清真鸡仔饼”，让远道而来的穆斯林客人都能够品尝到正宗的粤菜及点心。

五、人口环境因素

“人”是旅游饭店市场真正的主体，若没有游客，即使旅游饭店拥有再好的旅游产品，也不会存在旅游市场。因此，人口是构成市场的基本要素，人口容量决定了市场规模。同时，人口环境也是影响旅游饭店市场营销最活跃的因素。人口的动态数量、年龄、分布等情况对旅游饭店市场营销活动有深刻影响。所以，旅游饭店必须关注人口环境因素，关注人口的数量、构成和地理分布等，推出适应人口环境变化的营销策略。

1. 人口数量

一般来说，人口数量和市场容量、消费需求成正比。在收入水平一定的条件下，人口数量决定市场需求总量。在同样经济发展水平的国家，人口的增加对旅游人次的增加起着一定作用。人口越多，意味着对旅游饭店产品的需求越多，旅游饭店市场的容量也就越大。过去数十年来世界人口呈现“爆炸性”增长态势。在20世纪60年代，世界总人口仅为30亿，旅游饭店市场的规模不大。随着生活水平的提高、科技的进步、医疗保健条件的改善，2008年世界人口已达到约67亿，数量如此庞大的人口为旅游饭店市场营销孕育了巨大的潜力。

2. 人口结构

人口结构决定旅游饭店市场需求的结构，人口结构主要分析的是人口的年龄结构和职业结构。不同年龄结构的消费者对旅游饭店的规模大小、价格高低、住宿条件、餐饮口味等许多方面都有较大的差异。所以旅游饭店营销人员必须及时了解人口年龄结构的变化，据此开发新的旅游饭店产品，满足不同年龄段旅游消费者的需求。世界人口老龄化，特别是主要客源国的人口老龄化趋势明显。在美国，旅游度假支出80%是在55岁以上的人手中。据预测，中国将成为亚洲老龄化问题的突出国家之一。根据《2009年度中国老龄事业发展统计公报》，全国60岁及以上老年人口达到1.6714亿，占总人口的12.5%。到21世纪中叶，中国人口的1/3将是老年人。面临老年人旅游市场的形成，旅游饭店市场营销者应制定出适应老年人需求的各种旅游饭店服务项目。

职业结构的不同对旅游饭店市场营销也有影响。企业主管、商人业务繁忙，出差机会多；科研人员、医生、教育工作者等外出学术交流机会多；职员、自由职业者假日外出旅游也较多，旅游饭店应针对不同职业群采取不同的营销措施。例如，对于企业主管等商务旅游人士，他们属于高端旅游市场消费人群，人均每次消费总额超过14000元人民币。人均消费总额超过10000元人民币的还有奖励旅游，会展、文化、体育的参加者，而这些大部分是企业的总经理、总裁、财务总监、经理、销售人员、演艺明星和部分政府官员，他们对于旅游饭店要求较高。因此，面对海南省高端旅游市场的逐渐成熟，希尔顿、喜来登、万豪等多家国外顶级管理公司已开始进入海南，五星级及按五星标准建设的饭店60多家，全省四、五星级饭店外籍高管人员占到25%以上。

3. 人口分布

一般来说，随着地理距离的增大，旅游目的地对客源的吸引力逐渐降低。但是随着航空业的发展，使旅游者出游距离延长，从过去单一的观光型旅游变为观光、度假型旅游。旅游饭店客源原来以当地或周边地区为主开始变为全国各地。宾客停留时间长，客房周转率下降，这些都会带来旅游饭店营销策略上的变化和创新。例如，如何保持老顾客，如何适应不同地区不同消费者习惯的宾客的需求，如何翻新菜单，如何使老住客常住常新等问题。

此外，人口的城市化水平和城市化率发展水平直接影响着旅游饭店供求关系。由于城市居民收入较高、交通发达、信息灵通、容易接受新的消费观念，是旅游饭店重点争取的目标市场。目前，中国城市化率仅45%、全球平均为49%、而发达国家和地区为90%。城市化进程的加快，也促进了高端酒店加速扩充。在宁波，按五星标准正在建造和准备兴建的旅游饭店已经达到16家，以平均每家5.6亿元的投资计算，就有近百亿资本注入宁波高端旅游饭店市场。高星级饭店建设带动了宁波旅游饭店业整体档次的明显提升，也提高了旅游饭店对高层次消费的供给水平。

六、科学技术环境

科学技术是第一生产力，它的进步与发展为各行各业创造了新的市场，带来了新的机会，旅游饭店行业也不例外。科技给旅游饭店带来的不仅是效率化、数字化的管理，更为客人带来了丰富多样的便捷服务，从饭店环保设计、计算机管理应用到网络预订、视频技术以及宽带网络等。科学技术环境作为一个重要的旅游饭店营销环境因素，直接影响着旅游饭店的产品开发、设计、销售、管理技术以及个性化服务等，决定了旅游饭店在市场上的竞争地位。

1. 饭店预定系统

国际互联网技术的发展及应用，使旅游饭店可以在瞬间将自己客房销售给位于世界各地的顾客。目前许多旅游饭店都拥有饭店预定系统，大大简化和方便了顾客购买旅游饭店产品。随着连锁饭店的发展，预订系统成为连锁饭店内部垄断客源的一种手段。各大饭店集团都开发了自己独立的市场信息预测系统和饭店预订系统。如假日酒店集团在1965年建立了自己独立的电脑预订系统Holidex，目前已发展成为世界最大规模的民用电子计算机网，其规模仅次于美国政府的通讯网络，曾被指定为美国国家处于紧急状态时的通讯后备系统。该系统目前有专用卫星，不仅可以用来预订、传递信息，还可转播剧场实况，播放闭路电视，并已在美国1000多个假日饭店中安装通过卫星转播的长途电视会议设施。向度假旅游者和商业旅游者提供免费预订饭店客房的方便条件。该饭店集团分布在53个国家的1700家饭店已联结成有机预订网络，只要客人住进其中一家饭店，就可以在该饭店集团所有饭店内得到住宿的便利，这既方便了游客的旅行需要，也成了旅游饭店吸引客源的一种手段。

2. 个性化服务

旅游饭店是一个以服务为本的行业，依靠客人对各项服务的满意度来提升饭店的入住率和经营效益。而科技产品无疑是建立在为客人服务基础之上的。因此，旅游饭店需要结合自身的客源群体及竞争优势制定自身的个性化服务体系。例如，旅游饭店可根据客户管理经验的积累来建立“宾客档案”，记录每位客人的喜好，并进行联机服务。同时，旅游饭店的会议室采用可视电话系统，可以跨全球同时同声传影传音翻译。客房智能控制系统将根据数据库中的客户资料来实现“光线唤醒”服务，由于许多人习惯根据光线而不是闹铃声来调整起床时间，新的唤醒系统将会在客人设定的唤醒时间前半小时逐渐自动拉开窗帘或增强房间内的灯光；无匙门锁系统，以指纹或视网膜鉴定客人身份；虚拟现实的窗户，提供由客人自己选择的窗外风景；自动感应系统，窗外光线、电视亮度、音响音量和室内温度以及浴室水温等可以根据每个客人的喜好自动调节。科技的最终目的是为客人提供更为优质的服务，只有挖掘客人深层次的需求，才能为旅游饭店带来一流的科技。

项目三 旅游饭店市场营销微观环境分析

旅游饭店市场营销微观环境是直接影响其市场营销能力的各种参与者，与旅游饭店形成协作、服务、竞争、监督的关系。旅游饭店市场营销部门在制定决策时，不仅要考虑到饭店宏观环境的变化，而且要考虑饭店微观环境的变化。微观环境主要由饭店本身、供应商、营销中介、顾客、竞争者和公众组成。

一、饭店本身

对于旅游饭店本身来讲，其资金状况、基础设施、规章制度、组织机构、企业文化等是旅游饭店进行营销活动的基础。旅游饭店的资金状况和基础设施决定着营销活动的规模；规章制度决定着营销机制的工作效率；组织机构决定着营销部门与其他部门之间的相互关系；企业文化决定着营销人员的凝聚力和创造力。同时，营销也是旅游饭店经营管理活动的核心内容。这里包括两个方面的含义：其一，旅游饭店营销工作的好坏，将决定着饭店在客源市场上能占多少份额，而份额多少决定了饭店在市场竞争中的成败。因此，饭店总经理应理顺饭店组织体制，提高营销部在饭店组织的地位，建立以营销为中心的组织体制，使营销部门成为实现企业经营目标的核心职能部门。其二，饭店其他部门要理解、支持营销部门开展工作。不仅要求旅游饭店营销部门内各类专职人员尽职尽责、通力合作，更重要的是必须取得旅游饭店内部其他部门如高层管理、财务、研究与开发、采购、生产等部门的协调一致、互相配合，这样才能取得预期的效果。同时，旅游饭店也应该清楚地认识到，市场营销不只是营销部门的工作，从饭店高层到一线员工，每个人都是营销代表，都负有营销饭店形象的责任。

二、饭店供应商

旅游饭店供应商是指向旅游饭店提供生产经营所需的各种生产要素的企业或个人。旅游饭店市场营销的一个重要方面就是与供应商保持密切关系，以保证资源充足。旅游饭店的日常经营活动需要外界许多供应商提供原材料和各种产品。餐厅部门需要供应商提供食品加工的原材料，如鱼、肉、蔬菜、饮料等。客房部门需要供应商提供客房所需的日常用品，如牙膏、毛巾、卫生纸等。旅游饭店其他部门也需要供应商提供一些必需品，有些还需要从外国进口。供应商对旅游饭店资源供应的可靠性、及时性，供应的价格及其变动趋势如何以及供应资源的质量水平，供应商供应的原材料的数量和质量，将直接影响旅游饭店所生产产品的数量和质量，供应的原材料的价格，也会直接影响旅游饭店的产品成本、价格和利润。旅游饭店应选择质量、价格以及在运输、信贷、承担风险等方面条件最好的供应商。供应商的数量也是旅游饭店必须考虑的因素。一般而言，旅游饭店不能过分依赖单一的供应商，其供应能力下降会直接影响旅游饭店的经营活动。如果供应商数量太多又会增加管理和质量控制工作，供应商的忠诚度往往也比较低。所以，旅游饭店营销人员需要清楚地了解和掌握饭店用品市场的供应状况和市场价格变化情况，确定合适的供应商数量，保证供给充足，同时降低成本。

案例

2009 年 6 月 7 日，由《中国饭店》杂志社、商务部流通产业促进中心、中国社科院旅游研究中心等单位联合进行的中国供应商百强（饭店业）调研报告发布。通过对 500 多家调查单位的企业规模、运营、纳税、盈利等指标进行分析和对比，定量计算出入选供应商企业的综合实力指数，评价产生了中国饭店业供应商的百强企业。供应商百强企业大多集中在粤、沪、江、浙等南部、东部沿海地区。华南、华东两地的供应商占百强的 86%，相关业务收入占百强市场份额的 82.16%。从全国市场来看，百强供应商企业销售额占市场份额的比重逐年增加，饭店业采购需求逐渐向百强企业集中。

在中国供应商百强（饭店业）调研过程中，调研组发现，虽然全球金融危机对中国饭店业及其上游供应链也产生了较大的影响，但随着奥运的举办，和即将先后召开的亚运、世博会、世界大学生运动会等，国内饭店业市场仍向前发展。由此，供应市场亦迎来了一个大的发展契机。巨大的市场需求和激烈的市场竞争，不断强化企业的核心竞争优势，使集团化、品牌化、规模化成为饭店业供应商发展的一大趋势。

与此同时，信息化也深入到酒店采购的方方面面：网络采购越来越受酒店商家喜欢，网络交易行为越来越多。成套采购的求购信息量增多、直接在信息中标明产品价格以打动求购方、交易过程线上线下齐头并进……信息化在现代饭店业供应链发展中扮演了越来越重要的角色。而环保、节约型产品采购信息需求量的增长，无疑显示了当绿色环保已经成为目前国内酒店业“主题”的情况下供应市场未来的发展方向。

三、饭店中间商

旅游饭店中间商是参与旅游饭店产品流通业务，协助旅游饭店推广、销售和分配产品服务给最终顾客的企业或个人，包括经销商、代理商、批发商、零售商、旅行社、交通运输公司、营销服务机构和金融中间商等。中间商在旅游饭店营销中起着十分重要的作用，它帮助旅游饭店寻找旅游饭店消费者并直接与旅游饭店消费者进行交易，从而完成产品从生产者到消费者的转移。旅游饭店在经营场所的空间位置相对固定，而旅游饭店消费者分散各地，旅游饭店中间商解决了这种空间上的分离，使分散的消费者能方便地购买旅游饭店产品。因此，旅游饭店中间商大大提高了旅游饭店营销活动的效率，其服务质量直接影响到旅游饭店产品的销售情况。在选择中间商的时候，旅游饭店必须选择那些声誉好、能向顾客提供所承诺的产品并支付饭店服务费用的企业，与之建立并保持良好的合作关系。旅游饭店可根据中间商的企业规模、组团能力、计划销售、汇款情况等因素，有区别地对待并实行优惠中间商措施。

案例

创办于1999年10月的携程网，以网上酒店预定、机票预定起家，将传统资源与电子商务模式相结合，形成了第一代酒店网络预定中间商。曾经有行业观察家这样描述过携程的商业模式：“一只手掌控着全国数十万会员客户，另一只手则与全国数千家酒店、所有的航空公司紧密相连。它扮演着航空公司和酒店‘渠道商’角色，通过笼络庞大的会员卡客户群体，向酒店和航空公司获取更低的折扣获取中间的佣金。后台则依赖庞大的电话呼叫中心作预订服务，经确认的预订信息被传递给酒店或者机票代理机构。”按照2010年8月10日携程网公布的第二季度财务业绩显示，2010年第二季度净营业收入为6.95亿元人民币（1.03亿美元）。其中宾馆预订营业收入为3.16亿元人民币（4700万美元），占据了46%的比重。

四、饭店消费者

市场竞争的核心是吸引和保留消费者。只有深入体察消费者需求，并以各种有效方式、合理价格满足消费者，才能在市场上立稳脚跟、赢得顾客的青睐。旅游饭店作为服务业，其品牌来自于消费者的口碑，只有为消费者提供良好的服务体验，才能实现旅游饭店的自我营销。

消费者是旅游饭店产品的最终购买者和使用者，消费者的消费行为直接影响到饭店的经营成果。而旅游饭店的营销活动是以消费者需要为中心展开的。因此，饭店消费者是影响旅游饭店企业营销活动的最基本、最直接的环境因素。旅游饭店市场的消费者主要包括个体消费者和组织消费者。

个体消费者，是指旅游饭店消费购买者，包括购买旅游饭店产品和服务的个人或家庭，如度假旅游者、商务旅游者、会议旅游者以及体育旅游者等。这类消费者包括各种类型和阶层的人员，对旅游饭店需求差异较大；购买的数量较少，但频率较高；对旅游饭店产品的购买是一种非专家型购买，所以其购买行为有很大程度的可诱导性。

组织消费者，是指为开展业务而购买旅游饭店产品和服务的各种企业或机关团体组织。如在饭店举办会议、展销会、或作为奖励（福利）组织员工旅游的企业和团体。这类消费者购买旅游饭店产品的费用由单位支付。因此，他们的购买规模较大，而对旅游饭店产品的需求受价格变动的影响较小，更重视旅游饭店产品和服务的质量。

根据以上分析，个体消费者和组织消费者对购买和使用饭店的服务方式的要求是不同的。因此，旅游饭店营销人员应根据饭店本身的特点，在产品、价格、渠道、促销方式上采取不同的策略，以满足个体消费者和组织消费者各自的需求。

案例

旅游饭店的核心业务就是为消费者提供服务，所以提供个性化服务有着重要的意义，它是酒店塑造自己核心竞争力的一个基点。具体而言，就是要考虑到顾客作为一个个体，有着自己独特的个性化需求，酒店的任务就是要创造这样的消费环境和消费需求，例如，可以在酒店建立顾客档案，对顾客的地址、生日、口味、最喜爱的菜、最受欢迎的颜色、宗教信仰等方面资料进行电脑存档。等到春节、元旦或顾客生日时给顾客发一封由总经理签名的贺卡或 Email。实际上非常琐碎的个性化服务，在计算机技术规模化应用的基础上是完全可以做到的，关键是要想到。

在世界十大饭店之一的泰国东方饭店，你也许从未瞄过他们的服务员一眼，但他们却知道你是个有价值的老客户。他们会把你提升为头等客户，优先给你提供服务；楼层服务员在为你服务的时候能叫出你的名字，餐厅服务员会问你是否会坐一年前你来的时候坐过的老位子，并且会问你是否需要一年前你点过的那份老菜单。当你生日时，还可能收到一封他们寄给你的贺卡，并且告诉你，全饭店的员工都十分想念你。泰国东方饭店几乎天天客满，不提前一个月预订很难有入住机会。用他们的话说，只要每年有十分之一的老顾客光顾饭店就会永远客满。泰国东方饭店非常重视培养忠实的客户，并且建立了一套完善的客户关系管理体系，这就是东方饭店成功的秘诀。

五、饭店竞争者

营销观念认为一个企业要想成功，必须要能够比竞争者更好地满足目标市场的需求。因此，每一家旅游饭店都要分析自身的状况，比较与竞争对手的相对产业地位。旅游饭店的竞争对手不仅来自本国市场，而且来自其他国家和地区。竞争不仅发生在行业内，其他行业的饭店也可能通过生产替代品而参与竞争。一般情况下，从消费需要的角度，旅游饭店面临着四种类型的竞争者。

（1）愿望竞争者　指提供不同产品以满足不同需求的竞争者。消费者的需求是多方面的，很难同时得到满足，在某一时刻只能满足其中一个或几个需求。这类竞争是针对消费者需求的竞争。

（2）类别竞争者　能够提供满足同一种需求的不同产品的竞争者，如星级酒店、商务酒店、经济型酒店都可以作为消费者的住宿选择，各种旅游饭店的经营者之间存在着一种竞争关系。

（3）产品竞争者　指同类旅游产品的不同形式之间的竞争。例如，三星级饭店标准客房与四星级饭店标准客房的竞争，或同是三星级饭店，标准客房与豪华客房之间的竞争。

（4）品牌竞争者　产品档次规格相同，但是品牌不同的竞争者，例如同属酒店的希尔顿、香格里拉、锦江等不同品牌。

在分析竞争者时，要注意不要犯“营销近视病”，只看到经营与自己完全相同产品的竞争者，忽视了那些产品虽有差异，但在使用价值上有部分替代关系而存在间接竞争关系的旅游饭店。旅游饭店应该充分把握竞争对手的竞争能力，不断了解竞争者的发展目标和发展新动向，正确判断竞争者的反应模式，以此制定正确的营销战略和策略，创造战胜竞争对手的机会。

案例

2009年10月16日，卡尔森国际酒店集团的第十家新酒店——紫金丽亭酒店正式开业。

海航集团旗下的北京唐拉雅秀酒店也于同日宣布开业。北京华彬费尔蒙酒店也于2009年夏季进驻北京。全球酒店业巨头费尔蒙酒店及度假村（Fairmont Hotels &Resorts）已率旗下的豪华酒店进驻中国市场。作为T3航站楼的配套设施，朗廷酒店集团旗下朗豪品牌酒店于2010年8月开业，集团还将在朝阳门地区开设旗下的另一家酒店。希尔顿酒店管理集团亚太区总裁Martin Rinck也表示："希尔顿集团看好中国市场，在未来两年内希尔顿将再添22家酒店，其中包括北京希尔顿T3航站楼机场酒店。"

越来越多的国际酒店品牌抢滩北京市场无疑会提升北京酒店业的整体水平，但同时在京城酒店市场趋于饱和的情况下，酒店之间的竞争必将进一步升级。如何在国际金融危机余威尚存、酒店数量日益增多的情况下争夺客源市场？为此，很多酒店都出台了相关套餐、促销优惠和升级服务等营销措施，这也使得整个酒店市场的竞争全面升级。

紫金丽亭酒店利用了新开业的硬件优势，针对商务客人在酒店大堂开设了超大的公共区域，在此区域提供高速上网服务，同时在客房内专门配备的保险箱中，设计了内置的插座，考虑到了贵重电器的充电问题，从细节体现服务。同时，酒店利用毗邻五棵松体育馆的地理位置，与体育馆合作，针对部分演唱会推出了"住宿＋演唱会门票"的套餐。

喜达屋酒店与度假村集团推出了优惠的会议包价"免费会议＋免费住宿"，只需在2009年10月31日之前预订2010年3月31日之前的会议及住宿，会议组织者即可享受优惠，宾客预订三晚的住宿和会议，即可享一晚免费会议和免费住宿，可节省高达50%的会议支出。千禧国际酒店集团则在大中华区推出了"十赠三礼"的促销活动，即选择中国区任意一家千禧国际酒店集团的会议套餐可获得3%额外奖金。

未来，酒店业的竞争势必越来越激烈，在市场供应增长较慢的情况下，酒店的品牌价值将会进一步凸显，在市场饱和没有过多热点可以挖掘的情况下，京城各大酒店将根据自身不同定位，进入精耕细作阶段，挖掘自身特点和优势，进行业态调整，形成区域差异化经营。这必将使整个酒店市场的竞争上升到一个新的高度。

六、社会公众

社会公众是指对旅游饭店实现其市场营销目标有实际或潜在影响的任何团体或个人。旅游饭店的社会公众主要有以下部门：

（1）金融公众　指那些关心和影响旅游饭店取得资金能力的机构，主要指银行、投资公司、保险公司、信托公司以及证券公司等。旅游饭店应努力使金融公众对自身的经营感到满意和放心，在金融公众中建立良好的信誉。

（2）媒体公众　主要是指报社、杂志社、广播电台、电视台、网站等联系旅游饭店和公众的大众媒体。旅游饭店通过与媒体公众的良好关系能扩大企业和产品的知名度和影响力。

（3）政府公众　主要是指负责管理旅游饭店业务经营活动的有关政府机构，包括制定有关经济法规和政策的机构，如工商局、物价局、旅游局等。旅游饭店在制订营销计划时要考虑政府公众对其的影响，如制定合理的价格，考虑政策的变化等。

（4）团体公众　即有权对旅游饭店营销活动做出质询的团体和企业，如中国饭店协会、消费者协会和一些环保组织。团体公众有权指责旅游饭店损害消费者权益，要求采取相应整改措施。

（5）地方民众　主要是指旅游饭店周围的一些居民和社区组织。旅游饭店要和地方公众保持经常的联系，积极参与地方公众的日常事物，赢得地方公众的好感和合作。

（6）一般公众　即虽然没有购买旅游饭店产品，但却影响其他消费者对旅游饭店及其产品看法的个人。

（7）内部公众　指旅游饭店内部公众，包括总经理到一线员工的所有成员。处理好内部公众关系是搞好外部公众关系的前提。

公众的舆论对饭店在社会上树立良好的声誉，获得有利的竞争地位起着至关重要的作用，并对顾客起着引导消费的作用。因此，旅游饭店必须高度重视公众的利益，了解公众的需要和意见。采取有效措施满足公众的各项合理要求，有选择的参与一些力所能及的公益活动，努力塑造并保持旅游饭店良好的信誉和公众形象，为旅游饭店的营销活动创造良好的环境。

案例

两位在西雅图工作的网络顾问——汤姆·法默和沙恩·艾奇逊在美国休斯敦希尔顿酒店的双树旅馆预订了一个房间，并被告知预订成功。但是，当他们在凌晨两点到饭店登记时，一位晚间值班的职员草率地告诉他们，酒店客房已满，他们必须另外找住处，而且值班人员对待他们的态度有些轻蔑，甚至还斥责了他们。

这两位网络顾问当时离开了，然后制作了一个严厉的但又不失诙谐幽默的幻灯文件，标题是“你们是个糟糕的饭店”。在这个文件里记述了事件整个过程，包括与那名员工之间不可思议的沟通。他们把这个幻灯文件电邮给了酒店的管理层，并复制给自己的几位朋友和同事看。

这一幻灯文件立刻成为有史以来最受欢迎的电子邮件。几乎世界各地的电子邮箱都收到了这份文件。这份幻灯文件还被打印和复印出来，分发到美国各地的旅游区。双树旅馆很快成为服务行业内最大的笑话，成为商务旅行者和度假者避之不及的住宿地。传统媒体的评论员们也将这一消息载入新闻报道和社论中，借此讨论公司对消费者的冷漠和网络对于公众舆论的影响力。

对此，双树旅馆的管理层迅速、有礼并且大度地做出反应。双树旅馆毫不迟疑地向他们赔礼道歉，并用两个人的名义向慈善机构捐献了1000美元作为双树旅馆的悔过之举。双树的管理层还承诺要重新修订旅馆的员工培训计划，以确保将此类事件再次发生的可能性降到最低。另外，双树旅馆的一位高级副总裁在直播网络上与法默和艾奇逊就此事展开讨论，以证明饭店认真对待此事。

对双树旅馆来说，两位客人在旅馆中的经历使公众对双树旅馆的服务引发了广泛的信誉危机。但希尔顿酒店管理层的态度和反应也很重要，他们与客人保持对话，以这样的态度和方式保证品牌声誉的损害得到补救。因此，旅游饭店必须采取适当措施与周围各种公众搞好关系，树立旅游饭店企业良好的信誉和形象。

项目四 旅游饭店市场营销环境分析方法

任何组织在决定营销策略之前，都必须对所面临的市场环境做出正确的判断，旅游饭店当然也不例外。旅游饭店市场营销环境分析就是要调查影响旅游饭店市场营销的宏观环境因素与微观环境因素，并密切关注这些营销环境因素的变化趋势，对其正确分析和评价，及时采取措施，做出适当的反应。旅游饭店市场营销是一个长期的活动，因此，对旅游饭店的市场营销环境分析也需要持续的计划和不断地更新。

一、SWOT 分析法

SWOT 分析法是市场调研分析常用的一种机会——风险分析方法。SWOT 是英文词汇 Strengths（优势）、Weaknesses（劣势）、Opportunities（机会）、Threats（威胁）第一个字母的缩写。旅游饭店应该明确自身的优势和机会，不断改善自身的劣势，避免威胁，以促进旅游饭店的不断发展。

旅游饭店的优势和劣势是相对于竞争对手而言的，代表旅游饭店的内部条件。所涉及的内容比较多，包括产品（服务）、资源、目标、组织制度、组织管理、价值观等方面（表 2-1）。衡量旅游饭店的优势和劣势有两个标准：一是产品、服务、资源、目标、组织制度、组织管理、价值观等单方面的优势和劣势；二是综合的优势和劣势，对一些相关因素进行综合评价来判断旅游饭店处于优势还是劣势。旅游饭店的营销人员只有在正确的认清自己的优势和劣势后才能更好地进行市场定位，挖掘潜在的市场，赢得市场机会。

表 2-1　　企业内部因素分析——优势和劣势

因素	内容
产品 / 服务	我们的产品 / 服务是什么？产品 / 服务的定位是什么？产品 / 服务具有哪些用途？它们提供了什么价值和利益？顾客如何感知我们的产品 / 服务？产品线之间有没有形成互补？
资源	我们拥有哪些资源？我们是否拥有一些特殊的能力？我们在哪些方面做的特别好？这些优势与竞争对手相比如何？它们能否成为我们的核心竞争力？
目标	企业的最终目的是什么？我们设立了哪些阶段性目标？怎样做才能达到这些目标？我们希望得到外界怎样的评价？
组织制度	企业现在的制度是什么？执行得如何？效果如何？制度之间是否有冲突？这些制度是否对企业发展有利？
组织管理	岗位设置是否合理？是否有高效的管理者？是否做到了人尽其才？资源、权利、责任是如何进行分配的？
价值观	企业文化是什么？价值观是什么？真正的驱动因素是什么？

机会和威胁代表旅游饭店所面临的外部环境，是旅游饭店所无法控制的。外部环境中有的对企业发展有利，会给旅游饭店带来某种机会，例如宽松的政策、新技术的应用，就有可能给企业降低成本，增加销售量创造条件。而有的外部环境，如原材料价格上涨、紧缩的货币政策、汇率的变动、国家之间的战争等，就可能会给旅游饭店带来威胁，对旅游饭店发展不利。来自于旅游饭店外部的机会和威胁，有时需要与竞争对手相比较才能确定。有利条件可能对所有饭店都有益，威胁也不仅仅针对一家饭店。因此，在有些情况下，还要分析同样的外部环境到底对谁更有利或更有威胁。

SWOT 分析的具体做法是：列出对旅游饭店发展有重大影响的环境因素，根据一定的标准对这些因素进行评价，判定是优势还是劣势，是机会还是威胁（图 2-2）。当处于第Ⅰ象限，旅游饭店本身优势强大，而且外部机会众多，可能是最成功的策略，应采取发展型战略，充分利用机会，发挥组织的优势。处于第Ⅱ象限，旅游饭店劣势较大，但仍有外部机会，应采取先稳定后发展战略，充分利用机会，使劣势减到最小。处于第Ⅲ象限，旅游饭店不仅劣势明显，外部又有威胁，宜采取紧缩型战略，

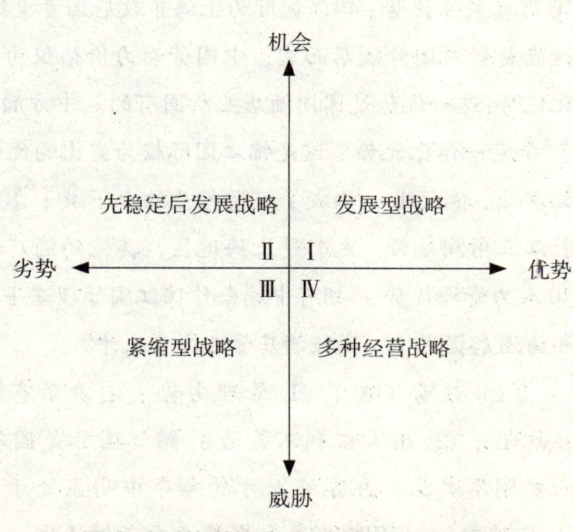

图 2-2　旅游饭店 SWOT 分析战略图

把劣势和威胁均减至最低限度，如紧缩开支、建立合资饭店等。处于第Ⅳ象限，旅游饭店拥有内部优势，而外部存在威胁，宜采取多种经营战略，利用饭店的优势去应对外部环境中的威胁，寻找新的机会。

需要注意的是，SWOT 分析法主观性较强，因此，在进行 SWOT 分析时，必须对旅游饭店的优势与劣势有客观的认识，明确旅游饭店的现状与发展前景。同时，要保持 SWOT 分析法的简洁化，避免复杂化与过度分析。

案例

锦江国际酒店集团经营现状及问题的 SWOT 分析

锦江国际酒店集团以上海锦江国际酒店（集团）股份有限公司（“锦江酒店”）和上海锦江国际酒店发展股份有限公司（“锦江股份”）为主体，注册资本 20 亿元，总资产达 170 亿元。拥有锦江国际酒店管理公司及华东、北方、华中、南方、西北、西南六大区域性公司。专业从事星级酒店和“锦江之星”连锁经济型旅馆，以及餐饮业的投资与经营管理。截止 2008 年 12 月底，锦江酒店在全国 31 个省（直辖市、自治区）120 个城市经营管理全资、控股等酒店 465 家（含“锦江之星”连锁经济型旅馆），客房数 80000 余间（套），名列全球酒店集团 300 强第 13 位，列亚洲第一位，获“中国最具影响力本土酒店集团”称号。

1. SWOT 分析

（1）优势（S） ① 品牌优势：锦江发音朗朗上口，且在国际上也具有一定的知名度；② 规模优势：锦江集团化程度较高；③ 地域优势：总部位于上海，在北京、成都等城市均已经打开市场；④ 客源关系优势：锦江国际为上海市政府国资重组，历来受到上海市的重视；⑤ 劳动力成本优势：这点是针对国外酒店而言，中国劳动力价格仅为欧美、日本等发达国家的 10% 左右；⑥ 本土文化优势：这一优势是国内酒店业所固有的。中方酒店业的文化优势主要表现在相容性强、沟通性强；⑦ 垂直一体化优势：这是锦江国际较为突出的优势，锦江国际拥有三大核心业务，分别是酒店业、旅游业、客运业，构成了旅游行业的上下游；⑧ 区域集中化优势：锦江国际酒店业主要集中在长江三角洲地带，尤其是上海地区，其他的酒店也基本上分布在经济发达地区和旅游发达地区；⑨ 人力资源优势：拥有中瑞合作锦江国际理诺士酒店管理学院和上海锦江国际旅游管理学院。常年为酒店提供中、高级酒店管理专业人才。

（2）劣势（W） ① 管理劣势：自身带有较深的计划经济时代的烙印，在经营管理上存在缺陷；② 用人机制不灵活：锦江国际是国有控股集团，与外资酒店或民营酒店相比其用人机制不灵活，在高级人才的争夺中明显处于下风。人才流失、高频率人员流动比较严重；③ 品牌单一：品牌形象和发展方向不够清晰；扩张方式单一，扩张成本过高。

（3）机会（O）① 中国经济的快速发展；② 旅游成为时尚，并向大众化普及；③ 蓬勃发展的会展经济尤其是2010年世博会在上海召开；④ 行业环境适合扩张。国际上经济型酒店与豪华酒店的比例为7 ：1，在中国这个比例是倒置的。因此，“锦江之星”的扩张具有一定的市场容量；⑤国际酒店集团巨头的“入侵”带来的资金、技术、管理经验等。

（4）威胁（T）① 自然灾害、政治事件等突发事件的不确定性；② 中国经济如金融制度和国企改革还存在问题，宏观经济调控手段还带有一定的局限性；③ 世界经济发展的周期性特征，如金融危机的影响；④ 国际酒店集团巨头的“入侵”；⑤ 国内酒店的竞争，如经济型连锁速 8、如家快捷、莫泰等的威胁。

2. 品牌发展战略

成功的品牌战略是锦江酒店集团迅速发展的重要原因。锦江酒店集团首先在观念上十分重视品牌的重要性，实施系统的品牌经营战略，以优质的产品与服务塑造国际知名饭店品牌，创新“资产置换——打造旗舰——品牌输出”的市场扩张模式，以品牌驱动集团业务领域衍生以及走品牌国际化道路等多种策略，极大地提升了“锦江”品牌的价值，增强了集团核心竞争力，从而为塑造国内第一酒店品牌奠定了坚实的基础。对于我国其他酒店集团来说，应积极学习借鉴锦江集团的成功经验，树立牢固的品牌资产观念，并实施品牌内部管理策略和品牌外部交易策略，从而最终提升我国饭店集团的整体竞争力。

二、机会——威胁矩阵

另一种方法是运用机会——威胁矩阵对饭店的市场营销环境进行分析（图 2-3）。在旅游饭店所面临的市场机会和威胁中，各种机会的大小不同，各种威胁的程度也各异，并且它们出现的可能性也不相同；从市场机会与威胁的总量上来看，也并不相等，有时机会大于威胁，有时威胁大于机会。旅游饭店必须对市场营销环境提供的机会和带来的威胁进行全面的分析和评价。

图 2-3 中横坐标表示旅游饭店所面临威胁水平的高低，即威胁出现后给该饭店带来的利益损失的大小；纵坐标表示旅游饭店所面临机会水平的高低，它表示机会出现后给饭店带来的利益的大小。图中：A 的位置上，机会水平高，威胁水平也高，即高机会高威胁并存。此时旅游饭店处于风险或冒险时期，应争取机会增加收益，从而减少威胁带来的损失；B 的位置上，机会水平高，

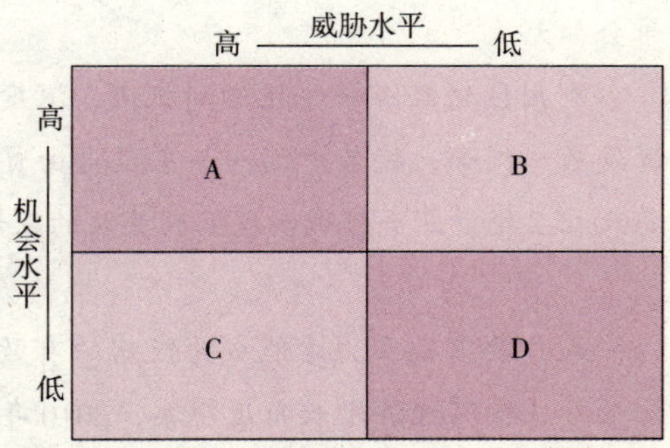

图 2-3 旅游饭店市场机会——威胁矩阵

而威胁水平低，即高机会低风险并存。此时旅游饭店收益高，损失小，是旅游饭店的理想状态；C的位置上，机会水平低，而威胁水平高，即低机会高威胁并存。此时，旅游饭店处于困难时期，应尽量创造条件增加机会，减少威胁带来的损失；D的位置上，机会水平低，威胁水平也低，即低机会低威胁并存。此时旅游饭店收益不高，但也没有多大损失，属于成熟型发展。

通过上述分析，旅游饭店应该认清哪些是主要机会，哪些是主要威胁，判断在营销环境中的地位，并在此基础上采取相应的对策。值得注意的是，机会和威胁有时候是可以转化的。旅游饭店市场营销在面临威胁的时候，如果措施得当，可转威胁为机会。

总之，市场营销环境是旅游饭店经营活动的约束条件。旅游饭店经营的成败，关键是看旅游饭店能否适应不断变化的营销环境。在多变的市场营销环境面前，旅游饭店应积极地去适应市场营销环境，在环境中寻找新的市场机会，避免威胁，并运用自己的优势去影响和改变营销环境，增强竞争力，实现旅游饭店的营销目标。

综合案例

2010年我国旅游饭店业发展的重要趋势

按照经典的《营销管理》原理，我国旅游饭店发展的趋势可以从宏观环境、微观环境与旅游饭店自身的经营战略三大方面进行分析。

（一）我国旅游饭店发展的宏观环境

1. 我国旅游饭店发展的政治环境趋势

在2009年12月1日通过的《国务院关于加快发展旅游业的意见》中，核心内容主要包括两个方面：一是将旅游产业作为战略性的支柱产业；二是要将旅游业发展成使人民群众更加满意的现代服务业。

作为国际主要客源国的发达国家，例如美国，正处在增加储蓄、减少消费与增加出口的政策引导阶段。因此，美国政府渴望积极打开中国市场。这样，中国深度挖掘国外市场的困难会加大。

利用区域经济一体化的新机遇，深度挖掘区域范围内的市场，包括在区域内进行饭店投资发展。例如，随着中国——东盟自由贸易区的正式全面启动，双方将在货物贸易、服务贸易及相互投资三个领域实现互利共赢的互动，并最终惠及民众和企业。

2. 我国旅游饭店发展的经济环境趋势

人口要有购买力才能成为饭店的有效需求者，而人口的购买力水平受到经济增长状况的影响。从世界经济增长角度观察，2010年将是困难的一年，原因在于预计世界经济增长的恢复是缓慢的。刺激措施将可能在许多先进国家退出，许多先进经济体可能增加税收，这会对这些国家和地区的家庭预算增加额外的压力。

全世界，包括中国所面临的一个决定经济增长是否能持续复苏的关键问题是：经济增长驱动如何从以政府投入为主转化为以民间投资和居民消费驱动为主？如何防止通货膨胀？如何在政府刺激经济增长措施退出后继续保持经济的增长，解决这一问题的对策是要使由市场决定的有效需求与有效供给持续平衡发展。

3. 我国旅游饭店发展的自然环境趋势

2009 年 12 月 18 日，在丹麦哥本哈根召开的世界气候变化会议上，气候科学家们预计想要防止全球平均气温再上升 2℃，到 2050 年，全球的温室气体减排量需达到 1990 年水平的 80%。在《联合国气候变化框架公约》的核心问题上，虽然各缔约国没有达成一致协议，但“低碳”一词却在世界热了起来，低碳消费，健康环保的生活理念越来越为人们所重视。

为应对气候变化和实现旅游业可持续发展，《国务院关于加快发展旅游业的意见》也明确提出大力推进旅游业节能减排，五年内将星级饭店、A 级景区用水用电量降低 20%。我国旅游饭店在经营管理中需要自觉认识与承担节能减排任务。

4. 我国旅游饭店发展的文化环境趋势

我国旅游饭店文化环境的发展趋势是多元化、细分化与特色小众化。例如，随着休闲度假旅游的发展，不同年代出生的旅游者具有不同的需求特点。20 世纪 50 年代与 60 年代出生的旅游者受艰苦朴素的教育思想影响较大，比较节俭，具有较强烈的经济实惠的偏好。70 年代出生的旅游者在消费方面会潇洒一些，因为当他们长大成人的时候，中国改革开放后经济有了较大的发展。80 年代以后出生的旅游者可能更自我一些，原因在于他们中大部分是实行计划生育后的独生子女。同时，80 年代与 90 年代出生的旅游者可能更加喜欢电脑，喜欢上网，特别是 90 年代以后出生的旅游者。据统计，1999 年，中国只有 400 多万互联网使用者，而到 2009 年，人数达到了 3 个亿。

5. 我国旅游饭店市场的人口趋势

饭店需求的对象是人口。我国旅游饭店市场的人口趋势有两个方面需要加以重视。第一是老年人的规模。据 2010 年第六次全国人口普查数据，全国 60 岁以上的老年人高达 1.78 亿人次，占总人口的 13.26%。第二是年轻人的规模，0 至 14 岁的人口达 2.23 亿人，占总人口的 16.6% 。这两个巨大的人口市场正等待旅游饭店企业去开拓。

6. 我国旅游饭店发展的技术环境趋势

新技术会影响饭店的产品与服务设计和提供，以及营销传播方式。3G 技术对顾客营销方式的影响与转变需要引起关注。3G 是英文 3rd Generation 的缩写，指的是第三代移动通信技术，是指将无线通信与国际互联网等多媒体通信结合的新一代移动通信系统。3G 技术的推广应用，使得网络终端更加贴近亿万用户。数亿网民更可以借助 3G 技术，直接跨入更为快捷、广阔的数字生活时代，通过移动互联网和手机了解信息、发布新闻、传播消息、表达意见、交流思想、沟通情感、购买商品、推销产品等，提供包括网页浏览、电话会议、电子商务等多种信息服务。

（二）我国旅游饭店发展的微观环境

1. 我国旅游饭店发展的竞争趋势

我国旅游饭店业正在出现过度竞争的趋势。其原因不在于需求增长率较低，而在于饭店供给增长率过高与过快。例如，2009 年上海浦东新区已有五星级饭店 11 家，截止到 2010 年 5 月又新增五星级饭店 25 家。因此，需要旅游饭店协会与政府部门进行适当引导，如制定地区的饭店发展规划，定期发布饭店经营指标，引导饭店的合理发展，保持合理的竞争状态等。

2. 我国旅游饭店发展的营销中介趋势

随着我国旅游饭店业的竞争越来越激烈，我国饭店营销经费的投入越来越多，饭店营销的专业化与规模化要求越来越高，饭店营销的中介化趋势也越来越强。其中的一个显著的特点就是依赖“携程”、“艺龙”、“芒果”等中间分销商的程度有所提高。这种传统的饭店分销系统，相关成员往往为了自身利益而牺牲他人利益。因此，每一家旅游饭店如何依据自己特点和优势建设垂直分销系统将成为一项决定自己未来命运的战略任务，需要深入研究与培训。

（三）我国旅游饭店发展的经营战略趋势

在金融危机、饭店供给增加过多和市场多元化的背景下，我国旅游饭店的经营战略出现了下列趋势：

（1）饭店需要采用创造性的营销战略，抓住一切机遇与利用一切资源来经营。例如，如何抓住 2010 年上海世博会机遇与广州亚运会机遇来推广自己的饭店。

（2）饭店需要强化品牌建设战略，如何做到使自己的饭店成为顾客的首选。

（3）饭店需要实施市场多元化战略。例如，从入境游客扩展到国内游客，从重视客房收入发展到同时重视会议与餐饮收入，特别是重视婚宴市场的开发。

（4）饭店集团需要实施多品牌战略与多区域布局战略。例如，锦江之星旅馆有限公司，在锦江之星品牌成功发展的基础上，引入了白玉兰品牌与百时品牌。又如，如家酒店连锁在全国加速布点，一线城市受金融危机影响可以由二线城市增加的收入进行弥补，同时又引入了和颐品牌。

（5）成本合理化战略，结合节能减排工作，开展激励员工节约每一滴水、每一度电、每一张纸的活动。

（6）饭店集团可以采用兼并与收购战略。例如，锦江酒店收购美国洲际集团是我国旅游企业实施“走出去”战略的重要步骤之一。

案例思考

1. 我国旅游饭店在发展过程中遇到了什么样的环境变化？这些变化对饭店的经营产生了什么样的影响？

2. 我国旅游饭店在发展过程中如何应对这些变化，并实施经营战略的？

3. 根据案例，讨论市场营销环境变化时，旅游饭店应该如何应对？

复习思考题

1. 什么是旅游饭店市场营销环境？具有哪些特点？

2. 旅游饭店市场营销宏观环境因素包括哪些方面？

3. 旅游饭店市场营销微观环境因素包括哪些方面？

4. 如何利用SWOT分析法分析旅游饭店的市场营销环境？

5. 以本地区某家旅游饭店为例，分析其市场宏观营销环境及微观营销环境，并讨论其面临的主要威胁和机会以及应采取的经营对策？

参考文献

1. （加）Robert C. Lewis，（美）Richard E. Chambers，徐虹主译. 饭店业营销领导：原理与实践[M]. 大连：东北财经大学出版社，2005.
2. 程道品，伍进. 旅游市场营销学[M]. 北京：中国林业出版社，北京大学出版社，2009.
3. 郭英之. 旅游市场营销环境可持续发展研究[J]. 经济地理，1999，19（3）：101~106.
4. 何建民. 2010年我国旅游饭店业发展的重要趋势[J]. 饭店现代化，2010，（1）：6~9.
5. 黄继元，吴金林，林丽. 旅游市场营销（第二版）[M]. 重庆：重庆大学出版社，2009.
6. 锦江国际集团网站.
7. 刘芳. 旅游市场营销[M]. 重庆：西南师范大学出版社，2008.
8. 马勇，陈雪钧. 饭店集团品牌建设与创新管理[M]. 北京：中国旅游出版社，2008.

9. 田雅琳．酒店市场营销实务[M]．北京：人民邮电出版社，2010.

10. 王丽，高燕．锦江国际酒店企业战略分析[J]．科技创业月刊，2009，（5）：66~67.

11. 徐淑梅，董姝娜．旅游市场营销[M].长春：东北师范大学出版社，2008.

12. 严伟，葛怀东．旅游饭店市场营销（第二版）[M]．上海：上海交通大学出版社，2010.

13. 杨志熙．旅游市场营销学[M]．武汉：华中师范大学出版社，2006.

14. 尹华光．论旅游市场营销环境与旅游业可持续发展[J]．商业研究，2006，（14）：168~170.

15. 雍天荣．旅游市场营销[M]．北京：对外经济贸易大学出版社，2008.

16. 赵伟丽．饭店市场营销[M]．长春：吉林教育出版社，2009.

17. 中国饭店协会网站.

18. 中国旅游饭店业协会，中国旅游饭店网.

19. 中华人民共和国国家旅游局网站.

20. 资树荣．国外人均GNP变化对中国旅游服务出口增长的影响[J]．统计与决策，2005，（10）：81~82.

模块三

旅游饭店顾客购买行为分析

1. 了解旅游饭店顾客购买行为的概念
2. 理解旅游饭店顾客购买行为的类型
3. 了解旅游饭店顾客购买行为的模式
4. 理解并掌握影响旅游饭店顾客购买行为的因素
5. 理解并掌握旅游饭店顾客购买决策过程

旅游饭店市场营销是以顾客的需求为导向，通过提供有形的产品和无形的服务来满足顾客需要的社会和管理过程。对于旅游饭店市场营销工作来说，顾客购买行为是旅游饭店制定营销战略的依据和出发点。因此，一个旅游饭店要在激烈的市场竞争中取胜并求得发展，就必须全面掌握、分析顾客购买行为的特征、类型及影响因素，以便准确地把握顾客的消费心理及其规律，引导顾客购买行为朝有利于旅游饭店的方向发展，并适时修正旅游饭店产品的价格、销售渠道及促销策略，适应旅游饭店市场的变化，为制定合理的营销策略奠定基础，实现旅游饭店的经营目标。

项目一 旅游饭店顾客购买行为概述

一、旅游饭店顾客购买行为的概念

旅游饭店顾客购买行为是旅游饭店产品购买者在收集旅游饭店产品有关信息的基础上，在选择、购买、消费、评估、处理饭店产品过程中的各种行为表现。简单来说，就是指顾客购买旅游饭店产品的活动以及与这种活动有关的决策过程。

通过分析顾客购买行为，可以把握旅游饭店购买者的行为特征，更好地为他们服务。分析顾客购买行为的意义主要表现为：

（1）是旅游饭店市场营销的基础　通过分析顾客购买行为，有助于旅游饭店企业确定营销目标，制定符合顾客购买要求的营销组合策略。

（2）满足顾客个性化需求　通过分析顾客购买行为，了解不同类型顾客的需求特点，提供不同旅游产品和服务，形成旅游饭店的经营特色。

（3）是旅游饭店引导顾客购买行为的前提　通过分析顾客购买行为，有利于旅游饭店企业正确引导顾客购买行为，使顾客购买行为朝着有利于本企业的方向转化。

二、旅游饭店顾客购买行为的类型

按照不同的分类标准，旅游饭店顾客购买行为可以划分为不同的类别：

1. 按购买者决策单位分类

（1）个体购买者　主要指为满足个人及其家庭成员的需要而购买产品和服务的购买行为。属于个人消费。因此，个体购买者购买旅游饭店产品的数量较少；但是顾客市场庞大而分散，对不同的旅游饭店产品或服务的购买行为呈现出多样性的特点；其消费需求受广告宣传活动的影响较大，购买行为具有可诱导性的特征。

（2）组织购买者　按照购买旅游饭店产品和服务的最终目的不同大致划分为两类：一类是为满足较大规模消费的组织机构，包括公司、企业、政府机构、各种协会、会议机构等。另一类是为了盈利而从事转卖或代理活动的组织机构，包括酒店零售商、酒店批发商、会议代理商、旅游代理商等。具有购买量大、消费金额高；对价格比较不敏感；时间规律性强等特征。

2. 按购买者性格特点分类

（1）理智型　在实际购买前，对所购买的旅游饭店产品都要经过理性的分析、研究和比较，权衡利弊之后再做出决策。他们一般经验比较丰富，对旅游饭店产品的特征、品质、价格等都有自己的见解。

（2）感情型　容易受到现场环境的激发而购买，对旅游饭店产品以直观感觉为主，未经事先考虑临时做出购买行为决策。这种类型的购买者会从个人兴趣爱好出发，容易受广告和宣传的影响，呈现出冲动购买的特征。

（3）习惯型　喜欢重复性购买某一种旅游饭店产品和服务。他们对该产品非常熟悉、信任并有深刻的印象，因而这类旅游购买者在购买旅游产品时往往根据以往的购买经验和消费习惯购买同一种产品。

（4）经济型　对购买旅游饭店产品的价格十分敏感，善于发现别人不容易察觉的价格差异。他们在购买旅游产品时，大多根据自身经济条件决定购买哪种旅游产品，认为高价不意味着高质量。例如，有些顾客选择在淡季出游，可以享受到旅游饭店的优惠。

（5）随意型　在购买旅游饭店产品时无固定偏爱，没有太强的目的性，一般是顺便购买或者尝试的购买行为。

3. 按购买目的的确定程度分类

（1）全确定型　在购买旅游饭店行为发生之前，就已经有了明确的购买目标和具体要求，在购买过程中，他们一般不会花费太多的时间去选择旅游饭店。例如，高级商务人士一般选择有名气的品牌旅游饭店。

（2）半确定型　在购买旅游饭店行为发生之前，对旅游饭店产品已有购买意向，但具体目标和要求还不明确，需要比较选择之后才能做出最后的购买决策。例如，顾客对于同一星级的旅游饭店的选择。

（3）不确定型　没有明确的购买目标，购买或不购买都是随意的。例如，顾客对旅游饭店的选择比较随意，对星级的选择没有明确的要求。

4. 按购买目的分类

（1）消遣型　以观光游览、娱乐、消遣为主要目的。由于受年龄、职业、文化程度、经济收入以及出游的目的、时间等因素的制约，对饭店的消费水平与层次有不同的需求。通常，经济收入较高者对饭店档次的要求高，消费面也比较广泛，涉及游览、餐饮、娱乐各个方面。经济收入较低者对价格比较敏感，以经济实惠为主要宗旨。

（2）商务型　以完成公务或商务为主要目的。他们受一定的时间限制，但比较频繁。支付能力强，强调旅游饭店的档次，对服务水平和服务质量要求很高，有完善的配套设施，如商务中心、多功能厅、宽带上网等，对声誉好的饭店回头率高，而且一般选择位于市中心或靠近商业中心等交通便利的饭店。

（3）个人事务型　以探亲访友、从事学习、考察、讲学等为主要目的。他们在对饭店产品或服务的需求上，季节性不强，旅游目的地固定等。对于饭店的档次，特别是硬件部分要求并不是很高，但是注重饭店服务的质量和水平。

此外，还可以按照购买时间将旅游饭店顾客购买行为划分为旺季型、平季型、淡季型；按照购买费用可分为自费型、公费型、奖励型、资助型等。

三、旅游饭店顾客购买行为的模式

根据市场营销学家归纳出消费者市场的7个主要问题（表3-1），由于7个主要问题的英文字母的开头都是O，所以这种方法被称为“7O”研究法。

表3-1　市场营销学家关于消费者市场的7个主要问题

消费者市场由谁构成？（Who）	购买者（Occupants）
消费者购买什么？（What）	购买对象（Objects）
消费者为什么购买（Why）	购买目的（Objectives）
消费者的购买活动有哪些人参与？（Who）	购买组织（Organizations）
消费者怎样购买？（How）	购买方式（Operations）
消费者何时购买？（When）	购买时间（Occasions）
消费者何地购买？（Where）	购买地点（Outlets）

旅游饭店市场营销人员在制定针对顾客市场的营销组合之前，必须先研究顾客购买行为，也需要分析下列问题：

（1）旅游饭店的顾客市场由哪些人构成？

（2）顾客需要什么样的旅游饭店产品与服务？

（3）顾客为什么购买旅游饭店产品？

（4）哪些人会参与旅游饭店产品购买行为？

（5）顾客怎样购买旅游饭店产品？

（6）顾客什么时候购买旅游饭店产品？

（7）顾客在什么地方购买旅游饭店产品？

为更好地开展旅游饭店市场营销活动，在分析顾客购买行为时，需要分析两个关键的因素：刺激，反应。刺激指顾客在进行有关消费决策过程中收到来自外部的直接影响，包括营销刺激和社会环境因素。反应指顾客受刺激后的最终反应，做出关于饭店产品、数量、饭店选择等决策。顾客从接受刺激到做出反应，还要经历一个心理过程。这种心理过程属于主观的范畴，与顾客的个体特征紧密联系。旅游饭店把这种心理过程称为购买者的“黑箱”。这一过程如图 3-1 所示。

从以上分析可以看出，旅游饭店顾客购买行为的过程，实质就是旅游饭店市场营销因素和市场环境因素的外部刺激进入顾客的意识，顾客根据自己的特性处理这些信息，经过一定的决策做出了购买决定的行为反应。顾客的需求以及购买决策的心理过程是难以准确把握的，旅游饭店市场营销人员可以通过各种刺激手段（如广告、人员推销等）来促使他们做出各种反应，然后根据他们的反应来推断顾客的需求。因此，旅游饭店市场营销人员通过刺激——反应模式研究顾客行为很有效。

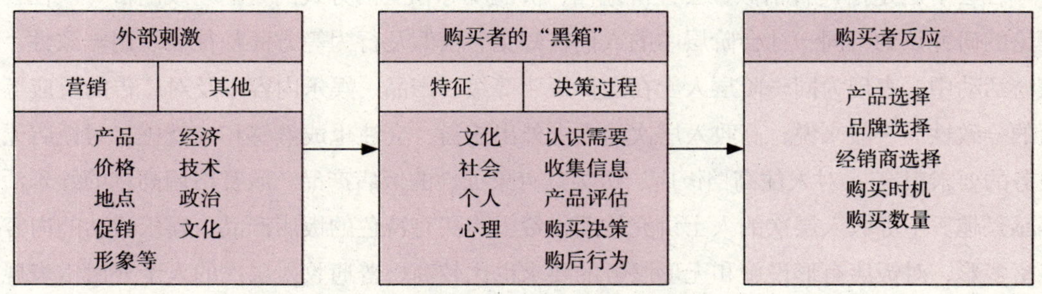

图 3-1 旅游饭店顾客购买行为模式

项目二 影响旅游饭店顾客购买行为的因素

影响旅游饭店顾客购买行为的因素有两类：一类是顾客内部自身的主观因素，如个人因素、心理因素等；另一类是外部的客观因素，如经济、社会、文化等（图 3-2）。旅游饭店顾客购买行为的产生过程，实际上是一个主观、客观因素对顾客的刺激与反应过程。这些因素对不同顾客的影响是不同的，即使是相同的顾客在不同的阶段，这些因素的影响程度也会不同。分析影响顾客购买行为的因素，旅游饭店营销人员可以制定有针对性的营销方案，充分

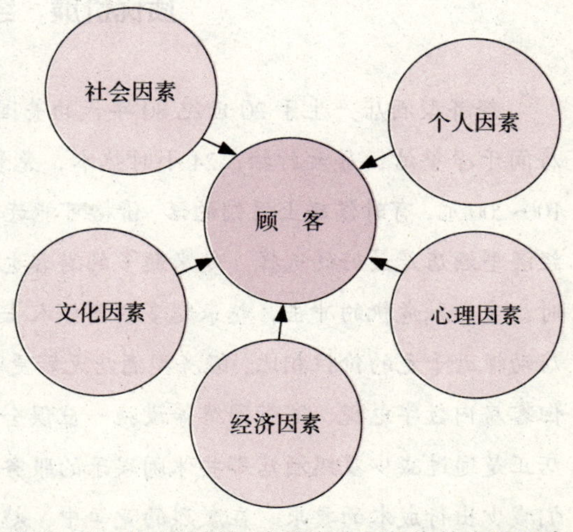

图 3-2 影响旅游饭店顾客购买行为的主要因素

满足顾客的需求。

一、社会因素

社会结构以及相应的社会机制必然深刻地影响社会成员的购买行为，旅游者所处的社会集团以及所属的社会地位不同，其购买行为也必定不同。对顾客购买行为影响较大的社会因素主要有社会阶层和家庭。

1. 社会阶层

社会阶层是指具有相似社会经济地位、价值观念和生活方式的人们组成的群体。社会学理论的研究认为，同一社会阶层中的人们在知觉、信仰及行为等方面往往表现出一致性。在旅游活动中，表现为同一阶层人士在选择饭店等级、产品、娱乐内容以及对广告的反应等方面的一致性。一般来说，高收入层次的人士外出旅游，会注重成熟感和成就感，对饭店无形服务的要求很高；对入住高档饭店、购买具有象征性的饭店产品、欣赏格调高雅的娱乐活动等感兴趣。中等收入层次的人士讲究体面，希望购买有特色的饭店产品，娱乐活动的内容要丰富多彩，对饭店有形设施和无形服务的要求也比较高。普通收入层次的人士外出常表现为一种立即获得感知和立即满足的行为，往往会选择较为传统的饭店产品，重视饭店的硬件设施，偏重于强调生理和安全上的需要。因此，不同社会阶层的人们在购买动机上的差异，会影响其对旅游饭店服务、饭店设施、活动内容的选择和购买。

案例

质优价廉，经济型酒店受追捧

经济型酒店产生于20世纪80年代的美国，20世纪末进入我国，在近几年得到了飞速发展。房间干净整洁，每天打扫，24小时热水，免费宽带上网，有的还有免费早餐，普通客房价格在100~200元，有时候碰上促销的话，价格可能连百元都不到。对于一般的工薪阶层、学生群体来说，经济型酒店是最好的选择。越来越多的游客也选择了经济型酒店作为外出旅游的落脚之处。而同时，受金融危机的冲击，越来越多的商旅人士减少了出行成本，在这种大环境下，与传统星级酒店动辄近千元的价位相比，经济型酒店无疑更具吸引力。以某快捷酒店为例，房价仅在百元左右，但客房内数字电视、宽带网络等设施一应俱全，完全能够满足客人的住宿需求。众多的经济型酒店正是通过减少星级酒店那些休闲娱乐的服务项目，有效降低了客房价格，满足了金融危机下人们减少出行成本的要求。在激烈的竞争中，越来越多的经济型酒店把服务提升到与廉价同等重要的位置上。经济型酒店以其最大的优势——质优价廉，在旅游市场中分得了一杯羹。

2. 家庭

家庭是构成社会的基本单位。家庭成员对顾客购买行为的影响最为强烈，影响着每个家庭成员所做出的大部分决定。在购买旅游饭店产品和服务时，丈夫、妻子和子女扮演着不同角色并发挥着不同影响。在实际生活中，常见的家庭决策类型有丈夫支配型、妻子支配型、共同决定型、孩子决定型。一般而言，对于旅游目的地和居住条件的选择有时丈夫的影响会大些，而对旅游饭店产品、服务质量、购物等细微方面往往由妻子决定。在对购买旅游饭店产品的数量和金额，一般由夫妻双方共同决定。孩子在家庭决策中有时也起重要的作用，而且家长都比较重视孩子的意见，丈夫和妻子的选择往往会视孩子的需要而改变，例如参加什么样的娱乐活动，什么时间出门旅游，选择什么样的旅游饭店产品和服务等。

随着旅游饭店产品类型及决策阶段的变化，家庭成员各自的投入也发生着变化。此外，购买角色还随着消费者生活的变化而变化。因此，识别家庭决策者对于旅游饭店营销人员是非常重要的。因为他们往往有权更改购买决策，如购买什么饭店产品、购买多少、何时何地购买等，旅游饭店应据此开展广告宣传活动。

案例

酒店的“儿童活动计划”

不少大型酒店管理集团管理的酒店和度假村，虽然不是仅仅为家庭或者儿童提供服务的，但对于孩子的关照却无处不在，很多酒店集团有专门的儿童关照计划。

四季酒店的儿童计划称为“Kids For All Seasons”，为迎合家庭旅游客人，每家度假村为孩子提供管理完善、各具特色的免费活动项目。度假村有独立的儿童泳池和游戏区，婴儿床、折叠床以及其他儿童日用品等都免费提供，客房还特别提供儿童型号的浴袍。

凯悦的一个重要儿童活动项目就是“凯悦露营活动”（Camp hyatt），专门有网站展示亲子游服务内容，供家庭假期时使用。目前，该活动还仅限于北美地区，3~12 岁的孩子可以参加度假村在当地举行的探险活动，内容主要围绕文化、历史、目的地周边环境等，让孩子们能体验到一个无比丰富且难忘的假期。另外，凯悦集团的官方网站有个庞大的游戏下载系统——Cranium 游戏库，孩子还可以在入住的时候得到一个丰富的游戏试用包。

丽思·卡尔顿酒店延伸出来的儿童计划称为“丽思儿童（Ritz Child）”，每个酒店执行的范畴不同。例如，带孩子的家庭可以要求入住墨西哥丽思·卡尔顿的“安静套房”，用手机闪亮代替门铃响声。入住新加坡丽思·卡尔顿，孩子们可以跟父母一起享受天然的植物浴。或者入住奥兰多丽思·卡尔顿观看水下电影，参加高尔夫课程。当然，所有度假村都提供健康的儿童菜单，菜单富有创意。

希尔顿酒店在夏天推出的儿童计划称作“希尔顿度假站”，12 岁及以下的儿童能够免费享受酒店提供的礼品、点心、游戏和图书馆等。迈阿密的枫丹白露希尔顿位于著名的家庭旅游胜地，拥有多项儿童看护计划和儿童活动项目。上海希尔顿专门开设暑期夏令营，让孩子们可以在一起玩耍交友并且锻炼身心，酒店教练指导的项目包括网球、游泳、跆拳道等。

One&Only 度假村为孩子们提供 Kids Only 旅游计划。计划涵盖不同年龄层和不同口味的儿童的需要，每天设计不同主题，提供适合不同年龄儿童的活动。毛里求斯的 One&Only Le-Saint Géran 俱乐部设计来源于浪漫传说，有充满金币的宝藏、藏宝地图、绳索、滑轮及贝壳。孩子可以体验滑水、浮潜、划艇等，也可以体验制作镶嵌画、学习毛里求斯 Sega 传统舞蹈、制作风筝和参加烹饪班。

二、文化因素

文化是决定人们欲望和行为的最基本因素。因此，文化因素对顾客行为具有广泛和深远的影响。这里主要讨论文化和亚文化对顾客购买行为所起的作用。

1. 文化

文化是人类从生活实践中建立起来的价值、道德、信念、艺术、法律、伦理、风俗习惯等内容构成的综合体。它决定着一个社会的消费习惯、伦理道德、价值观念和思维方式等。文化对顾客的消费观念和行为标准有很强的影响力。在顾客购买饭店产品的过程中，由于其文化背景的不同，在观念、态度、生活方式以及行为表现等方面都具有自己独特的风格。这些差别是消费者所处的社会制度和文化环境的长期影响造成的。通过了解文化环境对人们行为的影响，能让营销人员从文化的角度为顾客提供针对性和令其满意的旅游饭店产品和服务，以最大限度地满足其购买需要。例如，西方顾客忌讳数字“13”，饭店在接待时就要注意回避这个数字，不安排客人住 13 楼层或带有 13 字样的房间。同时，文化具有动态发展的特征，会随着环境的改变而改变。旅游饭店营销人员应识别出文化的变化趋势，设计出新的能被市场接受的产品和服务。例如，在文化上出现关注保健和养生的趋势，许多旅游饭店在菜单设计上会出现注重清淡口味和天然食品的趋势，有的增设了健身房或健身俱乐部，房间设计也出现了素雅和简洁的居室装修风格。

案例

春节 PK 情人节，高端酒店上演“温情”、“浪漫”大战

2010 年 2 月 14 日，既是中国传统佳节春节，又是西方的情人节，两节的一次“浪漫邂逅”。

当西方节日与东方传统文化发生"碰撞"时，是选择和亲人共享天伦，还是要与情侣甜蜜过节？

面对今年"双节巧遇"的情况，大多数酒店采取了"双管齐下"的策略，在推出针对情侣们的"浪漫套餐"的同时，也推出针对家庭的"温馨大餐"，甚至不少商家将情人节的元素融入到了年夜饭中。把适合家庭聚餐的圆桌、包间留给春节市场，而面积较小、环境情调比较好的餐厅则留给了情侣们。

同时，部分星级酒店不得不忍痛割爱，冷淡"浪漫"，主攻"温情"，将营销推广的重心移至除夕和春节，往年情人节铺天盖地的奢华套餐广告今年不见了影踪，甚至连惯用的"餐饮＋情侣住宿"的招数都没采用。

浪漫甜蜜的氛围，怎能少了"特别晚宴"的相伴。由于是对正处于"冬眠期"的酒店业来说，每一个节日的来临都给酒店带来商机。在众多星级酒店正忙着准备年夜饭活动的同时，一些酒店陆续推出浪漫套餐、入住优惠等活动方案，其预订情况同样火爆。如北京国宾酒店推出的甜美梦幻晚宴，每对价格只需288元人民币，同时，增送精美巧克力，2杯气泡酒。

在这个持续寒冷的冬天，星级酒店市场正火热上演着一场"浪漫"与"温情"的战争。

2. 亚文化

亚文化是指某一文化群体所属次级群体的成员共有的独特信念、价值观和生活习惯。每一种文化都包含有更小的文化群体，即建立在共同经验和相同环境基础上并具有相同的价值体系的人群，包括若干不同民族、种族、宗教和地域的亚文化，在礼仪、服饰、色彩、居住、饮食、生活方式等物质和文化生活方面都各有特点。无论是美国人的直率、英国人的沉稳、德国人的勤勉，还是我国北方人的豪放和南方人的细腻，都是受民族和地区文化影响的结果。在注重大文化背景下，旅游饭店营销人员也要充分重视民族、宗教信仰及生活习惯原则，提供不同的产品和服务。另一方面，可以利用不同地域因文化不同而产生的不同生活方式、民俗，组织领略民族风情，从而提高饭店产品的吸引力。例如，在提供旅游饭店产品方面，若不考虑顾客的亚文化因素，在客房里摆放客人忌讳的物品，客人必定很不满意。此外，宗教信仰、民族风俗等不同文化冲击都会对顾客购买行为产生深刻影响。

案例

前门饭店全力打造京剧文化主题酒店

主题饭店是指以饭店自身所掌握的文化中最具代表性素材为核心，形成独特性的设计、建造、装饰，提供特色化服务的饭店。在饭店主题中表现为一种完整的文化，具有鲜明特征，形成全面展示，使饭店的核心与其结构完全相符。

作为中国第一家京剧文化主题饭店，前门饭店除了旅游接待之外，最大特色就是饭店内部设置的“梨园剧场”。借助饭店位于宣南老城区中心，明清时期会馆、餐馆和戏园子云集，各方民俗、艺术荟萃的文化优势；独领风骚数百年的京剧艺术就是诞生于此的地理优势；利用闲置的大礼堂等会议设施，以“弘扬民族文化，促进旅游发展”为宗旨，成为面向国际的京剧文化展示舞台及旅游平台。

为体现饭店的京剧文化主题，前门饭店在硬件设施等方面进行了一系列改造。客房设计精美雅致，挂饰、茶杯、茶盒，乃至抱枕上都印有京剧脸谱等戏曲元素。餐厅单间的名牌都以京剧著名曲牌命名，房间内饰物也以曲牌为主题，从瓷瓶，壁画，乃至挂灯，无不渗透着戏曲格调。电梯厅和走廊陈列着戏曲壁画或陶器、雕塑等装饰物。在听觉上，酒店的背景音乐、总机转接换成轻柔的戏曲背景音乐，沁人心脾，给人一种充分的视觉、听觉享受，一步入饭店便忘却了浮躁喧嚣，归于沉静安详。剧场专门为外国宾客准备了英、日、法文的同声翻译。客人在观看京剧演出之余，在展厅和展卖厅可以浏览中国京剧简史、著名京剧艺术家剧照，选购具有京剧特色的戏装、脸谱、乐器字画、音像制品，还可身着戏装、勾画脸谱、摄影留念。

主题饭店是主题与饭店两者的结合——以文化为主题，以饭店为载体，以客人的体验为本质。“以文化为主题”强调主题饭店的核心是文化，文化是主题饭店的灵魂；“以饭店为载体”强调在关注文化的同时，必须明确主题饭店必须考虑其功能的实现，功能是文化的基础；“以客人的体验为本质”强调不论是饭店的文化与功能最终要服务于客人的体验，饭店最终的目的是为客人创造一种体验。通过主题饭店的创建，最终要培育饭店在市场上的竞争能力。

三、经济因素

经济因素直接影响着人们的收入水平，而收入水平决定着消费水平。经济因素对顾客购买行为的影响非常广泛，这里主要从边际效用和个人收入角度探讨经济因素对顾客购买行为的影响。

1. 边际效用

西方经济学理论认为，顾客之所以要购买某一种产品，主要是由于该产品能够满足其某种欲望的能力，这种能力便是效用。开始时，顾客得到某种产品越多，他的欲望就越容易得到满足。但随着购买商品数量的不断增加，效用总量的增加是递减的，即边际效用是递减的，这在经济学中称为边际效用递减规律。所谓边际效用，就是在一定的时间内，最后增加一个单位产品的消费时所增加的效用（图 3-3）。

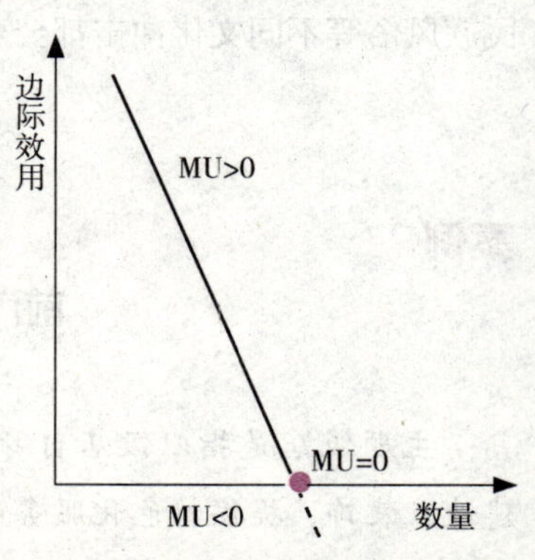

图 3-3 边际效用递减示意图

图形解释：实线代表边际效用 MU>0，总效用递增。圆点代表边际效用 MU=0，总效用最大。虚线代表边际效用 MU<0，总效用递减。

例如，当顾客进入旅游饭店的自助餐厅尝到的第一片烤肉的感觉和离开餐厅前强吃下去的最后一片肉的感觉不同，就是边际效用在逐渐递减。

根据边际效用递减规律，任何一个购买者都不会把他所有的钱去集中花在购买某一项旅游饭店产品或服务上。在丰富多彩的饭店产品中，顾客决定把钱花在什么地方，主要取决于当时哪种产品对他来说边际效用最大。所以，从理论上讲，一旦各种产品都买到之后，就会出现一种均衡状态，即花费在各种产品上的每 1 元所得到的边际效用是相等的。

边际效用对于顾客购买行为的影响在任何市场上都是存在的。旅游饭店要采取有效措施，如降低价格，增加产品内涵，提高产品质量，使顾客每花 1 元购买本饭店产品所能得到的边际效用尽可能增大，以促使顾客更多地购买本饭店的产品。

2. 个人收入水平和消费结构

消费者对旅游饭店产品的购买能力主要取决于消费者的个人收入。消费者个人收入包括工资、奖金、其他劳动收入、红利、助学金、馈赠、出租收入等。消费者收入分为个人可支配收入和个人可任意支配收入。个人可支配收入是指个人收入减去直接缴纳的各项税款和非税性负担（工会经费、交通罚款）的余额。个人可任意支配收入是指个人可支配收入减去维持生活所必需的支出（食品、衣服、住房）和其他固定支出（分期付款、学费）所剩下的那部分收入。因此，个人可任意支配收入是决定消费者购买力和支出的决定性因素。通常消费者个人可任意支配收入决定着旅游者消费水平的高低及旅游者个人实现旅游愿望的可能性的大小。一般来说，消费者的个人可任意支配收入增多，用于旅游或其他活动的开支就随之增多。改革开放以来，我国经济发展迅速，居民收入大幅度提高，总体上进入小康消费生活模式。城镇居民家庭人均可支配收入从 1978 年的 343.4 元提高到 2008 年的 15780.8 元，农村居民家庭人均纯收入从 1978 年的 133.6 元提高到 2008 年的 4760.6元。城乡居民收入的增加,导致了旅游消费的增长。国内旅游人数从1994年的5.24亿人次上升到 2008 年的 17.12 亿人次，并且从 2006 年开始达到了人均一次以上的旅游密度，旅游者的消费拉动了住宿、餐饮、娱乐、交通等直接需要，反映出我国旅游市场的覆盖面不断扩大。

另外，消费者个人收入的变化不仅影响着消费者的支出模式，也影响着其消费结构。消费结构是指各类消费支出在消费总额中占的比重。其中食物支出占消费总支出的百分比被称为恩格尔系数。恩格尔系数是联合国衡量一个国家或一个地区贫富的重要指标之一。恩格尔系数越大，用于购买食物的支出在总支出中的比重就越大，而用于非食物支出方面的比例就会减少，生活水平越低。反之，恩格尔系数越小，用于购买食物的支出在总支出中的比重就越小，而用于非食物支出方面的比例就会增加，生活水平越高。只有在生活水平较高的情况下，消费者才会产生购买旅游饭店产品的需求。

同时，根据马斯洛的需求理论，当社会经济发展水平较低的时候，人们主要是解决生理需求，也就是说人们对食物的消费需求相对较大，恩格尔系数因此相对较高，而此时，人们在旅游消费上的支出相对较少，甚至可以忽略不计。随着居民收入的逐渐提高，在满足了低层次的需求之后，人们就会追求高层次的需求，恩格尔系数下降，人们在旅游消费上的支出会逐渐增加。例如，1978 年，我国农村家庭的恩格尔系数为 0.68，城市家庭为 0.58，而到 2008 年，这一比例已经分别降低至 0.44 和 0.38。恩格尔系数下降说明了城乡居民的生活水平在提高，消费更趋于合理化。例如，城镇居民人均旅游花费从 1994 年的 414.67 元上升到 2008 年的 849.36 元，农村居民人均旅游花费从 1994 年的 54.88 元上升到 2008 年的 275.28 元。农村居民随着人均收入的提高和恩格尔系数的降低，原来受到收入约束的旅游消费需求开始集中释放。而居民的人均旅游花费同恩格尔系数呈比较明确的负相关关系，预期未来随着恩格尔系数的进一步降低，人均旅游花费有望持续提升，今后几年随着社会主义新农村建设的推进，农民人均收入的进一步增长，农村居民逐步释放的旅游需求将保持快速增长，必然对旅游饭店产生积极的影响。

案例

近几年，在党的富民政策指引下，广大农村发生了翻天覆地的变化，许多农民都摆脱贫困，越过温饱线，逐渐走向富裕。农民手里有了富裕的钱，也想走出家门去看看外面的世界，于是便渐渐出现了“农民旅游”这个崭新的旅游产品。

“农民旅游”，并非指“农业旅游”，或是“农家乐”、“农事劳动旅游”、“农业生态游”之类的到农村去旅游的旅游方式，而是广大农民这一特指的旅游消费群体外出旅游。

从国外的情况看，人均年收入 500~800 美元是旅游消费的急剧扩张阶段，这个阶段的旅游以观光游为主。2008 年人民币对美元汇率 6.94 ： 1，折算下来旅游消费的急剧扩张阶段就是人民币 3470 ~ 5552 元。据国家统计局对 31 个省、区、市 6.8 万个农村住户的抽样调查，2008 年农村居民人均纯收入 4761 元，全国大部分省、区、市都已经进入旅游消费的急剧扩张阶段。

廉价旅游产品的推出，则是激活农村旅游市场的一大诱因。近年来，无论是航空机票价格，还是客房、景点价格，都创出了历年来的最低水平。农民旅游显示出来的商机，以及拉动内需的作用已不容小觑。农民旅游的黄金季节，集中在 2、3 月，7、8 月和 11、12 月，此时正逢旅游饭店、旅游景点和旅行社的淡季，适时打好农民旅游这张牌，无疑能出现“淡季不淡”“淡中有旺”甚至“变淡为旺”的奇迹。

但是，要真正分得农民旅游这一块大蛋糕，挖掘农民旅游这座大金矿还需要“量体裁衣”。

目前的旅游饭店产品，基本按照城市人群的文化习性、消费特点、生活嗜好、交通条件来设计，并不十分符合农村市场的需求。要赢得农民旅游市场，需要多发展一些大众的旅游饭店产品，设计满足多层次需求的产品，用实惠的价格打动农民。以高度的热情对待并潜心探讨和精心策划“农民旅游”问题。相信随着旅游竞争的加大和旅游市场的细分，“农民旅游”这块蛋糕将会吸引更多的旅游饭店经营商。

四、个人因素

顾客购买决策也受个人因素的影响，如年龄与家庭生命周期阶段、性别、职业、受教育程度、个性和生活方式等。对于旅游饭店营销人员来说，应分析顾客的上述个人因素，制定符合顾客个人实际的营销策略。

1. 年龄与所处家庭生命周期阶段

人们在不同的年龄阶段会有不同的需求和偏好，因此，其购买行为会随着年龄的增长而不断发生变化。此外，购买行为还受到个人所处的家庭生命周期阶段的影响，如在单身期、新婚期、满巢期、空巢期均有不同的购买行为。单身的未婚青年通常经济负担较轻，他们会把很大一部分的可支配收入花费在旅游和娱乐活动上。尚无子女的年轻夫妇可任意支配的收入较高，他们经常在外就餐。可是一旦有了孩子之后，到饭店就餐就转变为送餐或购买外卖，在度假、用餐、客房布置等均要考虑小孩的需要。如果孩子的年龄能适应旅游环境以及旅游愿望强烈的话，他们会时常支出一些旅游费用，包括购买饭店产品，但其出门旅游的兴趣会受到孩子的影响。当子女已就业独立，可任意支配收入的机会增加，在外就餐的花费也会相应增加，是饭店产品的巨大潜在需求市场。当60岁之后，有充裕的闲暇时间，手中又有一定的积蓄，身体条件好的人经常参加旅游活动，希望旅游饭店产品温暖、舒适、方便，希望领略各地的社会万象，品尝各地特色的食物。因此，旅游饭店营销人员经常根据年龄及家庭生命周期阶段来定义目标顾客，并制订适当的旅游饭店产品和营销计划。

案例

托起小太阳餐饮行销计划

某星级酒店为不影响酒店气氛，不欢迎宾客带小孩来消费，导致成人来此就餐的很少，餐厅经营一直很不景气。餐饮部员工发现家长携儿童去社会餐厅就餐现象较为普遍，便向酒店建议开设一个相对独立的少儿自助餐厅，此建议得到酒店高层的赞同。经过一番调研后，酒店制定了“托起小太阳”餐饮行销计划。计划内容包括：开设少儿自助餐厅，为不影响酒店气氛，少儿餐厅另辟单独出入口，在餐厅内腾出一块场地摆放少儿所喜欢的玩具供儿童玩耍，推出儿童菜谱，把一些食品做成小动物造型，为就餐的家长提供免费托儿服务。经过精心策划，儿童餐厅开业不久生意就很火爆，不仅儿童喜欢光顾，而且带动家长消费，酒店整个餐饮业务被带出了人气，业务量提高了45%，“托起小太阳”餐饮行销计划取得了巨大成功。

2. 性别、职业和受教育程度

性别对顾客购买需求的影响客观上是存在的。由于男性和女性在生理上的差别导致了不同的心理和行为，使两性的消费产品及购买决策过程差异显著。长期以来，男性旅游者在旅游者队伍中所占的比例一直高于女性。由于受到传统思想的束缚以及女性在家庭中充当的角色的影响，女性的旅游动机受外界因素干扰很大，往往会出现摇摆不定、犹豫不决的情况。这就需要旅游饭店营销人员对女性的消费理念进行引导、激发，开发出适合女性旅游的产品和服务，排除困扰她们的诸如“安全”、“家庭”、“孩子”、“价格”、“时间”等问题。例如，目前正在兴起的专门针对女性消费群体的女性饭店，这种饭店专门为女性顾客提供服务，除了更温和的设计，还增加了针对女性的多元化个性服务，充分满足女性顾客需求的一类饭店。

顾客的职业和受教育程度不同，其消费模式和购买行为也不同。一个人的职业在很大程度上决定了他在社会中的地位、收入水平、闲暇时间、工作性质和生活经历，进而影响到其购买行为。而受教育程度和文化水平较高的客人会克服对特殊环境的心理恐惧和思想偏见，有助于激发对饭店产品的兴趣。因此，不同职业和文化程度的顾客，对于饭店产品的需求与爱好往往不尽一致。如高级行政人员从事公务旅游的可能性很大，他们喜欢豪华的餐厅、带会客室的商务套房以及专用楼层等。医务工作者可能对旅游饭店的卫生条件较为重视。教师旅游购买行为主要集中在寒暑假，对旅游饭店产品的消费也比较理性。而学生是目前国内旅游流中重要的一支力量，适应青少年学生开发一些旅游饭店产品、建造一些青年旅馆必将成为旅游饭店经营者不得不考虑的选择。

案例

高端酒店为女性设专属楼层

在全球旅行者的视野内，高端酒店专为女性住客设立专属楼层，早已不是什么新鲜事。在国内，这样的风潮正在五星级酒店里兴起。

杭州黄龙饭店提供了16间定位于时尚女人品位的女士房间。窗帘装饰来自法国著名爱马仕设计师Jean Boggio的作品；而坐垫、床头板及图画则是由“法兰瓷”设计；套房内走入式衣橱中配备有全身镜、熨衣用品，以及丝质睡衣。近年来，女士楼层至少保持60%以上的入住率。

在厦门艾美酒店的女士楼层中，有32间不同房型的客房和套房，配备专有女性服务员和女性安保人员，酒店还可根据客人要求，安排女陪购员和随从照料。除了提供低卡路里的健康食谱点餐服务、瑜伽垫和内含面膜、棉质粉扑等亲肤洗浴套装，酒店还在此楼层专供柔软舒适的羊毛袜、丝质衣架、各式浴盐等。

位于上海的瑞吉红塔大酒店，共有三层女士专用楼层，在专用楼层的每间客房内，都放有一系列“宠爱女性客人”的用品，如Bvlgari护肤品、Evian喷雾、时尚杂志、熏香、丝绸衣架、每日新鲜水果和鲜花。其他物品如发夹、梳子、洗手液或洗甲水等可按要求提供。

同位于上海的四季酒店，“沁”SPA的设计融汇传统与时尚元素，创造出一个静谧舒适、充满智慧的灵动空间。“沁”SPA拥有762平方米的开阔空间，为客人提供各种养生与美容的护理及咨询服务，提升了上海的SPA水准。“沁”SPA设9个包房、一个私密的美甲室、一个需预定的针灸咨询室，以及一个独立的足底按摩区域。

在全球范围内，运营比较成功的女士客房有：

印度孟买马地拉喜来登酒店的女性楼层——“爱娃”（Eva Floor），有18间客房，均安装了可视电话门禁系统，另有女性专用酒廊、免费提供瑜伽课程、优惠打折的美容美发、SPA服务等供客人选择。

挪威的奥斯陆大酒店是欧洲首家推出女性专用楼层的酒店。该楼层拥有13间客房，将挪威艺术、影视、体育、商业、文学等各界杰出女性作了一番总结、精选与展示，以各界知名女性命名，如时尚设计师塞斯丽、爵士乐歌手希尔列、商业成功人士伊格等，并由这些名人与设计师共同设计完成。

卓美亚阿联酋酒店是中东地区首家推出女性专用楼层的酒店。该酒店的女性楼层位于酒店第40层，是与Chopard（萧邦）联手打造的精品。

日本大阪的Hyatt Regency Osaka（凯悦摄政大阪饭店）设有女士专用楼层，室内装潢设计温馨低调，曾获得设计大奖。酒店内有室内游泳池、室外季节性游泳池和健康SPA浴盆，其泡汤温泉十分养生美肤。酒店还特意为女士住客提供按摩、美容、美发沙龙等服务。酒店内健身中心设有瑜伽课程指导、有氧运动辅导等。

3. 个性和生活方式

个性是在个体生理素质的基础上，经由外界环境的作用逐步形成的。个性的形成既受遗传和生理因素的影响，又与后天的社会环境尤其是童年时的经验具有直接关系。个性更多地反映个体思维、情感和知觉特征。生活方式是个体在成长过程中，与社会诸因素交互作用下表现出来的活动、兴趣和态度模式。如果顾客是一位比较节俭的人，在进行饭店消费时也会本着经济实惠的原则，选择价格比较合理的饭店，而不会选择奢侈豪华的类型。做事谨慎的顾客在进行饭店消费时，总是花很多时间收集信息，花费很多精力在饭店选择上。

生活方式很大程度上受个性的影响，反映的是人们如何生活、如何花费、如何消磨时间等外在行为。例如，有的人购买旅游饭店产品是为了满足生理需要，而有的人是为追求新奇；有的人喜欢在旅行社的安排下从事旅游和住宿活动，而有的人喜欢自助游，以散客的身份选择旅游饭店产品和服务。旅游饭店营销人员需尽力使整体饭店产品与顾客的个性和生活方式之间产生更多的联系与共鸣，既扩大销售，又可使顾客感到“物有所值”。

案例

19世纪早期一位著名记者描述瑞士欧拉酒店的一句话，如今被众多酒店沿袭：“它不仅是一座酒店，更是一种生活方式。”

位于丹麦哥本哈根的Hotel Fox，定位是“The world’s most exciting and creative lifestyle hotel”（最具激情和创造性的生活方式酒店），它有61个完全不同的房间，每个房间都是一个个人艺术展，由21位艺术家、插画画家、平面造型设计师和涂鸦美术家汇聚1000个点子构思完成。作为追求一种独特生活方式的酒店，Hotel Fox由一系列幻想的田园生活及梦境般的视觉形象组成，每一个独到的想法足以令它无可复制，所以它有足够的理由对客人承诺：“You haven’t seen anything like it”（它是唯一的）。Hotel Fox的成功之处在于它挖掘出人们对个性展示的潜在需要，创造出一种跨越界限的社区，令顾客找到心中渴望的居住和生活方式。

位于杭州西子湖畔的橘子水晶酒店是一个“设计师酒店”。它不同于经济型酒店的“单调”，不高攀高星级酒店的“昂贵”，带给顾客的住宿体验是不仅干净、温馨，更富有情调和创意。在一些客房内，可以直接从卧室看到大堂，有1/3左右的客房有着直接面对西湖“柳浪闻莺”景观的十几平方米的露台。鲜明的定位也使“该酒店”成为风投眼中少有的可供选择的中端酒店，其目标客户是“自我的、张扬的、想与众不同的”。

无论是Hotel Fox还是橘子酒店，都是强调个人品位和生活方式的“精英文化”，人们选择产品不再只局限在功能上，过去的3F模式“Form Follows Function”（形式服从功能）让位于“Form Follows Feeling”（形式服从需求），酒店的建筑形态、装修特色、服务人员的礼仪等都将成为消费者选择的标准。酒店的功能不必局限于商务招待、旅游入住，还能成为引导个人风格的一股流行力量，发掘其社交场所的功能。

如今，各大国际酒店集团也竞相瞄准了“生活方式”的概念。2009年，Denizen Hotels加入"奢华与生活方式"酒店品牌组合，成为希尔顿品牌大家族中的第十一名成员。其品牌核心部分是互动空间社交，从专为美食爱好者提供的社区风格餐厅到采用先进技术可在登记入住前后提供个性化休憩体验的休闲区域，Denizen Hotels 将为尊贵客户提供一切所需设施，在客房和套房内外贴心打造充满活力的温馨环境。

五、心理因素

旅游饭店顾客的购买行为还受到以下几个主要的心理因素的影响，包括需要、动机、知觉、学习、态度和信念等。

1. 需要

心理学家认为，顾客的购买行为和任何其他行为一样，都是为满足某种需要，有什么样的需要便会有什么样的行为表现出来。顾客需要是人们在特定生活和特定经济条件下对某种旅游饭店产品的愿望和要求，这种愿望和要求是人们对高层次生活标准和生活方式的一种追求与向往。顾客的需要具有多样性的特点，既包括生理、安全方面，又包括社交、尊重、自我实现方面的需要，既有物质方面又有精神方面的需求。例如，对于我国的高星级旅游饭店来讲，其产品主要是为了满足顾客精神上的需要，虽然在顾客入住期间也需要满足生理等方面的需要，但这些需要都是为了精神需要的满足而派生出来的，很少有人仅仅为填饱肚子而在豪华饭店里进餐。所以，在高档旅游饭店中，精美的餐饮产品，舒适、安全、卫生的客房固然重要，但旅游饭店的形象、等级、知名度、气氛、豪华程度、无微不至的服务对顾客的购买决策更起决定性的作用。

2. 动机

如果说需求是顾客购买行为的潜在动力和源泉的话，那么动机则是购买行为的直接动力。顾客动机是直接推动顾客进行旅游饭店购买活动的动力，规定了顾客购买行为的方向，是推动和指导顾客购买活动的心理过程。因此，掌握了顾客的动机结构，也就等于掌握了顾客的行为导向。常见的动机主要有以下类型：① 健康动机。通过与身体健康有关的旅游活动，达到放松身心的目的。如度假休息、参加体育活动、娱乐活动以及其他直接同保健有关的活动。② 文化动机。主要是为了认识和体验异地他乡的政治、经济、文化、教育、历史、艺术、宗教状况以及风土人情、生活习俗等。这是人们求知欲、追新猎奇的心理表现。③ 交际动机。为了进行社会交往，建立或保持某些人际关系，摆脱某些人际环境而外出旅游等，如为探亲访友、应邀访问、结交新朋友而去旅游。④ 地位和声望动机。主要是出于关心个人成就和个人发展需要，通过旅游实现自己得到社会承认、受人尊重、引人注意、受人赏识、获得好名声等愿望。上述购买动机绝不是彼此孤立的，而是相互交错、相互制约的。有时是一种动机居支配地位，其他动机起辅助作用；有时是几种动机共同起作用。不同的顾客，他们的购买动机有时基本相同，有时差异很大。即便是同一个顾客的购买动机也会因时间、地点的不同而异。

案例

由于温泉中含有多种有益于人体健康的微量元素，许多游客把目光投向了温泉养生游。而秋冬季节泡温泉在高寒地区是一种潮流，北方人因为天气原因多患有风湿病等，对于这些因寒冷造成的疾病，泡温泉恰恰可以极大地缓解。另外，现代人生活、工作压力大，泡温泉可以放松身心。位于黑龙江省大庆市的林甸县被国家命名为“中国温泉之乡”和“世界养生基地”，天星大厦温泉会馆、林甸温泉疗养院、阳光温泉假日酒店、星火温泉度假村的温泉养生项目早已深受游客喜爱。而黑龙江省大庆市旅游业也在寒冬里做大“热经济”，大力推介雪地温泉，并且精心制定了五条冬季旅游精品线路，每条线路都有温泉旅游项目。目前，大庆已经形成了到哈尔滨赏冰、到亚布力滑雪、到大庆泡温泉的精品旅游线路，依托特色温泉融入了全省的旅游商圈。

3. 知觉

知觉是人们通过自己的身体感觉器官对外界刺激物所作的反应。对于旅游饭店顾客来说，知觉是顾客选择、组织和解释外来旅游饭店方面的信息而产生内心世界反应的过程。顾客的知觉过程包括三个相互联系的阶段。① 刺激物的展露：指将刺激物展现在顾客的感觉神经范围内，使其感官被激活。例如，在电视、广播、网络、杂志等各种场合下出现的各种旅游饭店广告、宣传等。② 选择性注意：由于认识能力的限制，在某一特定时间和地点，顾客不可能同时注意和处理所有展露在其面前的信息，而只是部分地对某些信息予以注意。注意是指个体对展露于其感觉神经系统面前的刺激物做出的进一步加工和处理，它实际上是对刺激物分配的某种处理能力。③ 对刺激物的理解：是个体依据现有知识对刺激物进行组织分类和描述，赋予刺激物以某种含义或意义的过程。但是，当顾客在接受外界事物和信息刺激时，与原有思维模式相结合来理解刺激物时，往往会造成先入为主、按照自身意愿曲解信息的倾向。在信息处理过程中，如果一则信息不能依次在这几个阶段生存下来，它就很难储存到顾客的记忆中，从而也无法有效地对顾客行为产生影响。因此，旅游饭店可以在凸显自己饭店产品和服务个性上开展广告和宣传，给顾客以“不一样就是不一样”的感觉，以留下深刻的印象。

4. 学习

学习是指人在生活过程中，因经验而产生的行为或行为潜能的比较持久的变化。顾客的需要和行为绝大部分是后天学习获得的。通过学习，顾客获得了丰富的知识和经验，提高了对环境的适应能力。当顾客在购买一件旅游饭店产品时，也是他学习的过程。一次次的成功购买过程就形成一次次的经验积累，一次次的失败购买经历同样也是一次次的教训积累。当顾客以过去的经验和教训来看待现在情况时，就会形成“概念化”和心理定势，形成一定的评价。例如，某公司准备在旅游饭店召开一次重要的会议，那么公司通常会对各饭店的服务进行调查，他们通过在餐厅进餐，观察员工的服务态度和技能，考察饭店的特色。根据所了解的信息，他们选择了开会的饭店。在开会期间，他们再一次体验饭店的服务。根据他们以及参加会议的人员的体验，他们会对饭店形成满意或不满意的评价。饭店应该帮助顾客了解其设施和服务的质量。有些豪华饭店会安排员工领着首次入住的顾客四处看看，告诉其饭店所能提供的各种服务。

案例

近年来，会议业的迅猛发展给饭店带来了大量的会议游客。会议旅游者对饭店产品的需求特征主要表现在：专业性强、消费水平高、需求具有综合性等。据美国旅馆业的一份调查表明，88%的协会会议组织者、64%的公司会议组织者都认为在选择饭店时要重点考虑饭店的“会议厅数量、面积、质量”。

饭店能否提供会议专业服务以及是否拥有会议专业设备是会议旅游者选择饭店时考虑的重要因素。因此，饭店在开发会议饭店产品时必须配备相关会议场所、配套设施作为支撑。饭店要根据自身的实际情况来改建、扩建或新建不同级别、规格的会议场地；会议配套设备主要是视听设备，包括放映设备（幻灯机、实物投影仪、银幕、计算机）、音响设备（麦克风、录放音设备）及特殊视听系统（多媒体设备、同声传译设备）等。对于常用的视听设备，应考虑购置，并配备专业技术人员进行操作与维护；对于使用效率不高的视听设备则可向专业公司租赁。

同时，针对会议旅游者需求的特点以及会议活动的要求，饭店应提供专业化的会议服务。包括会议礼仪迎送、秘书服务，会议厅设计、布置，会议指示牌、横幅、会标、字幕制作，会议用车、宾客接送，娱乐活动策划，会议茶水服务，协助会务组工作等。

5. 态度与信念

态度是由情感、认知和行为构成的综合体，是个人对待外界对象较稳固的内在心理倾向，是影响顾客购买行为的一个重要心理因素。顾客态度与行为有十分密切的关系，态度影响其对旅游饭店产品、品牌的判断与评价，影响其学习兴趣与学习效果，影响其购买意向，进而影响购买行为。因此，态度在很大程度上决定着行为方向，对顾客的购买行为产生指导性和动力性的影响。

信念是指一个人对事物的描述性的看法。不同顾客对同一事物可能拥有不同的信念，而这种信念又会影响顾客的态度。一些顾客可能认为星级饭店的质量比一般饭店高出很多，能够提供很大的附加利益；另一些顾客则认为，随着产品的成熟，不同旅游饭店的产品在品质上并不存在太大的差异，星级饭店产品提供的附加利益并不大。很显然，上述不同的信念会导致对星级饭店产品的不同态度。

案例

代保管剩酒的酒店

近来，香港酒店业兴起了一个新的服务项目——代客保管剩酒。也就是将顾客喝剩的酒保管起来，陈列在一个精致的玻璃柜内，使所有人都看得见，瓶颈上吊有一个制作精美的卡片，上面写明存放人的姓名、单位、职衔和“惠存”字样。

就是这样一个小小的服务项目，却在争取顾客上发挥出了惊人的魅力。其一是它有助于吸引“回头客”。酒店为顾客保管剩酒后，当这些顾客再用餐时就多半会选择存有剩酒的酒店。在顾客喝完了被保管的剩酒后，又会再要新酒，可能还会有剩酒需要饭店为其保管，下次用餐当然还会优先考虑该酒店。如此循环往复，就会不断地扩大酒店的业务。其二是有助于提高酒店的声誉。酒店替顾客保管剩酒，可以使顾客感到如同在家中用餐一样方便，加上服务人员热情周到、体贴入微的一流服务，更使顾客体会到宾至如归的亲切感和信任感。

后来，这套点子又发展成为代客保管碗碟。因为人们讲究卫生，害怕传染疾病，不喜欢用别人用过的碗、碟、筷子、刀叉等。饭店还实行对就餐次数多的顾客送一套餐具以供其专用，以此来吸引他们常来用餐。这些饭馆既保证了顾客的就餐卫生，又对顾客周到体贴，让顾客得到了被重视和被尊重的快乐。因此，培养了许多忠实的顾客。

项目三 旅游饭店顾客购买决策过程

决策在顾客购买行为中占有重要地位。进行决策决定着购买行为是否发生。正确的决策可以使顾客以较少的时间、费用买到质量和价格相仿、称心如意的产品，最大限度地满足特定消费需要。当顾客产生要购买旅游饭店产品的意识后，就会采取一系列的行动，这些行动过程一般有五个阶段，识别需要、搜集信息、选择评估、购买决定和购后行为（表 3-2）。

表 3-2 旅游饭店顾客的购买决策过程

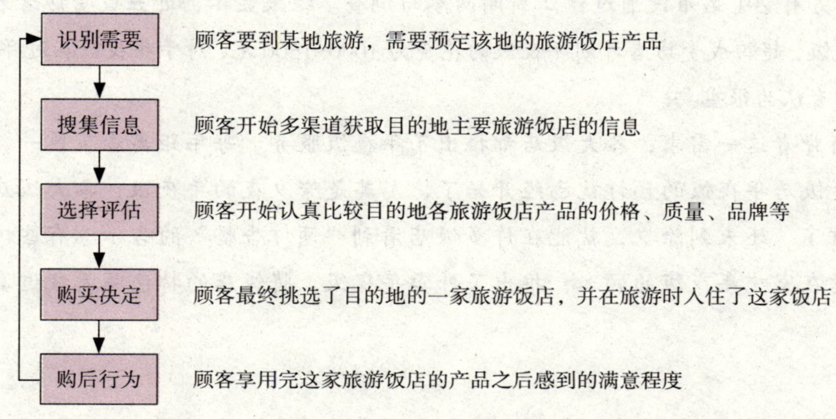

当顾客经过认定需要、选择产品、做出购买的具体决定时，一次购买行为才实际发生。而且，决策的内容规定着顾客何时、何地、以何种方式购买。一般情况下，顾客要经历购买决策过程的全部五个阶段。但是，并不是所有顾客都会按次序经历这五个过程的所有步骤。

分析顾客购买的决策过程，了解顾客出于何种动机、以何种方式选择所需要的旅游饭店产品，旅游饭店市场营销人员可以通过制定产品、价格、渠道、促销等策略，更好地满足顾客的需要，实现顾客与旅游饭店的双赢。

一、识别需要

顾客的购买决策过程开始于对需要的识别。当顾客在现实生活中感觉到需要与实际之间有一定差距，并产生了要解决这一差距时，购买的决策便开始了。这种需要是由顾客内在的生理和心理状况引起的，也可以是由外部的刺激引起的，或者是由内外两方面因素共同作用的结果。

在这个阶段，旅游饭店营销人员应深入了解顾客产生某种需要的自身生理、心理状况以及所处的环境，找到引发这种需要的内在动因和外在刺激因素，通过这些因素预测顾客产生需要的原因、会发生什么类型的需要以及寻求何种旅游饭店产品等信息。通过搜集这些信息，旅游饭店营销人员就能识别出最能刺激人们对某种产品的兴趣的因素，从而提出有针对性的营销手段，促使顾客与刺激因素频繁接触来激发其购买动机，并相应推销对路产品。

案例

在饭店吃年夜饭，既省事方便，又合家团圆。近年来，过年到饭店吃年夜饭已成为很多人的选择。金山网最近推出了“年夜饭，您打算怎么吃？”的一项调查，共收回有效纸质问卷136份，另有201名市民通过镇江新闻网参与调查。结果显示，近五成受访者表示打算到饭店吃年夜饭，超四成受访者计划年夜饭的花费为1000~1500元，对于年夜饭在过年中的地位，超六成受访者认为很重要。

针对消费者这一需求，各大饭店都推出了年夜饭服务。每年距离春节前一、两个月的时间，各大饭店年夜饭的预订就已经开始了，尤其是除夕夜的年夜饭，各大饭店的包房很早就被预订了。还未到除夕，就能在许多饭店看到“预订告罄”的告示。有些饭店为了方便那些愿意在家吃年夜饭的顾客，推出了外卖年夜饭，将饭店的特色菜肴经过真空包装后进行销售。

二、搜集信息

当顾客产生了购买需要之后，便开始注意和收集与需求相关的信息。如旅游饭店的地理位置、该地区及附近的自然和人文景点、产品服务价格、安全卫生保障、饭店设备功能、服务态度等方面的信息，以便其权衡得失，最终做出决策。顾客搜集信息时的积极性和投入程度取决于顾客对该种需要的内驱动力强度、原有信息的了解程度、信息搜集的难易程度、增加信息的价值以及通过搜集信息可能获得的满意程度等。

根据顾客搜集信息的强度，可以分为加强注意和积极搜集两种类型。前者是顾客开始关注某种产品信息，并适当地留意有关该产品的广告。后者是顾客主动地寻找各种资料，通过各种途径了解该产品的情况。例如，如果顾客决定购买旅游饭店产品，但未确定购买哪个饭店产品，就会寻找各个饭店产品的情况信息。如果他已确定购买某个特定饭店的产品，就只会设法寻找有关该饭店的信息。

顾客搜集信息一般有以下几种途径：① 相关群体来源，从家人、朋友、邻居、同事等处获得信息，这一信息源在顾客购买决策时起“评价”作用。② 个人经验来源，顾客从自己亲自接触、使用旅游饭店产品和服务的过程中得到的信息。③ 商业来源，是顾客获取信息的主要来源，通过广告、推销人员介绍、产品包装、产品说明等提供的信息，在消费者购买决策时起“告知”作用。④ 公共来源，顾客从电视、广播、报纸等大众传媒、政府、饭店协会、各种评审组织等得到的信息。旅游饭店市场营销人员应该仔细地识别顾客的信息来源，判断每一项来源的重要性，以及对顾客购买决策的影响程度等。

案例

上海某旅游饭店开业期间在某媒体上大做广告，并允诺剪下媒体上的广告一张填好寄回公司便可获得价值100元的礼金券。结果是，300万元礼金券如数送出，在上海餐饮市场上树立了较好的形象，其品牌也家喻户晓，这是饭店出钱让消费者主动搜集有关其产品信息的最佳案例。同时，许多旅游饭店为“希望工程”捐款，甚至有的建立“希望小学”，这样的活动虽然不能直接销售产品，但饭店良好的公众形象大大有利于消费者在某种购买情境出现时，搜寻该饭店品牌的更多信息。

一位旅游者刚从B城市机场走出上了一辆出租车，途中出租车播放了该城市一家五星级大饭店的广告，说本饭店是五星级的设施与服务，而价格只相当于三星级酒店的价位，并有礼金券奉送。这位旅游者本想入住一家三星级饭店，听到这则广告，干脆就拨通了这家五星级饭店的预订电话，并以合理的价格入住了此饭店。地方性媒体上的合作性广告、旅游景点的陈列性广告及赠送礼券等都是非常有效地吸引消费者注意的措施。

三、选择评估

顾客通过各种途径搜集得到的各种信息，可能是重复的，甚至是矛盾的，因此还要进行分析、整理、评估和比较，在权衡利弊后方能做出购买决定，这是决策过程中的决定性环节。顾客进行选择评估的过程主要涉及以下几个方面：

（1）分析产品属性　指旅游饭店产品所具有的能够满足顾客需要的特性，包括饭店位置、附近景点、食物质量、菜品种类、服务质量、就餐环境和产品价格等。

（2）建立属性等级　顾客对每一种属性的重视程度不同，根据个人需要来评价与其有关的各种属性的重要程度。

（3）确定品牌信念　顾客凭着经验和印象会对不同品牌产品的属性和利益有不同信念。这些信念可能与产品的真正属性有所不同。

（4）形成效用函数　顾客对某品牌每种属性的效用功能应该达到某种标准的要求。当产品的属性发生变化时顾客所期望的对产品的整体满足感是怎样变化的。

（5）最后评价　顾客从众多可供选择的品牌中，通过一定的评价方法，对各种品牌进行评价，从而形成对某种品牌的偏好。

因此，旅游饭店必须了解顾客所追求的效用，明确本饭店的重要属性，以及这些属性是否能满足顾客的效用，从而制定相应的营销策略吸引顾客。例如，商务型顾客比较关心方便和舒适程度，自费的消遣型顾客则更关心价格。

案例

有调查显示，顾客在选择旅游饭店产品时有若干个标准，其中最为关键的有饭店的地理位置、产品质量、产品价格、清洁卫生程度、环境气氛、设施设备、停车场、安静、安全、服务和娱乐设施等十条标准。顾客在选择旅游饭店时，往往是将各种标准综合起来考虑。某位顾客准备选择A、B两个旅游饭店中的一个，他选择的属性、给两个旅游饭店的打分及对各属性的权重如表3-3所示：

表3-3　A、B两个饭店的得分及各属性的权重

属性	服务水平	设备设施	产品价格	饭店安全	住宿	饮食
A饭店	85	80	80	95	70	73
B饭店	70	90	80	98	73	70
权重	0.3	0.15	0.2	0.15	0.1	0.1

根据公式：

$$B=\sum A_i \times W_i\ (i=1,\ 2\cdots N)$$

式中　B——总利益

A——第 i 个属性的得分

W——属性 i 的权重

N——属性的个数

经过计算，A饭店的总利益为82.05，B饭店的总利益为80.5，最后理论上该顾客选择了A饭店。

四、购买决定

顾客通过对信息、资料、可选方案进行比较评估后，会对不同品牌进行排序，初步形成购买意图。一般来说，顾客会购买最喜欢的品牌。但是在购买意向转为购买决定之间还可能会受到两个因素的影响：

（1）他人态度　即周围的人对顾客偏好的品牌所持的意见和看法。顾客的购买意图会因为他人的态度而增强或减弱。一般来说关系越密切，对顾客购买意图的影响就越大。例如，在选择旅游饭店时，丈夫选择住豪华的高档酒店，而妻子坚持选择经济型酒店，反对的态度越强烈，丈夫修改购买意图的可能性就越大。

（2）意外情况　顾客购买意图是在预期的家庭收入、商品价格和购买满足感等基础上形

成的，如果出现失业、涨价及突发灾害等意外情况，顾客则很有可能改变购买意图。例如，某位顾客计划在五一出游，之前预定了旅游目的地的某家旅游饭店，但是可能由于失业、加班或其他机构组织了活动，该顾客就很可能改变甚至取消购买意图。

五、购后行为

顾客的购后行为是购买决策的“反馈”阶段，是一次饭店购买活动的结束，也是下次购买或者不购买的开始。顾客在购买旅游饭店产品之后，如果大于预先期望，就会产生满意感，有可能下次还会继续购买该产品。如果与预先期望相当，就会产生基本满意，有可能下次继续购买或者不购买该产品。如果小于预先期望，则会感觉不满意，可能下决心再也不购买该饭店的产品，甚至向消费者团体、新闻媒介、亲朋好友等反映自己的不满。如果顾客既体验不到满意，也没有对旅游饭店产品产生不满意时，就会出现购后失调状态。

为了很好的管理顾客期望，保证现实与承诺相符，旅游饭店应准确的承诺最终能够提供给顾客的旅游产品，否则会引起顾客失望。期望与感受之间的这种差距越大，顾客就会越感到不满。例如，某旅游岛上的一家饭店在淡季以低价引诱旅游者到该岛度假。称这个季节为“聚会的时光”，并在广告中宣称，岛上所有的景点都可以进入。可当旅游者来到之后才发现，许多设施和景点都关闭了，许多饭店的餐饮设施也都停业了，这使旅游者非常失望。广告宣传最初确实带来了游客，但好景不长，在此后的六年当中，该饭店的出租率几乎下降了50%。

顾客的购后行为对旅游饭店来说是一种极为有用的反馈信息。旅游饭店应采取各种措施尽可能地使顾客感到满意。另外，还要尽量加强与顾客间的联系，如设置意见箱、发放意见征询卡、寄送感谢卡、节假日问候等，消除顾客的购买疑虑，增加顾客再次购买的可能。

案例

随着上海建设国际大都市进程的加快，客人对饭店服务质量的要求越来越高。上海市旅游行业协会饭店业分会每年都会定期发布《上海市星级饭店服务质量顾客满意度测评报告》。这是国内第一份区域性的饭店行业顾客满意度调查报告。通过公布星级饭店顾客满意度排名等方式，推动改善上海市星级饭店的服务质量工作。这项以顾客满意度为切入点，通过第三方公司进行星级饭店服务质量顾客满意度测评的工作，为上海乃至全国饭店业树起了星级饭店服务的评价标尺。

上海市星级饭店服务质量顾客满意度测评已经从简单的人工纸质问卷发展成为上海市旅游行业CSI数字化信息评价系统。采用顾客和专家测评相结合的方式，涉及星级饭店总体评价、期望值、前厅、客房、餐饮等10个方面，全部采用中英文对照形式。不同星级的饭店，会采用不同的问卷形式。2009年，其调查范围已经覆盖上海市所有区县，共涉及314家星级饭店。而参加测评的顾客也扩展至美国、日本、加拿大、德国等43个国家和地区。

该测评指标体系，创下全国第一，不仅获得了上海和国家技监管理部门颁发的二等奖，而且在该测评系统上，诞生了国家标准——《顾客满意测评通则》（GB/T19039－2009），为在全国范围推广顾客满意度测评工作提供了依据。

研究和了解顾客的需要及其购买过程是旅游饭店市场营销成功的基础，通过了解顾客如何经历引起需要、寻找信息、评价行为、购买决策和购后行为的全过程，就可以获得更多有助于满足顾客需要的有用线索，为其目标市场设计有效的市场营销策略，在一定程度上引导顾客的购买行为。

综合案例

格兰云天酒店的品牌打造

深圳格兰云天酒店地处深圳市深南中路繁华路段，于1989年开业，为一家四星级商务酒店，其主楼高36层，辅楼高4层，拥有260间客房，标准间建筑面积55平方米。格兰云天酒店在深圳酒店业中率先获得ISO9000质量体系认证，被评为深圳十佳酒店，省、市治安先进单位，2002年荣获“中国旅游知名品牌”酒店，2003年被评为深圳“最具有影响力知名品牌企业”。其成功之道主要就在于它在服务过程中始终坚持遵循100－1=0法则，使得饭店的声誉越来越好。

新加坡的卜先生经常要到深圳出差，每次来到深圳总是选择下榻同一家酒店——深圳格兰云天大酒店。10年了，他从未改变过习惯，熟悉的脸孔，亲切的笑容，一切都是那么自然，回饭店就像是回家一样。一次他从新加坡发来一份传真，满含深情地叙述了行李生小李为他找回遗失在车上的行李的经过。2003年3月24日，卜先生叫了辆出租车去饭店，下车时，忘了拿行李，车走了，车牌号又没记住，怎么办？他顿觉寻回行李的希望极其渺茫。此时，他马上想到了格兰云天，于是立即打电话给行李生领班小李。小李得知此事后，虽然已下班，但他却立即根据卜先生的上车时间，通过停车场监控器和出租车公司查找到卜先生乘坐的出租车，取回了行李。类似这样的事情经常都有，如果在平时，他总会拍拍小李的肩以示谢意。可这次却为什么选择了如此正式的方式？原来，当年的非典疫情把卜先生“隔离”在了新加坡，他一时回不来了，“传真”就成为了他与酒店员工之间的感情链。像卜先生这样的常住客，在格兰云天约有上百位，他们大都来自日本和新加坡。为了照顾好他们的日常起居，酒店把他们集中安排在商务楼层，为他们准备了专用的洗衣房、健身房和洽谈室，还为他们配备了日语和英语较强的服务员。服务员细致的关爱，使这些老顾客感觉就像回到了自己的家中一样，心里暖洋洋的。多年的努力，使得格兰云天酒店成为了宾客们心中温馨的家园。

100−1=0 法则在酒店经营过程中可以这样理解：100 个顾客中有 99 个顾客对服务满意，但只要有 1 个顾客对其持否定态度，企业的美誉就立即归零。因此，对顾客而言，服务质量只有好坏之分，不存在较好较差的比较等级。好就是全部，不好就是零。格兰云天酒店对 100−1=0 法则无论在认识还有实践上，都达到了一定的高度。在服务中格兰云天酒店力求尽善尽美，这使得酒店在很多顾客的心目中成为选择的唯一对象。在实践 100−1=0 法则的过程中，格兰云天培养了大批忠诚的顾客，为酒店赢得了经济效益的同时，更提高了酒店的美誉度和知名度。

格兰云天大酒店并没有接受国际著名饭店集团的参与管理。仅是依靠自己的力量，大胆地学习和探索，形成了卓有成效的管理体制，他们所执行的部门经营责任书，在很多外资饭店也无法执行。每年，总经理都要与部门经理签订包括经济效益、服务、卫生、安全和协调五项指标在内的经营责任制。酒店在严格的财务核算的基础上，每月根据各部门经营指标的完成情况，实行量化打分计奖。由于酒店的效益和每个员工的切身利益紧密有机地联系在一起，因此人人都是企业的经营者，促销和节俭成为了部门和员工的自觉行动。酒店管理层深知服务中的 100−1=0 的法则，所以早在 1998 年格兰云天就在同行中率先建立了 ISO9002 质量管理体系，并于 1999 年 2 月顺利通过了认证。2002 年，酒店又依靠自己的力量，对质量体系按照 ISO9001：2000 标准进行改版，在几个月的时间里，完成了 50 多万字的文件修改工作，顺利通过了深圳市质量认证中心的认证，在体制上为“情感服务”和“超常规服务”提供了保障。有人说格兰云天的管理要求太细，费用控制过严，成不了大气，但是格兰云天就是在这精雕细琢之中，一丝不苟地走自己的路。格兰云天酒店不仅取得了很好的经济效益，更难能可贵的是它树立了自己的品牌。

格兰云天人努力在旅游饭店业国际品牌林立的环境中，打造出中国人自己的品牌，以其独有的特色和良好的市场形象，完善的管理体系和强有力的创造能力，塑造了“格兰云天”品牌。其品牌定位：凭借敏锐的视角和突破性的创新，以精心的规划、精细的设计和精致的服务，整合优势资源满足顾客的核心需求，将“格兰云天”的“精品”特征演绎得淋漓尽致。其品牌特征可以归纳为：亲和—亲切随和、贴心惬意；细腻—细致入微、关怀备至；畅捷—简洁高效、行云流水；凝练—凝聚精粹、彰显精华。

案例思考

1. 根据影响旅游饭店顾客购买行为的因素，从卜先生的角度出发，探讨他为什么会一直选择格兰云天酒店作为其到深圳出差的住处？

2. 格兰云天酒店为什么能吸引大批的忠实客户？

3. 根据案例，通过分析影响旅游饭店顾客购买行为的因素和顾客购买决策过程，探讨如果你是一家旅游饭店的总经理，你会采取哪些策略来更好地吸引顾客？

复习思考题

1. 什么是顾客购买行为？可以分为哪些类别？

2. 影响旅游饭店顾客购买行为的因素有哪些？

3. 旅游饭店顾客购买决策过程分为几个阶段？

4. 收集一下旅游饭店的广告。广告中使用了哪些刺激因素？怎样提高这些广告对顾客感知的影响力？

5. 假设在假期里你打算到三亚旅游，需要提前在三亚预定住宿的地方。根据顾客购买决策过程，你会怎么选择旅游饭店？

参考文献

1. （美）菲利普·科特勒，约翰·T保文，詹姆斯·C迈肯斯著．旅游市场营销[M]．东北财经大学出版社，2006.
2. 卞显红．饭店消费者决策过程与信息搜集研究[J]．江南大学学报（人文社会科学版），2005，4（1）：53~61.
3. 丁雨莲，陆林．中国女性旅游市场的现状及潜力[J]．资源开发与市场，2006，22（1）：72~75.
4. 胡宇橙，王文君．饭店市场营销管理[M]．北京：中国旅游出版社，2005.04.
5. 胡自华，曹洪．旅游市场营销[M]．武汉：武汉大学出版社，2009.01.
6. 李焕．饭店吸引顾客的72个细节[M]．北京：中国纺织出版社，2008.
7. 马勇，刘名俭．旅游市场营销管理（第三版）[M]．大连：东北财经大学出版社，2008.
8. 田雅琳．酒店市场营销实务[M]．北京：人民邮电出版社，2010.
9. 吴宝宏．饭店管理[M]．沈阳：辽宁民族出版社，2009.
10. 吴金林．旅游市场营销（第二版）[M]．北京：高等教育出版社，2007.
11. 张斌．上海树起星级饭店服务评价标尺[N]．中国旅游报．2010-06-16，（5）.
12. 张爽．大庆寒冬力推雪地温泉[N]．中国旅游报．2010-12-22，（2）.
13. 郑红．现代酒店市场营销[M]．广州：广东旅游出版社，2004.

模块四
旅游饭店市场营销信息系统与市场研究

1. 了解旅游饭店市场营销信息系统的构成
2. 掌握旅游饭店市场调研的概念、方法、技术
3. 熟悉旅游饭店市场营销调研的过程
4. 熟悉旅游饭店市场预测的概念、内容和预测的方法

在现代市场营销观念下，旅游饭店市场营销管理的任务就是在满足顾客的需求和欲望的前提下达成旅游饭店的利润目标。旅游饭店市场营销者为完成上述任务，需要对旅游饭店可控制的因素（即产品、价格、分销和营销策略）进行综合运用以制定有效的市场营销策略，而这些都必须建立在全面而可靠的市场信息基础之上。因此，经常开展市场营销调研，建立旅游饭店的市场营销信息系统，对旅游饭店的信息资源进行全面、科学的管理是旅游饭店制定市场营销决策的前提与基础。旅游饭店必须重视对营销调研的管理和研究。

项目一
旅游饭店市场营销信息系统

当今社会是以信息为基础的社会，旅游饭店要想察觉不断变化的顾客需求、新的竞争者介入、新的分销模式等市场营销信息，必须开发和管理市场营销信息系统。开发好信息系统

能使旅游饭店超越其竞争对手。当旅游饭店进行了市场营销调研并获得了其所需要的市场信息时，就能仔细地评价其市场机会和选择目标市场，以使利润最大化。

一、旅游饭店市场营销信息

旅游饭店市场营销信息是反映旅游饭店内、外部市场营销环境要素特征及发展变化的各种消息、资料、数据、情报等的统称，具有广泛性、资源性、时效性、连续性、公用性等特征。

（一）市场营销信息在旅游饭店市场营销中的作用

市场营销信息的重要作用贯穿整个旅游饭店市场营销活动过程，具体体现在市场营销活动的四个主要环节中。

（1）市场营销信息是旅游饭店市场营销环境分析的对象和依据　旅游饭店市场营销环境分析，实际上是一个根据所掌握的、反映市场营销环境过去情况的市场信息，去获取新的、反映市场营销环境现状的市场信息，以对比分析环境的发展变化及趋势的过程。它为旅游饭店市场营销活动的进一步展开提供必要的信息。而一定量的市场营销环境信息也是市场营销环境分析本身得以顺利进行的保证。

（2）市场营销信息是旅游饭店市场机会分析的必备条件　旅游饭店在识别市场机会的价值及其发展变化以及在确定市场需求时，都必须拥有足够的市场信息的支持才能做出正确的判断。

（3）市场信息是制定旅游饭店市场营销策略的依据　旅游饭店只有依靠反映市场营销环境实际发展变化情况的市场信息来制定市场营销策略，才会有的放矢，切实可行。

（4）市场信息是旅游饭店市场营销管理的主要根据和重要手段　旅游饭店对其市场营销活动进行计划、组织和控制的具体管理过程，主要是根据旅游饭店市场营销目标、组织结构、自身的优势和劣势、外部环境发展状况等信息，制定市场营销战略战术，协调各职能机构，再根据市场营销战略战术的执行进展情况的反馈信息，对市场营销的管理实施发出指令以进行调整。可见，市场信息既是旅游饭店市场营销管理活动的根据，也是一种市场营销管理手段。所以，合理有效地利用市场信息可以提高市场营销管理的绩效。

（二）旅游饭店市场信息的基本管理方法

市场信息管理操作的基本方法包括信息的收集、分类、分析、编码、数据统计、图表化与模型化、传输、排序、检索、储存等。

收集信息是信息管理的基础和前提；信息分类是信息加工、处理开端；信息分析是解决信息管理质量问题和信息管理本身的关键；信息的编码、统计、图表化和模型化是信息管理的有效方式；信息传输是信息管理的必要步骤；信息排序、储存、检索是信息管理的必要条件；信息的控制及反馈是提高信息管理水平的重要手段及检验标准。上述市场信息的基本管理方法是建立和维护市场营销信息管理系统的基本手段。

二、旅游饭店市场营销信息系统

每一家旅游饭店必须为其营销决策者组织市场营销信息流。许多旅游饭店都在研究其营销决策者所需要的信息，设计市场营销信息系统（Marketing Information System，MIS），以满足对市场营销信息的需要。

（一）旅游饭店营销信息系统的概念

旅游饭店营销信息系统是指一个由人、设备和程序组成的持续和相互作用的结构系统，通过持续的收集、整理、分析、评估和分配恰当的、及时的、准确的信息，以利于营销决策者对市场营销工作进行调整、改进、执行和控制。

旅游饭店营销信息系统的概念揭示了三层含义：

（1）旅游饭店营销信息系统是由人、计算机和程序三个要素组成的复合体，是一个完整的人机工作系统，组成系统的所有元素可分为硬件和软件两大类。

（2）这一系统提供适当、及时和准确的信息，即它的运行是一个不断输入、加工、输出有效信息的动态过程，并因信息有时效性而在不断地更新。

（3）这一系统的服务对象是营销决策者。目标是为各种旅游饭店营销调研及管理工作提供效率与科学性，有效的信息是营销者进行决策的依据。

（二）旅游饭店营销信息系统的构成

完整的旅游饭店营销信息系统（图4-1）是由四个子系统构成的：内部报告系统、营销情报系统、营销调研系统和营销分析系统。

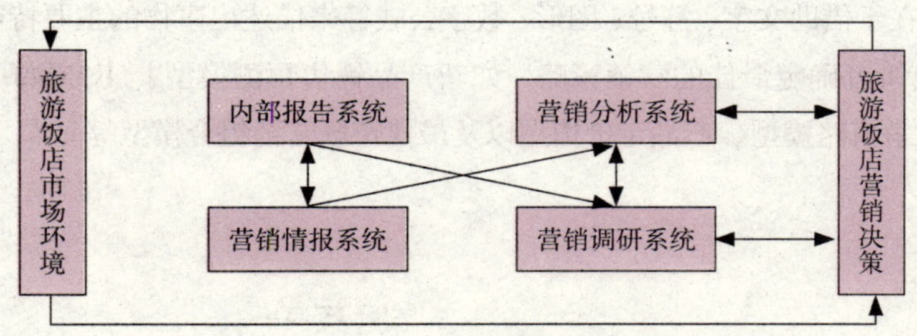

图4-1　旅游饭店营销信息系统

1. 内部报告系统

内部报告系统亦称内部会计系统，它是旅游饭店市场营销管理者经常要使用的最基本的信息系统。内部报告系统的主要功能是向市场营销管理人员及时提供有关预订数量、销售额、产品成本、客房出租率、现金余额、应收账款、应付账款等各种反映旅游饭店经营状况的信息。通过对这些信息的分析，市场营销管理人员能够发现市场机会、找出管理中的问题，同时可以比较实际状况与预期水准之间的差异。其中预订－销售－开出收款账单这一循环是内部报告系统的核心，销售报告是市场营销管理人员最迫切需要的信息。

2. 营销情报系统

营销情报系统是指市场营销管理人员用以获得有关旅游饭店外部市场营销环境发展趋势信息的一整套程序和来源。它的任务是利用各种方法收集、监察和提供旅游饭店市场营销环境最新发展的信息。市场营销情报系统与内部报告系统的主要区别在于后者为市场营销管理人员提供事件发生以后的结果数据，而前者为市场营销管理人员提供正在发生和变化中的数据。

3. 营销调研系统

上述两个子系统的功能都是收集、传递和报告有关日常的和经常性的情报信息。但是，旅游饭店有时还需要经常对市场营销活动中出现的某些特定的问题进行研究。比如旅游饭店希望测定某一广告的效果。营销调研系统的任务就是系统地、客观地识别、收集、分析和传递有关市场营销活动方面的信息，提出与旅游饭店所面临的特定的市场营销问题有关的研究报告，以帮助营销管理者制定有效的市场营销决策。营销调研系统主要侧重于旅游饭店市场营销活动中某些特定问题的解决。

4. 营销分析系统

营销分析系统也称市场营销科学管理系统，它通过对复杂现象的统计分析、建立数学模型，帮助市场营销管理人员分析复杂的市场营销问题，做出最佳的市场营销决策。营销分析系统由两部分组成，一个是统计库，另一个是模型库。其中统计库的功能是采用各种统计分析技术从大量数据中提取有意义的信息，由一组较高级的统计方法组成，如回归分析、相关分析、因子分析、聚类分析等。模型库包含了由管理科学家建立的解决各种市场营销决策问题的教学模型，其目的在于借助文字、符号、图形、数字公式等来描述出事物的主要特征和变化规律，从而协助营销决策者确定最佳的营销策略，如新产品销售预测模型、广告预算模型、经营场所选择模型、竞争策略模型、产品定价模型以及最佳市场营销组合模型等。

项目二 旅游饭店市场研究

旅游饭店营销管理人员所需要的信息可以从旅游饭店内部记录、市场营销情报机构和市场营销调研机构获得。信息分析系统以一种对管理人员有用的形式来处理和呈报这些信息。

一、内部资料

内部资料是指旅游饭店经营过程中所产生的反映旅游饭店经营状况的资料。内部资料可分为顾客记录、销售记录和其他各类报告三部分。

（一）顾客记录

（1）总台登记　包括：顾客姓名、家庭地址、到离店时间、停留天数、证件号码、团队人数等。

（2）顾客预订要求　包括顾客特殊需要、预订方式、预订方法、顾客类型、价格要求或特殊包价等。

（3）顾客主要档案材料　包括顾客的姓名、性别、年龄、地址、职业、联系方式、偏好、使用饭店次数、长包房顾客的投诉或个人要求等。

饭店总台登记能提供多种重要信息，但应该做好重要信息的归类工作，否则总台登记信息会显得错综复杂，杂乱无章，对市场营销调研用处不大。总台登记可以按地理因素（如国家和地区）来归类，也可以按时间顺序归类，或二者结合起来归类。

（二）饭店销售记录

（1）顾客支付费用、支付方式等。

（2）收取费用的预订单。

（3）饭店每天、每月的销售总结。

（4）饭店每周、每月、每季的出租情况，年平均出租率等。

（三）饭店的其他记录

（1）放置在客房内的调查表。

（2）饭店各部门的汇报材料。

（3）顾客的来信、投诉等。

二、营销情报

营销情报是有关市场营销环境变化的日常信息，这些信息帮助管理人员制定和调整市场营销计划以及短期营销策略。营销情报系统决定哪些情报是必需的，然后以某种有用的形式收集这些情报并提供给管理者。

（一）营销情报的内部来源

营销情报可以由旅游饭店的工作人员如前台员工、服务人员、采购人员或推销人员来收集。不过，由于旅游饭店的员工往往太忙以致不能提供重要的信息。所以，旅游饭店必须向员工宣传他们在收集信息方面的重要性，训练他们善于捕捉和汇报新情况的能力。管理人员应该经常听取员工的汇报。

（二）营销情报的外部来源

旅游饭店可以鼓励供应商、会议和旅游主管部门、旅行社等向旅游饭店提供重要的情报。外部营销情报有三种：宏观市场信息、竞争信息、新技术和新的发展趋势。

（三）竞争情报来源

竞争情报可以从竞争者的年度报告、发表在专业杂志上的文章、讲话文稿、出版物、宣传小册子和广告当中获得。饭店的管理人员也应该定期访问竞争对手的经营场所。

（四）营销情报的商业来源

旅游饭店也可以从外部供应者那里购买情报。比如旅游饭店协会或旅行社协会定期地向其成员征集资料，加以汇总，成员饭店只要交付较低的费用就可以利用这些资料。

三、旅游饭店市场调研的概念

旅游饭店管理人员不能总是等待来自营销情报系统的信息，对于一些特殊情况，应该进行专门的市场营销调研。

（一）旅游饭店市场调研的概念

美国市场营销协会将营销调研定义为：市场营销调研是企业系统的收集、记录和分析有关货物和劳务的市场营销问题的资料。这种研究，可以由独立的机构从事，也可以由企业或其代表人从事，以解决其市场营销问题。

菲利普·科特勒认为：市场营销调研是企业系统的计划、收集、分析和报告那些与公司所面临的某种特定市场营销情况有关的资料和调研结果。

根据以上有关市场营销调研的定义，我们得出：旅游饭店市场营销调研是指在一定的市场营销条件下，旅游饭店运用科学的方法，系统地、客观地收集、整理，分析有关营销信息，并得出与该旅游饭店所面临的特定营销状况有关的调研结果的活动过程。市场营销调研在营销系统中扮演着两种重要角色。首先，它是市场情报反馈过程的一部分，向决策者提供关于当前营销组合的有效性信息和进行必要调整的线索；其次，它是探索新的市场机会的基本工具。市场细分调研和产品调研都有助于营销经理识别最有利可图的市场机会。

（二）市场调研对旅游饭店管理的意义

在国外，旅游饭店对市场营销调研非常重视，作为一切重要决策的前提和基础。在我国，许多旅游饭店虽然对市场调研的意义有一定的认识，但在利用营销调研方面仍比较薄弱，所以，应充分认识旅游饭店市场营销调研的意义。

（1）有利于实现旅游饭店对质量和顾客满意度的不懈追求　质量和顾客满意已成为饭店关键的竞争武器。在当今的环境中，若不重视质量、不提高顾客满意度，饭店很难获得成功。

我国大部分旅游饭店已普遍实施了质量改进和顾客满意计划，以期降低成本、留住顾客、增加市场份额和改善盈利状况。但是，旅游饭店对质量的追求常常是产品导向的，这对于顾客毫无意义。对顾客没有意义的高质量通常并不能带来销售额、利润或份额的增长，只能是浪费精力和金钱。今天的新观念是强调质量回报。质量回报有两层含义：第一，旅游饭店所提供的高质量是目标市场所需要的；第二，质量改进必须对获利性产生积极的影响。获得质量回报的关键是开展市场营销调研，因为它有助于旅游饭店确定哪些类型和形式的质量对顾客是重要的，有时也可以促使旅游饭店放弃一些他们自己所偏爱的想法。

（2）有利于留住现有顾客　顾客满意与顾客忠诚之间存在一种必然的联系。长期的关系不是自然产生的，它植根于旅游饭店传递的服务和价值。留住顾客可以给旅游饭店带来丰厚的回报，重复购买和顾客的推荐可以提高旅游饭店的收入和市场份额。由于旅游饭店可以不必花更多的资金和精力去争夺新顾客，因而成本可以下降。稳定的顾客更容易服务，因为他们已经熟悉饭店的习惯，相应要求员工投入的时间较少。不断提高的顾客保留率也给员工带来了工作上的满足感和成就感，从而可以导致更高的员工保留率。员工在旅游饭店工作时间越长，获得的知识越多，这样又可以导致生产效率的提高。留住顾客的能力建立在旅游饭店对顾客需求详细了解的基础上。这种了解主要来自于市场调研。

（3）有利于管理人员了解持续变化的市场　市场调研有助于旅游饭店管理者了解市场状况以及利用市场机会。例如，旅游饭店营销经理可能会考虑在淡季推出客房促销优惠券。优惠券可能会与电视广告一起被用来引导人们尝试这种优惠的消费。这样就产生了一个新的问题，谁应该接受这种优惠券呢？优惠券大量使用者与少量使用者之间是否存在可识别的人口统计特征？这也同样需要旅游饭店营销调研。

（三）旅游饭店市场调研的原则

（1）科学性客观性原则　营销调研人员自始至终应保持客观的态度，不允许凭上级或调研人员的主观臆断、偏见、隐瞒事实或夸大事实。为保证调研结果的客观性，调研人员应当以一丝不苟的工作作风，采用科学的方法去设计方案、界定问题、收集数据、分析数据，从中提取有效地、相关的、准确的、可靠的、有代表性的信息资料。

（2）及时性原则　市场瞬息万变，如果拖延时间，会使收集的资料和调研的结果失去价值，对旅游企业决策不能体现应有的参考价值。

（3）经济性原则　调研要有明确的目的，要有针对性的进行调研，应用尽量少的花费取得相对满意的效果。

四、旅游饭店市场调研程序

旅游饭店市场调研是一个系统的、复杂的过程，只有在有计划、有组织、有步骤地部署下进行，才能确保调研的科学性、准确性和及时性。一般来说，旅游饭店市场调研程序分为以下几步（图 4-2）。

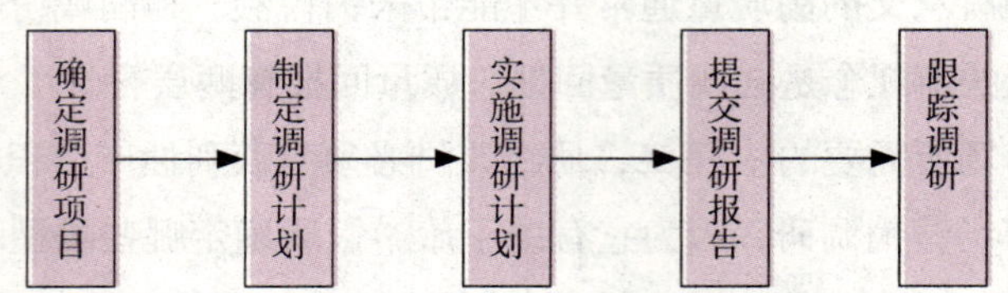

图 4-2 旅游饭店市场调研程序示意图

（一）确定调研项目

市场营销调研的第一步是明确调研对象、调研范围和目标。市场调研只有目标明确，内容具体，范围合理，才能事半功倍，取得良好的调研效果。

旅游饭店的营销人员往往会根据企业的调研目的，选择适当的调研项目，确定相应的调研范围和合理的调研频率，并采取最为科学的调研方式和类型。通常情况下，从不同的调研角度分类，会有不同的调研类型。例如，从调研的空间分，可将其分为国内市场调研和地区市场调研；从调研的频率分，可将其分为经常性市场调研和临时性市场调研等。由于调研的目的不同，调研项目可分为以下三种类型：

（1）探索性调研　探索性调研的主要目的是提供一些资料以帮助调研者认识和理解所面对的问题。常常用于在一种正式调研之前帮助调研者将问题定义的更准确些。例如，某旅游饭店最近的订单减少、销量下降，原因何在？是由于整体宏观经济紧缩，还是由于广告力度不够？是由于消费者的消费习惯改变了，还是由于该旅游饭店的产品质量下降了？对此旅游饭店的营销人员并不清楚，当然也不可能对以上四个方面一一进行调研，只能在探测性的调研中找到问题的症结所在，以便进一步深入调研。这类调研的特征是事先不拟定严密的调研方案，调研的面很广，但调研不深入，多采用简单的调研方法。

（2）描述性调研　描述性研究是结论性研究的一种，这种研究的结果，就是要描述某些事物总体的特征或功能，具体地说就是描述市场的特征或功能。如高端会议市场顾客特征的描述；在某一具体旅游饭店顾客群体中显示商务型客人所占的比例。描述性调研需要营销人员事先拟定周密的调研方案，事后写出客观的调研报告。典型的描述性调研都是以有代表性的大样本（一般 600 人以上）为基础的。正式的调研方案的设计规定选择信息来源的方法以及从这些来源收集数据的方法。

（3）因果性调研　因果关系研究是结论性研究中的一种，因果性调研是旅游饭店为了搞清楚市场中某种现象的原因和结果之间的数量关系而进行的专项调研，是建立在描述性调研所收集的数据资料的基础之上，并运用逻辑推理和统计分析的方法，找出它们之间的因果关系，得出两个变量之间的数学模型。

以上三种调研类型，既相互区别又相互联系。探索性调研主要回答的是“问题是什么”，描述性调研主要阐述的是“事实是怎样的”，因果性调研主要说明的是“为什么会是这样”。事实上，在许多调研中，探索性调研 、描述性调研和因果性调研的设计都是互相补充的。

（二）制定调研计划

旅游饭店调研计划的总体方案是旅游饭店市场调研的行动纲领。一般包括以下几方面的内容：

（1）摘要　是整个计划书的简短小节，要求简单扼要，主要为了帮助理解报告的基本内容。

（2）调研目的　说明该项目的背景、要调研的问题和备选的各种其他方案，该调研结果可能会带来的社会效益或经济效益，或是在理论研究方面的重大意义。

（3）调研内容和范围　说明旅游饭店市场营销调研的主要内容，规定所需获取的信息，做出主要的调研问卷，明确调研的对象和范围。

（4）调研方法　说明拟采取的调研方法的重要特征，和其他方法相比的优缺点；将要采取的抽样方案的主要内容和步骤；样本量的大小和可能达到的精度；采取什么样的质量控制及方法；数据收集的方法及调查的方式；问卷的形式及设计方面的内容；数据处理的方法等。

（5）调研进度和经费预算　详细的列出每一步骤所需的天数以及起止时间。详细列出每项所需费用，实事求是的给出每项的预算和总预算。

（6）附录　包括调研项目负责人及主要参加者的名单，说明每个人的专业背景及分工；抽样方案的技术说明及细节说明；问卷设计中的有关说明等。

制定调研计划十分重要，它确保将管理决策部门的问题转化成能提供相关信息的调研项目，并且调研费用不得高于所得信息的价值。

（三）实施调研计划

调研计划的实施包括收集信息资料，分析处理信息和得出结论三步：

（1）收集数据资料　旅游饭店的市场营销资料包括第一手资料（原始资料）和第二手资料（次级资料）。第一手资料指的是研究者基于某个特别的研究项目而亲自收集的资料。第二手资料指的是那些并非为正在进行的营销调研而是为其他目的已经收集起来的信息资料，或者说，第二手资料是由他人收集并整理的现成资料。

① 进行原始资料的收集：原始资料是市场调研人员通过实地调查取得的第一手资料，具有直观、具体、零碎等特点，是直接感受和现象。原始资料的收集是市场调研中一项复杂、辛苦的工作，可通过询问法、观察法、实验法或问卷法来获取。

② 第二手资料：调研人员通常是先收集第二手资料，二手资料可通过内部的各种记录、凭证、统计报表、客户订单和销售资料获取，也可通过政府有关部门、市场研究机构、咨询公司、广告公司、期刊、文献、报纸等外部渠道获得信息资料。使用第二手资料有四个主要优点：第一，它能快速获得；第二，比起收集原始资料，它的成本要低许多；第三，通常情况下，它较为

容易获得；第四，它能辅助现有的原始资料。第二手资料研究能使研究者熟悉行业状态，确定概念、术语和数据，这在对原始资料进行研究时将是很有用的。

尽管第二手资料的优点证明了这种信息的查找是有用的，但是第二手资料还是存在一些缺点。其中的问题包括测量单位的不一致、对数据进行分类的标准不同、第二手资料的更新、缺乏评估第二手资料的可信度的信息。调研者必须在使用第二手资料前确定这些问题的严重程度。这个任务必须通过评价第二手资料来完成。

基于以上第二手资料的优缺点，在收集第二手资料时应注意以下要求：a 真实性。所获取的第二手资料，要进行认真鉴别和筛选，坚持实事求是，避免个人偏见和主观臆断。b 及时性。营销调研人员必须及时收集市场变化的数据资料，分析市场变化的最新趋势。c 同质性。围绕特定的营销问题所获取的资料必须同质、相关并可比，对同一问题还要明确统一的定义标准和统计计量单位。d 完整性。指收集的资料要力求全面系统地反映市场行情的来龙去脉，所获取的同类数据在时间上应当是连续的，形成一定的序列，能够反映各时期情况及其发展趋势。e 经济性。这是指资料的收集、处理、传递方式必须符合经济利益的要求，通过资料的使用，必须使旅游饭店在经济上有所收益，没有经济效益的资料是没有任何意义的。f 针对性。资料的收集必须有确定的指向和目标，避免无的放矢，而且应为旅游饭店的市场营销决策提供实际的效用。

（2）分析处理信息　对旅游饭店的营销情报系统和营销调研系统收集起来的信息资料要经过汇总和分析后才能有实用价值。如分析获取信息的渠道是否可靠，信息的内容是否准确，信息间的相互关系及变化规律等，去粗取精，去伪存真，以保证资料的系统完整性和真实可靠性。

（3）得出结论　在经过加工处理分析后的调研资料中，得出调研结论。

（四）提交调研报告

在旅游饭店调研项目基本完成以后，应当撰写旅游饭店市场调研报告。调研报告是整个市场营销调研过程的最重要部分，不管调研过程中其他各步骤做得如何成功，如果调研报告失败，则意味着整个调研失败，因为决策者或调研委托者往往只对反映调研结果的调研报告感兴趣，他们往往通过调研报告来判断整个市场调研工作的优劣。因此，调研人员在完成前面的市场营销调研工作以后，必须写出准确无误、优质的调研报告。

一份完整的调研报告可分为前文、正文和附录。

（1）前文　前文包括标题页和标题扉页、授权信、提交信、目录、图表目录和摘要。标题页包括的内容有报告的题目、报告的提供对象、报告的撰写者和发布（提供）日期。特别正规的调研报告，在标题页之前还安排标题扉页，此页只写调研报告标题。授权信是由调研项目执行部门的上司给该执行部门的信，表示批准这一项目，授权给某人对项目负责，并指明可用于项目开展的资源情况。提交信是以调研报告撰写者个人名义向报告提供对象个人写的一封信，表示前者将报告提交给后者的意思。除了只有几页纸的调研报告之外，一般的调研报告都应该编写目录，以便读者查阅特定内容。目录包含报告所分章节及其相应的起始页码。如果报告含有图表，那么需要在目录中包含一个图表目录，目的是为了帮助读者很快找到对一些信息的形象解释。摘要须写明为何要开展此项调研，其中考虑到该问题的哪些方面，有何结果，建议要怎么做。

（2）正文　正文包括引言、研究目的、调研方法、结果、局限性、结论和建议。引言对为何开展此项调研和它旨在发现什么做出解释。引言中包括基本的授权内容和相关的背景材料。调研方法部分要阐明以下五个方面：调研设计、资料采集方法、抽样方法、实地工作和分析。结果在正文中占较大篇幅，这部分报告应按照某种逻辑顺序提出紧扣调研目的的一系列项目发现。调研报告正文的最后部分是有关结论和建议。结论是基于调研结果的意见，而建议是提议应采取的应对措施。正文中对结论和建议的阐述应该比提要更为详细，而且要辅以的论证。

（3）附录　主要用来论证和说明正文有关情况的资料，任何一份太具技术性或太详细的材料都不应出现在正文部分而应编入附录。如资料汇总统计表、原始资料来源，附录图表，公式及附录资料。

（五）跟踪调研

将调研的结论进行实际应用，并跟踪其市场反应，总结经验，修正调研结论，以提高决策的准确性。

五、旅游饭店市场调研的方法

（一）文案调研法

文案调研法也称间接调研法，是指通过搜集旅游饭店内、外部各种现有的文献资料和数据信息，从中摘取与市场调查课题有关的情报，进行营销分析研究的一种调研方法。主要用于不需要特别准确的数据资料，只需要了解旅游饭店市场的发展动向的调研。运用这种方法，信息数据收集相对快捷，成本较低。

（二）访问法

访问法是调研人员根据拟定调研提纲，以访谈询问的方式向被调查者了解旅游信息的一种方法。访问法具体又可分为：

（1）人员访问　人员访问是通过调研者与被调研者面对面交谈以获取市场信息的一种调查方法。询问时可按事先拟定的提纲顺序进行，也可采取自由交谈方式。由于人员访问是在调研者与被调研者的人际沟通中实现的，所以使用此种方法需要掌握一定的技巧和方法。同样的调研内容，同样的成本支出，同样的被调查者，方法技巧不同，调研结果可能大不一样，这就需要调研者悉心研究、妥善处理。另外，由于人员访问采取面对面的交谈方式，也使人员访问具有以下独特的优点：第一，人员访问具有很大的灵活性。由于调研者与被调研者双方面对面交流、交谈的主题可以突破时间限制。同时，对于一些新发现的问题，尤其是那些争议较大的问题，调研者可以采取灵活委婉的方式，迂回提问，逐层深入，并且当被调查者对某一问题误解或不理解时，调研者可以当面予以解释说明，这些都有利于资料收集工作的顺利进行。第二，拒答率低。与其他方式相比，人员访问容易得到较高的回答率，这也可以说是人员访问最为突出的优点之一。第三，调研资料质量较好。在访问过程中由于调研者在场，因而既可以对访问的环境和被调查者的表情、态度进行观察，又可以对被调查者回答问题的质量加以控制，从而使得调研资料的准确性和真实性大大提高。第四，调研对象的适用范围广。由于人员访问主要依赖于口头语言，因此，它适用的调研对象范围十分广泛，既可以用于文化水平较高的调研对象，也可以用于文化水平较低的调研对象。同时，人员访问也具有下列缺点：第一，调研费用较高。主要表现为调研者的培训费、交通费、工资以及问卷及调研提纲的制作成本费等。第二，调研者的要求较高。可以说，调研结果的质量很大程度上取决于调研者本人的访问技巧和应变能力。第三，匿名性较差。对于一些敏感性问题，往往难以用个人访问来收集资料。第四，访问调研周期较长。在大规模的市场调研中，这种收集资料的方式较少见。

（2）电话访问　电话访问是通过电话中介与选定的被调研者交谈以获取信息的一种方法。由于彼此不直接接触，而是借助电话这一中介工具进行，因而是一种间接的调查方法。电话访问自身特点决定了要成功地进行访问，必须首先解决好以下几个方面的问题：第一，设计好问卷调查表。这种问卷调查表不同于普通问卷调查表，由于受通话时间和记忆规律的约束，大多采用两项选择法向被调查者进行访问。第二，挑选和培训好调查员。电话访问对调查员的要求主要是口齿清楚、语气亲切、语调平和。第三，调查样本的抽取及访问时间的选择。由于电话访问的结果只能推论到有电话的对象这一群体。同时，电话访问又很容易导致无反应的问题，如白天上班不在家，周末团聚拒答率高等。所以，电话访问对于调查样本的抽取及访问时间的选择问题就显得尤为重要。通常的做法是随机抽取几本电话号码簿，再从每本电话号码簿中随机抽取一组电话号码，作为正式抽中的被调查者。至于访问时间的选择，一要根据调查内容而定，比如访问年青人有关消费者偏好问题，最好选择在工作日的晚上，而对老年人购买习惯的访问，则可以选择在白天。二要考虑被调查者的生活习惯等问题。电话访问的突出优点是信息反馈快、费用低、辐射范围广。其局限性主要表现在以下几个方面：第一，由于电话访问调查的项目过于简单明确，而且受通话时间的限制，因而调查内容的深度远不及其他调查方法。第二，电话访问的样本存在不完整的缺陷，不利于资料收集的全面性和完整性。第三，不能使用视觉的帮助。有一些调查项目需要得到被调查者对一些图片、广告或设计等的反应，电话访问无法达到这些效果。

当然可以提前把类似的资料寄给被调查者。第四，由于电话访问是通过电话进行的，调查者不在现场，因而很难判断所获信息的准确性和有效性。尽管电话访问存在着诸多缺陷，但对那些调查项目单一，问题相对简单明确，并需及时得到调查结果的调查项目而言，仍不失为一种最理想的访问方式。

（3）邮寄访问　邮寄访问是市场调查中一种比较特殊的资料收集方法，它是一种将事先设计好的调查问卷邮寄给被调查者，由被调查者根据要求填写后寄回的一种调查方法。邮寄访问的突出优点主要表现在以下几个方面：第一，调查的空间范围广，邮寄访问可以不受被调查者所在地域的限制，只要是通邮地区都可以被选为被调查对象。第二，费用低。与其他访问方法相比，邮寄访问可以说是市场调查中一种最为便宜、最为方便、代价最小的资料收集方法。第三，邮寄访问可以给予被调查者更加宽裕的时间回答，便于被调查者深入思考或从他人那里寻求帮助，而且可以避免面对面人员访问调查中可能受到的调查人员的倾向性意见的影响。第四，邮寄访问的匿名性较好，所以对于一些人们不愿公开讨论而市场决策又很需要的敏感性问题，邮寄访问无疑是一种上选方式。邮寄访问也有许多自身无法避免的缺点。其中最大的缺点是问卷回收率低，因而容易影响样本的代表性。除回收率低以外，邮寄访问的另一大缺陷是问卷回收期长，时效性差。由于各种主客观原因，问卷滞留在被调查者手中的时间较长，当问卷回收以后，往往已经失去其分析研究的价值了。旅游饭店可以采取以下一些方法提高邮寄访问问卷回收率。第一，不要问卷发出去就撒手不管了，试着做些事后性的工作，比如说发封跟踪信、打个跟踪电话、寄张明信片等，也许会收到意想不到的效果。有调查学者研究表明，跟踪提醒一般可将问卷回收率提高大约 20 个百分点。第二，附加一点实惠的东西，比如说给予一定的中奖机会、赠送一些购物优惠券、享受会员待遇等，有时候也许比打 100 个跟踪电话更有效。第三，预先通知，这并不会花费太多的时间和精力，却能在一定程度上满足被调查者的情感需求，激发其合作热情，提高问卷作答质量和问卷回收率。第四，请权威机构主办，市场调查由受人尊重的权威机构主办将大大提高问卷的回收率。在国内，由政府机构主办和支持的市场调查受到“礼遇”的可能性和收集资料的容易程度大大高于其他机构。此外，附上回邮信封和邮票等小小的细节问题也是提高回收率的有效方法。

（4）网上访问　网上访问是随着网络的发展而兴起的最新的访问方式，是市场调查者将需要调查的问题系统制作，通过互联网收集资料的一种调查方法。网上访问同其他访问方式相比具有明显的优点。第一其辐射范围广泛。第二，网上访问速度快，信息反馈及时。第三，匿名性很好，所以，对于一些人们不愿在公开场合讨论的敏感性问题，网上将是一方畅所欲言的乐土。第四，费用低廉。以上四种访问方式比较起来，网上访问的费用将是最低的。当然，网上访问也有缺点。其中最主要的缺点第一是样本对象的局限性，也就是说网上访问仅局限于网民，这就可能造成因样本对象的阶层性或局限性问题带来调查误差。第二是所获信息的准确性和真实性程度难以判断。第三，网上访问需要一定的网页制作水平。但不管怎样，随着网络的迅猛发展和网民比例的不断上升，网上访问不仅代表着一种趋势，也代表着一种潮流，其作用将越来越凸显。

（三）观察法

观察法是调研人员到各种现场对被调研人员进行直接观察和借助仪器设备进行记录以获取相关信息资料的方法。观察法的优点是能客观、真实地反映被调查者的实际行为和心理状态，资料客观、可靠、生动、详细。但这种方法所需费用较大，并且只能观察到事实的发生，观察不到行为的内在因素，如消费者的态度、感情等，因此应和其他调研方法结合使用 。

（四）实验法

实验法是指将被调查对象置于特定的控制环境下，通过测量外界因素变化和检测结果变化来发现它们之间因果关系的一种调研方式。适用于获取因果性调研数据。其优点是管理上易于控制，方法科学，资料真实。但由于客观市场营销环境异常复杂而严重影响试验结果的推广。

六、旅游饭店市场调研的技术

进行调研不仅要制定周密的调查计划，选择合适的方法，还要善于运用各种调研技术，才能获得完整、准确有效的信息。常用的基本技术有抽样调查技术、调查问卷设计技术。

（一）抽样调查技术

市场调查的方式很多，按调查对象范围不同，营销调研有全面调研和非全面调研两种。全面调研是指对调查对象中所有单位无一例外地进行调查的方式。运用这种方式能取得比较全面系统的总量资料，是用于整体市场的宏观调查。但由于旅游饭店市场营销调研项目涉及的顾客群体较少，而且受到调研经费的限制，因而往往采用非全面调研的方式获取有关信息。非全面调研是对调查对象中的部分单位进行调查的方式。它要求所选的单位要具有充分的代表性，以反映出总体的特征。非全面调查又分为典型调查、重点调查、抽样调查几种形式。

（1）典型调查　根据调查的目的和任务，从对象总体中选择一个或若干具有典型代表意义的单位进行深入调查的方式。

（2）重点调查　在被调查对象中选择一个或几个对全局具有决定性作用的重点单位进行调查的方式。

（3）抽样调查　按调查任务确定的调查范围，从全体调查对象总体中抽选部分对象作为样本进行研究，用所得样本结果推断总体结果的调查方式。根据调查对象总体中每一个体单位被抽取的概率是否相等的原则，具体可分为随机抽样调查和非随机抽样调查（表 4-1）。

表 4-1　　抽样调查分类

抽样调查	随机抽样调查	简单随机抽样调查
		分层随机抽样调查
		分群随机抽样调查
		等距随机抽样调查
		多阶段随机抽样调查
	非随机抽样调查	计划抽样调查
		判断抽样调查
		便利抽样调查
		配额抽样调查

① 随机抽样调查：指从调研对象总体中完全按照随机原则抽取一定数量的样本单位进行调查，以样本调查结果推断总体结果的一种调查方式。这种方法对调研总体中每一个样本单位都赋予平等的抽样机会，完全排除了人为主观因素的影响。常用的随机抽样方法有简单随机抽样、分层随机抽样、分群随机抽样、多阶段随机抽样和等距随机抽样（表 4-2）。

表 4-2　　随机抽样调查分类

分类		具体内容	备注
简单随机抽样	概念	指对总体样本不做任何分组、分类、排序等执行工作，每个成员都有已知的或均等的被抽取的机会	适用于调查单位差异较小或总体情况不明的情况
	操作步骤	（1）将总体中所有单位依次编号 （2）确定样本数量 （3）用抽签法或随机法抽取样本	
分层随机抽样	概念	指先将总体样本按其属性特征分成若干层次，层与层之间差别较大，层内各单位情况类似，然后再从各层内随机抽取样本的方法	（1）分层要适当，不宜过多也不允许交叉或遗漏 （2）必须知道各层中的单位数目及占总体的比重
	操作步骤	（1）根据某种标志将总体分层 （2）确定样本容量 （3）计算各层调查单位占总体比例 （4）求出各层样本数，各层应抽取样本数 = 样本容量 × 各层调查单位数 / 总体数	

续表

<table>
<tr><th>分类</th><th colspan="2">具体内容</th><th>备注</th></tr>
<tr><td rowspan="2">分群随机抽样</td><td>概念</td><td>指将总体各单位按一定标准分成若干个群体，然后按随机原则从这些群体中抽选部分群体作为样本，对作为样本的群体中每个单位逐个进行调查的方法</td><td rowspan="2">适用于总体质量高，不易确定分层标准，只能依靠地域和外观来划分的总体</td></tr>
<tr><td>操作步骤</td><td>（1）按照社会或自然的条件如地区、企业、学校、村庄等划分总体单位
（2）对抽选出的样本群体内每一个单位进行调查</td></tr>
<tr><td rowspan="2">多阶段随机抽样</td><td>概念</td><td>指把从调查总体中抽取样本的过程分成两个或两个以上阶段进行的抽样方法</td><td rowspan="2">多阶段抽样前几个阶段都是过渡性的，直到最后一个阶段才能抽取实际进行调查的样本</td></tr>
<tr><td>操作步骤</td><td>（1）将调查总体各单位按一定标准分成若干群体作为抽样的一段群体
（2）将一段群体又分成若干小的群体，依此类推
（3）在一段群体中抽选出若干一段群体作为一段样本单位，依此类推</td></tr>
<tr><td rowspan="2">等距随机抽样</td><td>概念</td><td>指将调查总体单位按照一定标准有序排列，编上序号，根据抽样距离从总体单位中抽取样本的方法</td><td rowspan="2">若遇上总体单位数不能被样本量整除时，要用四舍五入的方法化为整数，并将总体单位排列成一个封闭圈，以避免抽样不足样本数量的情况</td></tr>
<tr><td>具体步骤</td><td>（1）按一定标准对调查单位进行排序
（2）计算抽样距离（抽样距离 = 总体单位 / 样本数）
（3）采用简单随机抽样在抽样距离范围内抽选一个单位作为样本的第一个样本单位
（4）以第一个样本单位的序号为起点，依据抽样距离依次选取其他样本单位，直到达到拟定样本量</td></tr>
</table>

② 非随机抽样调查：是指根据调查人员的需要和经验，凭借个人主观设定的某个标准抽取样本单位的调查方式。在非随机抽样调查中，通过调查人员有意识地选择具有代表性的个体作为样本，以样本调查结果推测总体状况。常用的非随机抽样方法有计划抽样、判断抽样、便利抽样、配额抽样（表 4-3）。

表 4-3　　非随机抽样的种类

非随机抽样分类	具体内容	备注
便利抽样	指调研人员随意抽取样本的一种方法，又称做任意抽样法	（1）方便易行、节省费用 （2）抽样偏差太大、可信度低
计划抽样	指调研人员按照一定的标准或计划抽取样本的方法	多数情况下选取中等标准作为样本

续表

非随机抽样分类	具 体 内 容	备 注
判断抽样	指市场调查人员根据主观判断选定样本的一种方法	（1）简单易行，回收率高 （2）带有一定主观偏见
配额抽样	指按照一定的标准和比例分配样本数额，然后由调查人员在分配的额度内任意抽取样本的一种方法	调研人员按照已配给各类型的样本数额抽取样本

（二）调查问卷设计技术

询问调查法是收集第一手资料的主要方法之一，而问卷调查是询问调查的最常用的工具。调查问卷，又称为调查表（表 4-4），是以书面问答的形式了解调查对象的反应和看法，由此获得资料和信息的一种调查方式。了解和设计问卷也就是旅游饭店调查人员必备的知识技能。

（1）问卷设计的主要步骤　问卷的设计要体现科学和有序的原则。

① 根据确定的主题收集所需资料，资料的具体内容和提出问题。

② 确定提问的方式。

③ 确定每个问题的措辞。

④ 确定每个问题的排列顺序。

⑤ 从总体上设计调查问卷的结构。

⑥ 审查与修改：调查问卷交由专家、领导、同行审阅，征求意见，完善修改。

⑦ 试查：调查问卷修改后，复制少量份数小范围发放。然后回收，看能否获得所需资料，是否还有错误，了解被调查者的态度和反应。

⑧ 定稿：试查后，对调查问卷的不足之处修改后定稿，复制后正式使用。

（2）问卷的基本结构　问卷主要包括以下几个部分：

① 问卷标题：确定标题应简明扼要，易于理解并能引起被调查者的兴趣。例如“上海高档商务客人住宿调查问卷”等。

② 问卷说明：旨在向被调查者说明调查的意图、意义、填表要求、调查项目必要的解释说明等事项。以引起被调查者的重视，取得消费者的信任和支持。

③ 被调查者基本情况：如性别、年龄、民族、国籍、文化程度、职业、单位、收入等主要特征，在资料分类中常用这些资料。

④ 调查的问题：这是问卷的主体和核心部分，通常是以一系列问句形式提供给被调查者，这部分内容设计的好坏直接关系到该项调查所能获得资料的数量和质量。

⑤ 问卷编码。多数的调查问卷均加以编码，以便分类整理和统计分析。

⑥ 调查者的情况。有些问卷的最后，附上调查人员的姓名、访问日期等，以核实调查人员的情况。

表 4-4　　××旅游饭店的顾客意见调查表

尊敬的先生 / 女士：

为了使您得到更加满意的服务，希望您能协助我们回答下列问题。

1. 您入住本旅游饭店的理由是
　口 公司生意　口 培训　口 会议　口 销售　口 其他
2. 您是自己选择的旅游饭店？还是其他人为您预订的？若是其他人，那么是谁？
3. 您是第一次下榻本旅游饭店吗？
　口 是　口 不是
4. 您对旅游饭店的总体印象？
　口 很好　口 好　口 一般　口 差
5. 您是如何评价前台登记服务的？
　口 很好　口 好　口 一般　口 差
6. 客房服务的质量如何？
　口 很好　口 好　口 一般　口 差
7. 居住期间您用过餐吗？
　口 用过　口 没有用过
　您的评价如何？
　中餐厅　口 很好　口 好　口 一般　口 差
　西餐厅　口 很好　口 好　口 一般　口 差
　酒吧　口 很好　口 好　口 一般　口 差
　送餐服务　口 很好　口 好　口 一般　口 差
8. 您了解旅游饭店以下的特别服务吗？
　游泳池　口 了解　口 不了解　口 需要问询
　俱乐部　口 了解　口 不了解　口 需要问询
　健身房　口 了解　口 不了解　口 需要问询
　网球场　口 了解　口 不了解　口 需要问询
　会议厅　口 了解　口 不了解　口 需要问询
　儿童照护　口 了解　口 不了解　口 需要问询
　室内保险箱　口 了解　口 不了解　口 需要问询
9. 您需要或使用周围环境的信息吗？
　口 需要　口 不需要
10. 您喜欢旅游饭店以下服务吗？
　图书室　口 喜欢　口 不喜欢
　步行机　口 喜欢　口 不喜欢
　有线电视　口 喜欢　口 不喜欢
　地秤　口 喜欢　口 不喜欢
11. 您多久来旅游饭店一次？
　口 每月 1 次　口 每季度 1 次　口 每半年 1 次　口 第一次
　每次居住多长时间？ 1 2 3 4 5 或更多天
12. 您下次还会选择本旅游饭店吗？
　口 会　口 不会

为了表示对您的谢意，我们将给您提供一张免费自助早餐券。再次谢谢您的合作！

项目三 旅游饭店市场预测

旅游饭店为了能在竞争日趋激烈的市场中处于优势，就必须对旅游饭店市场的发展趋势及其变化规律做出正确的判断，而正确的判断则是以科学、准确的预测为基础的。预测可以帮助旅游饭店认识未来不确定的市场环境，把握未来的市场变化。

一、旅游饭店市场预测的概念

预测是一门研究未来的科学。它是通过对过去和现在的研究，预计和推测未来的发展。

旅游饭店市场预测是指在旅游饭店市场营销调研的基础上，运用科学的方法，对影响旅游企业市场变化的各因素进行研究、分析、判断和估计，对未来的发展趋势做出判断和推测，为旅游饭店制定正确的市场营销决策提供依据。

二、旅游饭店市场预测的内容

旅游饭店市场预测的内容相当广泛，按照预测的层次可以分成以下三个方面：

（1）环境预测　环境预测也称为宏观预测或经济预测，它是通过对各种环境因素，如国家财政开支、进出口贸易、通货膨胀、失业状况、企业投资及消费者支出等因素的分析，对国民总产值和有关的总量指标的预测。环境预测是市场潜量与旅游饭店潜量预测、旅游饭店市场预测和旅游饭店销售预测的基础。

（2）市场潜量预测与旅游饭店潜量预测　市场潜量预测和旅游饭店潜量预测是市场需求预测的重要内容。市场潜量是从行业的角度考虑旅游饭店行业的市场需求的极限值。旅游饭店潜量则是从旅游饭店角度考虑本旅游饭店在市场上所占的最大的市场份额。市场潜量和旅游饭店潜量的预测是旅游饭店制定营销决策的前提，也是进行市场预测和旅游饭店销售预测的基础。

（3）旅游饭店市场预测与旅游饭店销售预测　旅游饭店市场预测是在一定营销环境下和一定营销力量下，对旅游饭店的市场需求水平的估计。旅游饭店销售预测是在一定的环境下和一定的营销方案下，旅游饭店预期的销售水平。旅游饭店销售预测不是旅游饭店制定营销决策的基础或前提，相反它是受旅游饭店营销方案影响的一个函数。

三、旅游饭店市场预测的步骤

旅游饭店市场需求预测要遵循一定的程序和步骤，一般而言有以下几个步骤，如图 4-3 所示：

（1）确定预测目标　市场预测首先要确定预测目标，明确目标之后，才能根据预测的目标去选择预测的方法、决定收集资料的范围与内容，做到有的放矢。

（2）收集分析数据资料　按照预测方法的不同确定要收集的资料，这是市场预测的一个重要阶段。

（3）选择预测方法　预测的方法很多，各种方法都有其优点和缺点，有各自的适用情况。因此，必须在预测开始前根据预测的目标和目的、旅游饭店的人力、财力以及旅游饭店可以获得的资料，确定预测的方法。

（4）进行预测　此阶段就是按照选定的预测方法，建立预测模型，利用已经获得的资料，进行预测，计算预测结果。

（5）预测结果评价　预测结果得到以后，还要通过对预测数字与实际数字的差距分析比较以及对预测模型进行理论分析，对预测结果的准确和可靠程度给出评价。

（6）预测结果报告　预测结果的报告从结果的表述形式上看，可以划分为点值预测和区间预测。点值预测的结果形式上就是一个数值，例如，行业市场潜量预计达到 5 个亿，就属于点值预测。区间预测不是给出预测对象的一个具体的数值，而是给出预测值的一个可能的区间范围。例如，95% 的置信度下，某旅游饭店产品销售额的预测值在 5500 万 ~6500 万元。

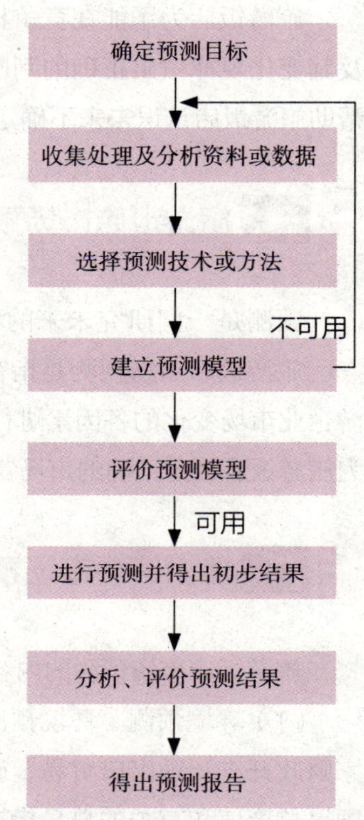

图 4-3　旅游饭店市场需求预测过程

四、旅游饭店市场预测方法

迄今为止，世界上曾经用于市场预测的正规预测方法有超过 100 种。在预测中，最基本的、最常用的预测方法有定性预测和定量预测两种。

（一）定性预测

定性预测是由预测者根据自己所掌握的信息、经验和综合判断能力，对旅游市场未来状况和发展趋势进行直观判断的方法。此类方法简单易行，一般不需要系统和全面的数据资料，但受个人主观因素和条件影响较大。因此，较适合于预测趋势性、方向性的问题。具体方法如下。

（1）专家意见法　专家意见法又称德尔菲法，是由 Rand 公司于 20 世纪 40 年代开发的有组织地征询专家意见的方法。先以问卷的形式将征询的问题分别寄给特定领域内具有专门技能的专家，请他们填写后寄回。然后主持人将这些意见进行整理、归类、汇总后，形成第二次问卷，再寄给专家，请他们再填写再寄回。经多次反复，直到最终形成大体一致的意见为止（一般情况下需要 3~4 轮）。最后，按一定的方法取一致意见中较为合理的值作为预测的最终结果。

由于专家互不认识、互不讨论，因此更能客观地发挥专家自己独立的观点和见解，而不受外界的干扰，如受到权威的左右等。且由于多次征询与反馈，使每位专家能够形成自己比较成熟的意见，又能够发挥专家相互借鉴的积极作用，所得结论较为科学、可靠。但是这种方式耗时且代价高昂，在实践中，一般仅用于长期预测。

（2）主观经验判断法　此方法是由主持人召集旅游企业内某些富有经验、熟悉业务和具有综合分析能力的主管人员、职能人员、业务人员对预测问题进行讨论、分析、判断的方法。它尽管是通过主观估计的结果预测的，但由于预测人员都具有比较丰富的旅游饭店市场营销经验，且掌握一定的市场资料，因此在环境正常的情况下，预测结果具有较高的参考价值。

（二）定量预测

定量预测是利用全面、系统、完备的历史资料或市场调研数据，运用统计方法和数学模型来预测旅游市场发展的趋势。主要有时间序列法和回归分析法两种。

（1）时间序列法　它是把预测目标的历史资料和数据按时间顺序排列，构成一个数字序列，再对此序列数值的变化加以延伸，进行推算，判断预测目标未来值的方法。

（2）回归分析法　回归分析法即根据历史数据来分析变量之间的关系。建立表达两者关系的数学模型，通过输入自变量数据来预测因变量发展趋势的一种方法。根据影响因素的多少可分为一元回归分析法和多元回归分析法。

综合案例

知己知彼——设立客户档案卡

背景资料：抓住回头客是酒店营销的黄金法则。拥有大量忠诚的客户是酒店追求的目标。但在招揽回头客的过程中，不同的酒店有着不同的手法，有的拼命给客户打折扣，有的则给客人发“VIP”卡，还有的则由总经理亲自致谢等。但在残酷的竞争面前，这些方法似乎还算不上灵丹妙药，老客户改投他店的事例数不胜数，而蓝天大酒店的方法则似乎棋高一着，颇有借鉴价值。

庄学忠先生是南洋商贸公司的总裁。因为业务关系，他经常到苏州出差。每次到苏州，他必定下榻蓝天大酒店。这一点颇令他的朋友们纳闷。凭庄先生的财力和身份，完全可以入住四五星级的高档酒店，为何唯独钟爱三星级的蓝天？其实庄先生只是蓝天大酒店庞大的客户网络中的一员。自5年前开业至今，几乎每一个入住过蓝天的顾客都很快成为蓝天的忠实拥护者。庄先生预备来苏时，一个预订电话，报上姓名，一切手续就都已安排妥当。而且还会有意想不到的特殊安排在等候着他。蓝天大酒店的奇特现象引起了人们的注目，作为苏州酒店业的佼佼者，他们成功的奥妙何在呢？

蓝天大酒店的营销总监梁先生为公众揭开了谜底。顾客是酒店的客户，也是活生生的有七情六欲的人。饭店与客人之间不能仅仅只是一种商业交往的经营行为，更重要的是人与人之间的情感沟通。要真正做到“宾至如归”，必须对客人的嗜好、习惯、消费需求等特殊的个性化信息了如指掌，在此基础上提供的产品和服务就有明显的针对性，从而获得顾客的好感。每一个入住蓝天的客人，尤其是那些入住次数较多的熟客，在我们营销部都有一份详细的资料档案卡。档案卡上面记载着顾客的国籍、职业、地址、特别要求、个人爱好、喜欢什么样的娱乐活动、饮食的口味和最喜欢的菜肴、酒水等。对于入住频繁的客户，甚至连他喜欢什么样的香波，摆什么样的花，看什么报纸都有专门的记载。

庄学忠先生是酒店的老客户，每次他预订房间后，饭店就根据他资料卡显示的情况，为他安排靠近西村公园的房间，号码是他的幸运数“16”；再在房间里摆上总经理亲笔签名的欢迎信，旁边摆放他最喜欢的康乃馨鲜花篮；他耳朵听力不好，电话铃声需调大，卫生间里换上茉莉花型的沐浴液，浴巾要用加大型的；他是一个保龄球迷，每逢酒店有保龄球晚会，千万别忘了通知他一声。

对客人情况的搜集，来源于全体员工细致入微的服务。例如，餐厅服务员发现某位客人特别喜欢吃桂林腐乳，就将这个信息传递给营销部，存入资料库。下次该客人再来时，电脑里便会显示出这一点，餐厅就会迅速做出反应，所有这些都无需客人特别叮嘱，当他再次光临时，他便能惊喜的发现怎么蓝天酒店这么神通，什么都替他想到了。久而久之，他就成了酒店的常客。

案例思考

1. 案例中蓝天大酒店是通过什么方法了解顾客需求的？这样做对饭店有什么好处？
2. 本案例中的顾客庄学忠先生的真正需求是什么？饭店是如何满足其需求的？
3. 如果你是饭店营销总监，你将如何进一步改善饭店的信息收集系统和营销策略？

复习思考题

1. 什么是旅游饭店市场营销信息系统？旅游饭店市场营销信息系统主要由哪几部分构成？

2. 旅游饭店市场营销调研有哪些方法与技术？

3. 什么是旅游饭店市场预测？主要有哪些预测方法？

参考文献

1. 马勇，毕斗斗. 旅游市场营销[M]. 汕头：汕头大学出版社，2003.

2. 于由. 旅游市场营销学[M]. 杭州：浙江大学出版社，2005.

3. 熊元斌. 旅游营销策划理论与实务[M]. 武汉：武汉大学出版社，2005.

4. 周帆.旅游营销方案与公文实战范本 [M].长沙：湖南科学技术出版社，2006.

5. 黄继元，吴金林，林丽. 旅游市场营销（第二版）[M]. 重庆：重庆大学出版社，2009.

6. 刘芳. 旅游市场营销[M]. 重庆：西南师范大学出版社，2008.

模块五

旅游饭店市场细分与旅游饭店目标市场选择

1. 了解旅游饭店市场细分的概念、作用
2. 理解旅游饭店进行有效市场细分的条件
3. 理解并掌握旅游饭店市场细分的标准和程序
4. 了解旅游饭店市场细分的含义及其选择模式
5. 理解并掌握旅游饭店目标市场选择策略及其影响因素
6. 了解旅游饭店市场定位的含义、意义
7. 理解旅游饭店市场定位的方法
8. 理解并掌握旅游饭店市场定位的过程和策略

项目一 旅游饭店市场细分

在市场经济中流行这样一句名言："没有一个市场能够容纳所有的企业，也没有一个企业能够独占整个市场。"可见，进行市场细分是饭店业发展的潮流，也是为顾客提供更好服务、更高质量产品的一种良好措施，更是为饭店自身节约资源的有效途径。当然一家饭店要想在未来激烈的市场竞争中不被淘汰，必须发挥自身优势，做好做大做强自己的优势项目，摒弃自己的劣势项目，只有这样才能在激烈的市场竞争中集中优势兵力突破占领市场高地。

一、旅游饭店市场细分的概念

市场作为一个复杂而庞大的整体，由不同的购买者和群体组成。由于这些购买个体和群体在地理位置、资源条件、消费心理、购买习惯等方面的差异性，在同类产品市场上，会产生不同的购买行为。所谓市场细分就是以消费需求的某些特征或变量为依据，区分具有不同需求的顾客群体。其结果是使同类产品市场上，同一细分市场的顾客需求具有更多的共同性，不同细分市场之间的需求具有更多的差异性，以使企业明确有多少数目的细分市场及各细分市场需求的主要特征。

旅游饭店市场细分是指旅游饭店企业按照影响顾客需求、欲望、购买习惯和行为诸因素，把整个旅游饭店市场细分为若干个需求不同的旅游饭店产品和市场营销组合的旅游饭店市场部分，其中任何一个旅游饭店市场部分都是一个相似欲望和需要的购买群，这一工作过程即是旅游饭店市场细分。

二、旅游饭店市场细分的作用

旅游饭店市场营销面对的是一个十分复杂且瞬息万变的市场，旅游饭店市场的需求具有多样性和无限性。任何一个旅游饭店企业都不可能满足所有顾客的需求，而只能选择其中一部分加以满足，因此，旅游饭店企业必须进行市场细分。旅游饭店市场细分的作用体现在以下几个方面：

1. 有利于饭店企业找到最佳的市场机会

通过市场细分，可以发现旅游饭店市场尚未满足的要求，从而找到对本饭店企业最有利的市场营销机会。一个未被竞争者注意的较小的细分市场，可能比有众多竞争者激烈争夺的大市场带来的效益还要多，特别是对于知名度不高或实力不强的小饭店企业来说，较小的细分市场更有价值。因为这些小饭店企业通过市场细分，有可能找到营销机会，在大饭店企业的空隙中求得生存和发展。

2. 有利于按目标市场的需要改良现有产品和开发新产品

通过市场细分，旅游饭店企业往往会发现顾客需求的新变化，现有产品已难以满足其需要，必须对现有饭店产品进行改良或开发新产品才能适销对路。例如，英国（原为美国）假日集团在市场细分的基础上，推出了高档商务旅馆及低档经济型旅馆，很好地满足了不同顾客的需求，因此，假日集团生意兴隆，发展速度极快。

3. 有利于旅游饭店企业集中使用资源

正像在战场上全面出击往往不如集中优势兵力打歼灭战一样，旅游饭店企业在整个市场上到处开花，不如集中力量投入目标市场，发展特色产品，更能提高饭店企业的知名度和市场占有率，从而使饭店企业得到发展和壮大。

在旅游饭店市场上，一方面总会有一些尚未满足的需求无人关注，另一方面企业却又争相经营某些热门项目，殊不知热门会变冷，而冷门有时却可能变热。其实每个饭店企业都应根据自身的条件，选择合适的目标市场，不应一哄而起"赶浪潮"。20 世纪 80 年代末至 90 年代初，我国一些饭店企业不顾市场条件，盲目兴建高档宾馆而带来惨重损失的深刻教训值得铭记。近年来很多饭店企业在运用市场细分策略和目标市场理论时，取得了显著成效。例如：北京永安宾馆把目标市场定位于长住客市场，针对长住客的需要把宾馆建设成公寓式宾馆，很好地满足了长住客的需求。在北京饭店业竞争极其激烈的 20 世纪 90 年代，永安宾馆的预订率高达 110%，创造了良好的经济效益。

4. 细分市场有利于提高饭店企业的竞争能力

在市场经济的条件下，竞争作为市场经济的内在规律必然发挥作用。一个饭店企业竞争能力的强弱受到客观因素的影响，但通过有效的营销战略可以改变现状。利用市场细分战略是提高饭店企业竞争能力的一个有效方法。因为，在市场细分后，每一个细分市场上竞争者的优势和劣势就明显地暴露出来。饭店企业要看准市场机会，利用竞争者的弱点，同时有效地开发本企业的资源优势，用相对较少的资源把竞争者的顾客和潜在顾客变为本企业产品的购买者，提高市场占有率，增强竞争能力。

三、有效市场细分的条件

饭店企业可根据单一因素，亦可根据多个因素对市场进行细分。选用的细分标准越多，相应的子市场也就越多，每一子市场的容量就越小。相反，选用的细分标准越小，子市场就越少，每一子市场的容量则较大。如何寻找合适的细分标准，对市场进行有效细分，在营销实践中并非易事。一般而言，成功而有效的市场细分应具备以下条件：

1. 可盈利原则——经营有利可图

通过细分，必须使子市场有足够的需求量，能够保证饭店企业获取足够的利润，有较大的利润上升空间。即细分出来的市场容量或规模要大到足以使饭店企业获利。进行市场细分时，饭店企业必须考虑细分市场上顾客的数量，以及他们的购买能力和购买次数。如果细分市场的规模过小，市场容量太小，细分工作烦琐，成本耗费大，获利小，就不值得去细分。因此，市场在很多情况下不能无限制地细分下去，以避免造成规模上的不经济。市场细分必须要把握一个前提条件，即细分出的子市场必须有足够的需求水平，是现实可能中最大的同质市场，值得饭店企业为它制定专门的营销计划，只有这样，饭店企业才可能进入该市场，才可能有利可图。

2. 可衡量原则——目标市场容量定量化

可衡量原则是指细分的市场是可以识别和衡量的，即细分出来的市场不仅范围明确，而且对其容量大小也能大致做出明确的判断。饭店企业选择细分市场的依据变量应该是可以识别、可以定量化的。应该能够用数据来描述细分市场中消费者的一些购买行为特征、勾廓细分市场的边界，能够用数据来表达和判断市场容量的大小。否则，既会使细分市场边界模糊、难以做到准确划分或进行了无效划分，又会使得饭店无法有针对性地制定营销战略。有些细分变量，例如具有“依赖心理”的青年人，在实际中是很难测量的，以此为依据细分市场就不一定有意义。

3. 可操作性原则——经营运作的前提

饭店企业能够以自身的资源占有能力、营销运作及管理控制能力，运用科学的方法对市场进行深入调研分析，正确认识评估市场营销的宏观环境和微观环境，制定和灵活实施产品策略、价格策略、分销策略、促销策略，去影响和引领细分市场中的消费欲望、消费行为，并为之提供新的需求。

4. 对营销策略反应的差异性

对营销策略反应的差异性是指各细分市场的消费者对同一市场营销组合方案会有差异性反应，或者说对营销组合方案的变动，不同细分市场会有不同的反应。如果不同细分市场顾客对产品需求差异不大，行为上的同质性远大于其异质性，此时，饭店企业就不必费力对市场进行细分。另一方面，对于细分出来的市场，饭店企业应当分别制定出独立的营销方案。如果无法制定出这样的方案，或其中某几个细分市场对是否采用不同的营销方案不会有大的差异性反应，便不必进行市场细分。

四、旅游饭店市场顾客偏好模式

如果按照顾客对饭店产品价值和使用价值的重视程度进行划分，就会形成不同偏好的细分市场，出现三种不同的模式：

1. 同质偏好

同质偏好是指所有消费者具有大致相同的偏好。在同质偏好市场中，不存在自然形成的细分市场，至少顾客对饭店产品两种属性的重视程度基本一致。可以预见现有饭店产品基本相似，且集中在偏好的中央。

2. 分散偏好

分散偏好是指顾客的偏好差别很大。在分散偏好市场中，进入该市场的第一家饭店很可能定位于偏好的中央，以尽可能迎合较多的顾客。定位于中央的饭店产品可将顾客的不满降低到最低限度。第二个进入该市场的竞争者应定位于第一个饭店产品的附近，以争取市场份额，或者将饭店产品定位于某个角落，来吸引对中央饭店产品不满的顾客群体。如果市场上同时存在几个饭店产品品牌，那么他们很可能定位于市场上各个空间，分别突出自己的差异性，来满足顾客的不同偏好。

3. 集群偏好

集群偏好是指市场上可能会出现具有不同偏好的消费群体，也称为自然细分市场，进入该市场的第一家饭店企业将面临三种选择：一是定位于偏好中心，来迎合所有的消费者，即无差异性营销；二是定位于最大的细分市场，即集中性营销；三是同时开发几种产品，分别定位于不同的细分市场，即差异性营销。

五、旅游饭店市场细分的标准

市场细分的依据是顾客需求的差异性，从饭店业的具体情况来看，顾客需求的差异性表现在很多方面。根据市场营销学的一般原理，可按照顾客的特点、地理区域、心理因素及购买行为等四个方面对旅游饭店市场进行细分。

1. 按顾客的特点进行市场细分

顾客的特点可以表现在很多方面，例如年龄、性别、职业、受教育程度、社会阶层、种族、宗教、收入、国籍、血缘关系等。这种细分方法较为常用，因为这些指标与顾客的欲望、偏好、出游频率等直接相关，而且顾客的特点比其他因素更容易测量。因此，对旅游饭店企业而言，这些指标是非常重要的细分依据。

（1）按年龄细分　人们在不同年龄阶段，由于生理、性格、爱好的变化，对旅游饭店产品的需求往往有很大的差别。因此，可按年龄范围细分出许多各具特色的顾客市场，如：儿童市场、青年市场、中年市场、老年市场等。

（2）按性别细分　在对饭店产品的需求、购买行为、购买动机、购买角色方面，两性之间有很大的差别。如：入住高星级饭店的顾客多为男性，崇尚体验型饭店，而女性外出旅游入住时则更注重安全指数。一般公务旅游以男性为主，家庭旅游的时间和旅游目的地的选择、入住环境的选择也一般由男性决定，而在购物方面女性通常有较大的发言权，在购买旅游饭店产品时，男性通常对价格反应较迟钝，而女性则较敏感。

（3）按收入细分　收入水平的不同，不仅决定人们购买旅游饭店产品的性质，还会影响其购买行为、购买习惯。如：收入高的人往往喜欢到高档饭店消费，愿意选择豪华型旅游；收入低的人往往选择普通饭店消费，更愿意选择经济型旅游。

（4）按民族细分　不同的民族有不同的传统习俗、生活方式，因而呈现出对旅游饭店产品的不同需求。按民族进行细分，可以更好地满足不同民族的不同需求，从而进一步扩大旅游饭店企业的产品市场。

（5）按职业及受教育程度细分　从事不同职业的人由于职业特点及收入的不同，其消费需求差异很大。顾客受教育程度不同，其兴趣、生活方式、文化素养、价值观念、审美偏好等方面都会有所不同，这些都会引起消费者对旅游饭店产品的需求、购买行为及购买习惯的差异。

2. 按地理区域进行市场细分

所谓按地理区域进行市场细分，是指饭店企业按照顾客所在的地理位置来细分旅游饭店市场，以便饭店企业从地域的角度研究各细分市场的特征。如按区域、国家、地区、城市、乡村、气候、空间距离等，将旅游饭店市场分为不同的细分市场。其主要理论依据是：处于不同地理位置的消费者，对饭店企业的产品各有不同的需求和偏好，对饭店企业所采取的市场营销战略、市场营销策略也各有不同的反应。例如，我国北方人饮食口味偏重，而南方人口味偏清淡，餐饮企业应因地而异提供不同口味的饭店产品。按地理区域进行市场细分有以下三种具体形式：

（1）按主要地区细分　世界旅游组织将国际旅游市场划分为六大区域，包括：欧洲区、美洲区、东亚及太平洋区、南亚区、中东区、非洲区。据有关统计，欧洲和北美出国旅游者及所接待的国际旅游者最多，国际旅游饭店收入也最高。而近 20 年来，旅游业发展和增长最快的地区则是东亚及太平洋地区，该区域的饭店企业直接受益。

（2）按国家、地区细分　这是旅游饭店业最常用的一个细分标准，通过把顾客按其国别划分，有利于旅游饭店企业了解主要客源国市场情况，从而针对特定客源国市场的需求特性，制定相应的市场营销策略，以收到良好的市场营销效果。

（3）按气候细分　各地气候不同会影响旅游饭店产品的消费，影响旅游者的流向。例如，冬季对于我国的国内旅游市场而言，南方游客外出旅游的热点常常是北京、哈尔滨等地，而许多北方游客则把海南、广西桂林、云南等地作为外出旅游的首选。从国际旅游市场看，凡气候寒冷、缺少阳光地区的旅游者一般趋向于到阳光充足的温暖地区旅游，这也是地中海地区、加勒比海地区旅游业、饭店业发达的主要原因。

3. 按心理因素细分市场

所谓按心理因素细分，就是指按照顾客的生活方式、态度、个性等心理因素来细分旅游饭店市场。旅游者的欲望、需要和购买行为，不仅受人口的社会统计特征影响，而且受心理因素影响。饭店企业可根据这些因素将旅游饭店市场细分为不同的子市场，其细分方法主要有：

（1）按生活方式细分　生活方式是人们生活和花费时间及金钱的模式，是影响顾客欲望和需要的一个重要因素。目前，越来越多的饭店企业按照顾客的不同生活方式来细分旅游饭店市场，并且针对生活方式不同的顾客群体来设计不同的饭店产品和安排市场营销组合。

对于生活方式不同的顾客群，不仅设计的饭店产品不同，而且产品价格、经销方式、广告宣传等也有所不同，许多饭店企业从生活方式细分中发现了更多、更有吸引力的市场机会。

（2）按态度细分　是指旅游饭店企业根据顾客对该饭店企业及其商品的态度进行分类并采取相应的营销措施。例如，对待“我曾听说过某饭店品牌，但我并不真正了解它”之类持中间态度的顾客，应通过提供详细资料，大力开展有说服力的促销活动；对待“某饭店品牌是市场上最好的产品”之类持积极态度的顾客，应利用持续的促销活动和与顾客签订合同的办法加以巩固；对“某品牌比另外某品牌差”之类持消极态度的顾客，要改变其态度是较困难的，应把促销工作做细，并进一步改进产品质量，提高饭店企业形象。一般说来，饭店企业放弃“消极态度”的细分市场是合适的，因为饭店企业进行市场细分并不是要利用一种营销努力来满足所有顾客群体的要求。

4. 按购买行为细分市场

根据顾客对产品的理解、态度、购买过程及方式等方面的不同，把整体旅游饭店市场细分成不同的群体，具体来说包括下列六种细分方法：

（1）按购买目的细分市场　按一般旅游者外出旅游的目的来细分市场，大体上可划分为以下几种：度假旅游、观光旅游、公务会议旅游、奖励旅游、探亲访友、购物旅游、美食旅游、探险旅游、体育保健旅游等细分市场。这些细分市场，由于旅游者购买目的不同，对旅游饭店产品的需求特点也各有差异。

（2）按顾客寻求的利益细分市场　一般来说，顾客购买某种产品，都是在寻求某种特殊的利益。因此，饭店企业可以根据顾客对所购饭店产品追求的不同利益来细分市场。旅游饭店企业在采用这种方法时，首先要断定顾客对旅游饭店产品所追求的主要利益是什么，追求各种利益的人是什么类型的，各种旅游饭店产品提供了什么利益，然后根据这些信息来采取相应的市场营销策略。例如，一部分商务旅游者往往把饭店豪华舒适的设备设施、周到完美的服务作为追求的利益标准；而另一部分商务旅游者则把饭店快捷高效的服务作为利益标准。只有充分了解不同类型的顾客寻求的利益时，饭店企业才能通过为顾客提供最大的利益来实现营销目标。

（3）按旅游饭店产品使用情况细分市场　使用情况是指顾客从前是否有使用过某种饭店产品或服务的经历，按这种标准，旅游饭店市场可细分为潜在使用者、初次使用者和经常使用者市场。对潜在使用者、初次使用者和经常使用者应分别采用不同的营销方法。

（4）按购买过程及方式细分市场　即根据顾客购买、使用产品的过程及方式的不同来细分市场。例如，旅游饭店企业往往根据顾客外出旅游的过程及方式把旅游者划分为团体客人和散客，在旅游饭店接待中，团体客人和散客对旅游饭店产品与服务等方面的要求有很大的差别。

（5）按购买时机细分市场　是指按顾客购买和使用饭店产品的特定时机细分市场。例如，某些饭店产品和服务项目主要适用于某个特定时机，诸如五一节、国庆节、春节、寒暑假等。饭店企业可以把特定时机的市场需求作为服务目标，例如：饭店餐厅可在某个特定时机推出特定的菜肴和服务等。

（6）按顾客忠诚程度细分市场　顾客忠诚程度是指一个顾客坚持购买某一品牌饭店商品的一种持续信仰和约束的程度。例如，通过调查旅游者外出时对特定的航空公司、特定的旅行社、特定品牌饭店的忠诚程度，来辨别出本饭店企业的忠诚顾客。旅游饭店企业发现并保持这类顾客是十分重要的，应该为他们提供更好的服务。旅游饭店企业可以通过给顾客某种形式的回报来鼓励旅游者对本饭店企业的忠诚。不少饭店管理集团如凯悦国际集团、假日饭店集团、喜来登国际集团纷纷报出各种奖励项目，较为典型的一种形式是吸收那些多次购买本饭店企业产品并忠实于本企业的顾客为会员，按购买数量的多少给予不同程度的奖励，以增强客源的稳定性。

旅游饭店市场细分的目的，就是要寻找那些忠实于本饭店企业产品、购买频率及规模程度都很高的顾客作为本企业的目标市场。

案例

有需求的地方就有市场——畅销的女子饭店（客房）

女性是旅游者中的一个特殊而又数量庞大的消费群体，她们在消费方面具有许多与众不同的特点，这客观要求旅游企业尤其是现代饭店，在产品或服务设计上注重体现女性由于性别特点而带来的特殊需求。

在全世界饭店行业中，最早意识到女性顾客需求特殊性的是希尔顿饭店联号。早在1974年，美国阿尔克茨州希尔顿饭店就开辟了专门的女子楼层，专门为单身女性提供旅途中的一切服务。

20多年来，希尔顿饭店联号一直致力于为女性消费者提供更为专业、更加细致的服务，从而赢得了大批女性顾客。在希尔顿饭店的女子客房里，一切设施设备都从女性的生理特点和旅途需要出发，不仅配备了穿衣化妆镜、品牌化妆品、芳香型沐浴露等女性用品，还提供了女士睡袍、吹风机、卷发器、挂裙架、针线包等生活用品；客房装饰所用的色调通常非常温馨，床头柜或茶几上还备有最畅销的妇女杂志，就连电话机的款式也讲究活泼、可爱。另外，女子楼层还安排有足够的便衣女保安人员，各项安全措施也非常严密。安全、温馨、舒适的女子客房很受单身女性顾客的喜欢，希尔顿饭店也从中尝到了甜头。

在英国伦敦也有一家名为里夫斯的旅馆，它创建于1988年，专为女性提供客房和服务。旅馆里的所有硬件设施和服务项目都根据女性的生理和心理特点设计，充分考虑到了女性外出时的各种需求。这里的客房陈设高雅、装饰温馨，并备有相关的女性杂志，各类女性卫生用品一应俱全。此外，旅馆还严格保护客人的安全，房号对外保密，外来电话未经许可不能随便接进，经理和服务员也全部是女性。这家地地道道的女人饭店颇受广大女性消费者的青睐。

六、旅游饭店市场细分的程序

旅游饭店企业要正确地对旅游饭店市场进行细分，必须掌握细分市场的程序。用科学指导市场细分工作，才能尽量避免“走弯路”甚至“走错路”，才能使细分出的市场切实有效。旅游饭店市场细分需经过以下七个程序：

1. 选择应研究的饭店产品市场范围

饭店企业在确定经营目的之后，就必须确定市场经营范围，这是市场细分的基础。为此，饭店企业必须开展深入细致的调查研究，分析市场消费需求的动向，做出相应决策。饭店企业在选择市场范围时，应注意使这一范围不宜过大，也不应过于狭窄。饭店企业应考虑到自己所具有的资源和能力。

2. 找出所研究的旅游饭店市场范围内的潜在需求

根据市场细分的标准和方法，列出所选择市场范围内所有潜在消费者的全部需求，这是确定市场细分的依据。为此，饭店企业应对市场上刚开始出现或将要出现的消费需求，尽可能全面而详细地罗列归类，以便针对消费需求的差异性，决定实行何种细分市场的变数组合，为市场细分提供可靠的依据。

3. 进行初步市场细分

分析可能存在的细分市场，并进行初步细分，饭店企业应通过分析不同消费者的需求，找出各类消费者的典型及其需求的具体内容，并找出消费者需求类型的地区分布、人口特征、购买行为等方面的情况，加上营销决策者的营销经验，作出估计和判断，进行正式市场细分。

4. 对初步细分的市场加以筛选

确定在细分市场时所应考虑的因素，并对初步细分的市场加以筛选，饭店企业应分析哪些需求因素是重要的，并将其与饭店企业的实际条件进行比较。然后，删除那些对各个细分市场无关紧要的因素，以及饭店企业无条件开拓的市场。如价廉物美可能对所有消费者都很重要，但这类共同的因素，对饭店企业细分市场并不重要；而对畅销紧俏产品，饭店企业又不可能及时投产，所以也不足取。最后，筛选出最能发挥饭店企业优势的细分市场。

5. 为细分市场定名

饭店企业应根据各个细分市场消费者的主要特征，用形象化的方法，为各个可能存在的细分市场确定名称。

6. 分析市场营销机会

在市场细分过程中，分析市场营销机会，主要是分析总的市场和每个子市场的竞争情况，以及确定对总的市场或每一个子市场的营销组合方案，并根据市场研究和需求潜力的估计，确定总的或每一个子市场的营销收入和费用情况，以估计潜在利润量，作为最后选定目标市场和制定营销策略的依据。

7. 提出市场营销策略

一个饭店企业要根据市场细分结果来决定市场营销策略。这里要区分两种情况：① 如果分析细分市场后，发现市场情况不理想，饭店企业可能放弃这一市场；② 如果市场营销机会多，需求和潜在利润量满意，饭店企业可依据细分结果提出不同的目标市场营销战略。

项目二 旅游饭店目标市场的选择

旅游饭店目标市场的选择是饭店营销规划中的主要组成部分。一旦市场细分被确定，各个旅游饭店细分市场的特征被总结出来，接下来就是选择旅游饭店目标市场。旅游饭店目标市场的选择是一项复杂的工作，应考虑到销售潜力、竞争条件、成本核算、服务能力等诸多因素。

一、旅游饭店目标市场选择的定义

市场细分是旅游饭店企业选择目标市场的依据，选择目标市场是市场细分工作的延伸。旅游饭店经营者需要根据自己的条件，从细分的市场中选择出一个或几个子市场作为自己从事市场营销活动的对象，这一过程就被视为目标市场的选择过程。

旅游饭店目标市场是指旅游饭店企业决定进入的，具有共同需要或特征的购买者的集合。旅游饭店营销者必须把满足顾客的需求放在首位，但是顾客的需求是千差万别的，旅游饭店企业无法满足顾客的全部需求，而只能满足市场中部分顾客的需求。营销者只有根据自身技术力量、物资条件以及管理能力，通过特定的饭店产品和服务来满足特定的顾客群体。

旅游饭店目标市场的选择是指旅游饭店企业估计每个旅游饭店细分市场的吸引程度，并选择进入一个或若干个旅游饭店细分市场的过程。

二、评估细分目标市场

旅游饭店经营者或企业确定旅游饭店市场目标是在旅游饭店细分市场的基础上进行的。要选择有利的旅游饭店目标市场，必须对各种不同的旅游饭店细分市场进行评估。在评估旅游饭店细分市场时，还须考虑旅游饭店细分市场的规模和增长程度、旅游饭店细分市场结构的吸引力、旅游饭店企业的目标和资源等因素。

1. 旅游饭店细分市场的规模和增长程度因素

旅游饭店企业首先要收集、分析各类旅游饭店细分市场的现行旅游饭店产品销售状况、增长率和预期利润，并从中选择适当规模增长特征的旅游饭店细分市场作为目标市场。对实力雄厚的旅游饭店企业来说，销售额大、增长率和利润额高的细分市场最具吸引力。但中小旅游饭店企业由于缺乏必要的技术、资金以及其他必需的资源，竞争最激烈的和增长较快的旅游饭店细分市场的力量相对薄弱。因此，对中小旅游饭店企业来说，应当选择那些较小和较逊色的旅游饭店细分市场，这类细分市场对他们更加有利。

2. 旅游饭店细分市场结构的吸引力因素

如果旅游饭店细分市场已经具备了理想的规模和增长率，但在利润方面的吸引力较弱，那么，影响旅游饭店细分市场结构长期吸引力的因素就会显得更重要。这些保持长期吸引力的结构因素包括：旅游饭店企业竞争者的多寡、消费者相对购买力的强弱、旅游饭店替代产品对细分市场价格的限制程度和获取利润的程度、控制价格或降低服务标准或减少饭店产品数量对该细分市场吸引力大小的影响等。

3. 旅游饭店企业的目标和资源因素

在某个旅游饭店细分市场既具备合适的规模和增长速度，又具备结构性吸引力的情况下，如何将旅游饭店企业的目标和资源与旅游饭店细分市场情况相结合，是需要进一步考虑的问题。例如，具有较大吸引力的旅游饭店细分市场是否符合旅游饭店企业的中长期目标；从保护环境、社会发展的总体看选择该细分市场是否明智；选择经济实力适度的群体作为目标市场进行恰当的旅游饭店产品及市场营销战略等。即使上述条件均符合旅游饭店企业的目标，那么旅游饭店企业还应看自己是否具有占领该细分市场的条件。旅游饭店企业必须具备一定的竞争能力才能赢得占领市场的机会，从而进入该市场。同时旅游饭店企业必须有超过竞争者的技能和资源才能在该细分市场上取胜。

三、旅游饭店目标市场选择模式

饭店企业在对不同细分市场评估后，就必须对拟进入的细分市场做出服务、营销决策。饭店企业可考虑的目标市场模式主要有以下六种：

1. 单一市场集中化

单一市场集中化模式是最简单的目标市场模式，即饭店企业只选择一个细分市场。通过集中营销，饭店企业能更清楚地了解细分市场的需求，从而树立良好的信誉，在细分市场上建立巩固的市场地位。同时饭店企业通过生产、销售和促销的专业化分工，能提高经济效益。

一旦饭店企业在细分市场上处于领导地位，它将获得很高的投资效益。但对某些特定的细分市场，一旦消费者在该细分市场上的消费意愿下降或其他竞争对手进入该细分市场，那么饭店企业将面临很大的风险。

2. 选择专业化

选择专业化模式是饭店企业有选择地进入几个不同的细分市场。从客观上讲，每个细分市场都具有吸引力，且符合饭店企业的目标和资源水平。这些细分市场之间很少或根本不发生联系，但在每个细分市场上都可盈利。这种多细分市场覆盖策略能分散饭店企业的风险，即使其中一个细分市场丧失了吸引力，饭店企业还可以在其他细分市场上继续盈利。

3. 产品专业化

产品专业化是指饭店企业同时向几个细分市场销售一种饭店产品。但选择这种模式的前提是饭店企业在某个饭店产品方面树立了很高的声誉。即便如此，在这种情况下，一旦有新的替代品出现，那么饭店企业将面临经营滑坡的危险。

4. 市场专业化

市场专业化是指饭店企业集中满足某一特定消费群体的各种需求，即饭店企业专门为某个消费群体服务并争取树立良好的信誉。饭店企业还可以向这类消费群推出新产品，成为有效的新产品销售渠道。但如果由于种种原因，使得这种消费群体的支付能力下降时，饭店企业就会出现效益下滑的危险。

5. 全面覆盖

全面覆盖是指饭店企业力图为所有消费群提供他们所需的所有饭店产品。一般来讲，只有实力较强的饭店企业才可能采取这种营销战略。当采用这种营销战略时，饭店企业通常通过无差异性营销和差异性营销两种途径全面进入整个市场。

6. 大量定制

大量定制是指饭店企业按照每个消费者的要求大量生产，饭店产品之间的差异可以具体到每个最基本的组成部分。这种模式的实质就是定制营销，采用这种营销模式，由于成本较大，一般要求消费者支付较高的价格。

四、旅游饭店目标市场选择策略

一般来讲，对旅游饭店目标市场的选择有三种方式：无差异目标市场策略、差异性目标市场策略和密集性目标市场策略。

1. 无差异目标市场策略

无差异目标市场策略是指旅游饭店企业无视整体市场内部顾客需求的差异性，而将所有细分出的子市场都作为自己的目标市场，只推出一种旅游饭店产品，制定一种价格，运用一种统一的旅游饭店营销组合，为满足顾客共同的需求服务。这种策略突出的优点在于，饭店企业可以大规模销售，简化分销渠道，相应的节省市场调研和广告宣传的经费开支，使平均成本降低。另外，对于垄断性、吸引力大的旅游饭店产品容易形成名牌产品的强大声势，创造规模效应。这种策略的缺点是不能完全满足顾客的差异性需求。随着顾客的社会经济情况、生活方式以及个人兴趣的不断变化，对旅游饭店多样化的需求日益增长，单一的市场策略不易吸引消费者。因此，本策略主要适用于市场上供不应求、少数垄断性较强以及初上市的旅游饭店产品市场，随着旅游饭店市场竞争的加剧，旅游饭店企业采用本策略的机会越来越少，它已不能适应现代旅游饭店的发展。

2. 差异性目标市场策略

差异性目标市场策略根据消费者的不同需求特点，对整体市场进行细分。饭店企业在此基础上选择整体市场中数个或全部细分市场作为自己的目标市场，针对不同细分市场的需求特点，提供不同的旅游饭店产品及制定不同的营销组合，以满足不同细分市场的需求。例如，将旅游饭店市场细分为观光、度假、会议、体育等不同的旅游饭店细分市场。旅游饭店企业针对不同的需求，设计各种旅游饭店特色产品、提供不同的服务设施和服务项目。这种策略的优点是能更好地满足各类顾客的不同需求，有利于提高旅游饭店产品的竞争力和扩大旅游饭店企业的销售量。如果一个旅游饭店企业能够同时在几个细分市场上占有优势，就会由于连带效应而树立起顾客所信赖的、声誉很高的企业形象。另外，由于同时经营数个细分市场，有助于饭店企业降低风险。这种策略的局限性表现在由于饭店企业产品种类多，导致研发费用增多以及要求具有多种销售渠道，这样使得广告费用、推销费用、行政费用等随之增加。由于经营分散，在某一种产品中难以实现规模经济效益，从而影响了经营效率，影响饭店企业优势的发挥。

3. 密集性目标市场策略

采用这种策略是指旅游饭店企业在市场细分的基础上，选择一个或几个细分市场作为自己的目标市场，集中饭店企业的全部精力，以某几种营销组合手段服务于该市场，实行高度的专业化经营。这种策略往往适合资源能力有限的中小型旅游饭店企业，他们在较大的市场上难以取得竞争优势，因而力图在较小的市场范围内取得较高的市场占有率。采取这种策略的突出优点在于能充分发挥饭店企业的优势，使饭店企业在特定市场上具有很强的竞争力。由于饭店企业经营范围针对性强，容易形成产品与经营特色，因此有利于扩大饭店企业在特定细分市场上的知名度以及由此带来的销售额的增加。这种策略的不利之处是饭店企业过分依赖小部分市场，具有较大的风险性。由于市场面窄，一旦需求发生变化，饭店企业就会出现危机。

以上三种策略有其各自的优缺点，饭店企业在选择自己的经营策略时必须考虑到自身的条件、产品和服务的特点以及市场的情况，加以权衡、选择。

五、影响目标市场选择的客观因素

由于无差异性营销策略、差异性营销策略和集中性营销策略各有利弊，各有其适应性，饭店在选择目标市场营销策略时就不能随心所欲，必须考虑饭店本身的特点及产品和市场状况等因素，在对主客观条件全面衡量后才能加以确定。具体来说，饭店在选择目标市场营销策略时，通常应考虑以下几个因素：饭店资源、市场同质性、产品同质性、产品生命周期、竞争对手数目和竞争对手营销策略。

1. 饭店资源

饭店资源包括饭店的人力、物力，财力及饭店形象等。如果饭店规模较大，实力雄厚，有能力占领更大的市场，可采用差异性营销策略或无差异性营销策略；如果饭店资源有限，实力不强，无力兼顾整体市场或几个细分市场，可采用密集性目标市场策略。

2. 市场同质性

市场同质性是指市场上消费者需求和偏好所具有的类似性。如果消费者的需求和偏好十分相近，购买数量和方式也大体相同，说明市场同质性较高，可采用无差异性营销策略。如果市场需求的差别较大，就宜采用差异性营销策略或密集性营销策略。

3. 产品同质性

产品同质性是指本饭店产品与其他饭店产品的类似性。如果本饭店产品同其他饭店产品相似，说明产品同质性高，适宜采用无差异性营销策略；反之适宜采用差异性营销策略或密集性营销策略。

4. 产品生命周期

一般而言，饭店产品所处市场生命周期的不同阶段，采用的营销策略也有规律可循。若产品处于导入期或成长期，竞争者少，宜采用无差异性营销策略，以便探测市场的需求。产品进入成熟期，适于采取差异性营销策略，以开拓市场。产品进入衰退期，应采取密集性营销策略，集中力量于最有利的细分市场，以延长产品的市场寿命。

5. 旅游饭店市场竞争特点

如果饭店企业的产品垄断性强，竞争者数量少或势力弱，可以采用无差异目标市场策略。反之则采用差异性或密集性目标市场策略。饭店企业采取何种策略，往往视竞争对手的策略而定。例如，竞争者采用无差异目标市场策略，饭店企业就应当针对细分市场采用差异性或密集性目标市场策略，争取占领几个有利市场。

6. 竞争者的营销策略

饭店在选择目标市场的营销策略时，必须考虑到竞争对手所采取的营销策略。一般来说，饭店应采取与竞争对手相反的营销策略，以避免与竞争者直接抗衡。当然，究竟采用什么样的营销策略，在实践中要根据不同时期双方的具体情况做出抉择。如遇到强有力的竞争者实施无差异性营销策略时，可能有较次要的市场被冷落，饭店可乘虚而入，采用差异性营销策略予以占领；如果实力较强的竞争对手已经采用了差异性营销策略，本饭店难以与之抗衡，则应进行更有效的市场细分，实行集中性营销策略；如果竞争对手的力量较弱，而自己的力量较强，则可完全根据自己的情况确定营销策略。

总之，目标市场的选择是一个系统性的工作，不但需要旅游饭店经营者做好充分的市场调查，还要全面考虑各种影响因素，只有这样才能选择一个准确有效的目标市场。从整个旅游饭店营销活动来看，目标市场的选择仍属于前期工作，这一工作的成功与否会直接影响后面的工作效果。

项目三 旅游饭店市场定位

近年来，随着国际饭店集团在中国的不断推进和深入，我国旅游饭店市场竞争更加激烈，为了在激烈的市场竞争中确立自己的优势，饭店如何细分市场，找准自己的定位，对饭店的经营管理具有相当重要的现实意义。

一、旅游饭店市场定位概念

"定位"一词是由两位广告经理艾尔·里斯和杰克·特罗于1972年率先提出的，他们对"定位"的定义如下：

定位是以产品为出发点，但定位的对象不是产品，而是针对潜在顾客的思想。也就是说，定位是为饭店产品在潜在顾客的大脑中确定一个合适的位置。通常情况下，无论饭店是否意识到饭店产品的市场定位问题，在顾客的心目中，一定商标的饭店产品都会占据不同的位置。例如，"希尔顿饭店"在顾客的认识中意味着"高效率的服务"，"假日饭店"则给人"廉价、卫生、舒适、整洁"的市场形象。

对饭店而言，旅游饭店市场定位并不是饭店要为产品做些什么，而是指饭店的产品要给顾客留下些什么，即给顾客造成自己的产品有别于竞争对手的印象和位置。实际上，饭店市场定位就是要设法建立一种竞争优势，以突出饭店产品的个性，并借此塑造出独特的市场形象，使饭店在目标市场上吸引更多潜在的顾客。

由此可见，旅游饭店市场定位是指旅游饭店企业根据目标市场上顾客的需求偏好、竞争状况和自身优势，设计出自己的产品与形象，从而在目标顾客心目中确定与众不同的价值和地位。旅游饭店市场定位的目的是在顾客心目中创造出产品的差异性，以形成饭店企业产品的竞争优势。

二、旅游饭店市场定位的意义

旅游饭店市场定位对饭店的经营具有重要而现实意义，主要体现在以下两个方面：

1. 有利于建立饭店和产品的市场特色

在现代饭店市场中，普遍存在着较为严重的供过于求的现象，使得同类型饭店使出浑身解数争夺有限的客源，潜在竞争跃跃欲试，随时准备出击，市场竞争环境恶劣，竞争压力巨大。为了使自己的饭店产品获得稳定的销路，避免竞争乏力而被其他饭店取代，饭店势必从各方面为其产品培养一定的特色，树立起鲜明的市场形象，以期在顾客心目中形成一种特殊的偏爱。例如，在南京市饭店业中长期以来流传着"住'金陵'、食'丁山'、玩'玄武'"的口号，这一口号是对这三家饭店及其产品特色的高度概括，这三家饭店也正是通过强化其各自的产品特征，进而形成一种产品优势，从而依靠这些特色产品在市场中取得竞争的主动权。

2. 为饭店制定市场营销组合策略奠定基础

饭店通过产品与市场进行交换，从中获取利益，这是饭店经营的基本出发点。换而言之，饭店经营的基础是产品，没有产品，一切经营活动都将是纸上谈兵。由此可以看出，饭店市场营销组合受到饭店市场定位的限制。例如，某饭店决定在市场上销售豪华、优质、高价的组合产品，如此定位就决定了饭店产品必须是高水准的、有稳定质量保证的以及能体现顾客身份的。

通常，旅游饭店企业会根据顾客需求的差别将市场细分，并从中选出有一定市场规模和发展潜力，并且符合饭店企业目标和能力的细分市场作为企业的目标市场，但仅仅确定了目标市场是不够的，使目标顾客能够把饭店企业的产品作为他们的购买目标才更为关键。为此，饭店企业需要将产品定位在目标顾客所偏爱的位置上，并通过一系列营销活动向目标市场传达这一定位信息，让顾客感到这就是自己所需要的。这样，旅游饭店企业所选定的目标市场才能真正成为饭店企业的现实市场。

可见，只有以定位为依据制定各种策略，各项手段相互配合，协同向顾客传达产品的定位信息，才能使旅游饭店产品顺利到达目标市场。有定位为前提依据，各项营销策略才能发挥最大效用。

三、旅游饭店市场定位的方法

饭店市场定位的方法可以归纳为以下几种：

1. 根据产品属性和顾客利益的结合度定位

饭店产品本身的属性以及由此获得的利益能够使顾客体会到它的市场定位。例如，饭店的“豪华气派”、“卫生和舒适”等，这种定位方法，饭店往往强调产品的一种属性，而这种属性常是竞争对手所没有顾及到的。产品提供给顾客的利益是顾客最能切实体验到的，也是旅游饭店市场定位的重要依据。

2. 根据质量和价格定位

价格与质量两者变化可以创造出饭店产品的不同地位。在通常情况下，质量取决于产品的原材料或生产工艺及技术，而价格往往反映其定位，例如，人们常说的“优质优价”、“劣质低价”正是反映了这种市场定位思路。

3. 根据饭店产品用途定位

饭店企业发扬同一个产品项目的各个用途，并分析各种用途所适用的市场根据饭店产品用途定位的基本出发点是：同样是一个大厅，它可以作为大型宴会、自助餐的场地，也可以被当成会议大厅接待各种会议，同时还可以成为各种展示、展览的场所。对于这样的饭店产品，饭店可以根据其不同的用途，在挑选出来的目标市场中，分别树立起不同的饭店产品个性和形象。

4. 根据使用者定位

这是饭店常用的一种市场定位方式，即饭店将某些产品指引给适当的使用者或某个目标市场，以便根据这些使用者或目标市场的特点，再结合这些顾客的看法塑造这些产品的恰当形象。许多饭店针对当地居民“方便、经济、口味丰富”的用餐要求，开设集各地风味为一体的大排档餐厅，便是根据使用者对产品的需求而进行的市场定位。

5. 根据产品档次定位

这种市场定位方式一方面是使本饭店产品的档次类似于公众认可的另一家饭店产品的档次，以便使两者产生对比。例如，一些饭店将自己客房产品的档次设定为与某一家公众认可的好饭店的客房档次相同，以使顾客更易于接受他们的产品。另一方面是为某一产品寻找一个参照物，在同等档次的条件下通过比较，以便突出该产品的某种特性。例如，一些饭店推出公寓客房，在与标准间同等档次的前提下具备厨房设施，更加适合家庭旅游者使用，从而达到吸引家庭旅游者购买的目的。

6. 根据竞争定位

饭店产品可定位于与竞争直接有关的不同属性或利益。例如，饭店开设无烟餐厅，无烟意味着餐厅空气更加清新。这实际上等于间接地暗示顾客在普通餐厅中用餐时，如果其他人吸烟会影响到自己的身体健康。

7. 混合因素定位

饭店市场定位并不是绝对地突出饭店产品的某一个属性或特征，顾客购买产品时也不单只为获得产品的某一项属性。因此，饭店市场的定位可以使用上述多种方法的结合来创立其产品的地位。这样做有利于发掘产品多方面的竞争优势，满足更为广泛的顾客需求。

事实上，许多饭店企业在进行市场定位时，所依据的原则往往不止一个，而是同时使用多个原则。如果要体现饭店企业及其产品的形象，市场定位必须是多维度的、多侧面的。

四、旅游饭店市场定位的过程

市场定位的关键是饭店企业要设法在自己的产品上找出比竞争者更具有竞争优势的特性。饭店企业市场定位的全过程可以通过以下三大步骤来完成：

1. 分析目标市场现状，确认潜在竞争优势

识别潜在竞争优势，这是市场定位的基础。通常饭店企业的竞争优势表现在三方面：① 价格竞争优势，就是在同样的条件下比竞争者定出更低的价格。这就要求饭店企业采取一切努力来降低单位成本。② 偏好竞争优势，即能提供确定的特色来满足顾客的特定偏好。这就要求饭店企业采取一切努力在产品特色上下工夫。③ 产品差别化优势，即饭店产品独具特色的功能和利益与顾客需求相适应的优势，饭店企业向市场提供在质量、功能、品种、规格、外观等方面能够更好满足顾客需求的产品的能力。

为实现此目标，饭店企业首先必须进行规范的市场研究，切实了解目标市场的需求特点以及这些需求被满足的程度。饭店企业能否比竞争者更深入、更全面地了解顾客是取得竞争优势、实现产品差别化的关键。另外，饭店企业还要研究主要竞争者的优势和劣势，知己知彼，方能战而胜之。评估竞争者可以从以下三个方面进行：① 竞争者的业务经营情况，例如，估测其近三年的销售额、利润率、市场份额、投资收益率等；② 评价竞争者的核心营销能力，主要包括产品质量和服务质量的水平等；③ 评估竞争者的财务能力，包括获利能力、资金周转能力以及偿还债务能力等。

2. 准确选择核心优势，对目标市场初步定位

竞争优势表明饭店企业能够胜过竞争对手的能力，例如，在产品开发、服务质量、销售渠道以及品牌知名度等方面，在市场上可获取明显的差别利益的优势。显然，这些优势的获取与企业营销管理过程密切相关。这种能力既可以是现有的，也可以是潜在的。选择竞争优势实际上就是一个饭店企业与竞争者各方面实力相比较的过程，借此选出最适合本企业的优势项目，最终定位和形成企业的核心优势，以初步确定企业在目标市场上所处的位置。

3. 显示独特的竞争优势

饭店企业在市场营销方面的核心优势不会自动地在市场上得到充分表现。对此，饭店企业必须制定明确的市场战略来充分表现其优势和竞争力。例如，通过广告传导其核心优势战略定位，使饭店企业核心优势逐渐形成一种鲜明的市场概念，并使这种概念与顾客的需求和

追求的利益相吻合，使之在顾客心目中留下深刻印象。为此，饭店企业首先应使目标顾客了解、知道、熟悉、认同、喜欢和偏爱本企业的市场定位，在顾客心目中建立与该定位相一致的形象。其次，饭店企业通过各种努力强化目标顾客形象，保持目标顾客的了解，稳定目标顾客的态度和加深目标顾客的感情来巩固与市场相一致的形象。最后，饭店企业应注意目标顾客对其市场定位理解出现的偏差或由于企业市场定位宣传上的失误而造成的目标顾客模糊、混乱和误会，及时纠正与市场定位不一致的形象。

五、旅游饭店市场定位策略

市场定位是一种竞争性定位，它反映市场竞争各方的关系，是为饭店企业有效参与市场竞争服务的。旅游饭店市场定位常用的方法有：

1. 避强定位

这是一种避开强有力的竞争对手而进行市场定位的模式。饭店企业不与对手直接对抗，将自己置定于某个市场“空隙”，发展目前市场上没有的特色产品，开拓新的市场领域。

这种定位的优点是使饭店企业能够迅速地在市场上站稳脚跟，并在消费者心中尽快树立起一定形象。由于这种定位方式市场风险较小，成功率较高，经常为饭店企业所采用。其缺点是避强往往意味着饭店企业必须放弃某个最佳的市场位置，很可能使饭店企业处于最差的市场位置。

2. 迎头定位

迎头定位是指饭店企业根据自身的实力，为占据较佳的市场位置，不惜与市场上占支配地位的、实力最强或较强的竞争对手发生正面竞争，而使自己的产品进入与对手相同的市场位置上。这是一种与在市场上居支配地位的竞争对手“对着干”的定位方式。此时，饭店企业选择了与竞争对手重合的市场位置，争取同样的目标顾客，彼此在产品、价格、分销、供给等方面差别较小。

这种定位的优点是竞争过程中往往相当引人注目，甚至产生所谓轰动效应，饭店企业及其产品可以较快地为消费者或用户所了解，易于达到树立市场形象的目的。其缺点是具有较大的风险。

实行迎头定位，饭店企业必须做到知己知彼，应该了解市场上是否可以容纳两个或两个以上的竞争者，自己是否拥有比竞争者更多的资源和能力，是不是可以比竞争对手做得更好。否则，迎头定位可能会成为一种非常危险的战术，将企业引入歧途。当然，也有些饭店企业认为这是一种更能激发自己奋发向上的定位尝试，一旦成功就能取得巨大的市场份额。

3. 创新定位

寻找新的尚未被占领但有潜在市场需求的位置，填补市场上的空缺，生产市场上没有的、具备某种特色的产品。采用这种定位方式时，饭店企业应明确创新定位所需的产品在技术上、经济上是否可行，有无足够的市场容量，能否为企业带来合理而持续的盈利。

4. 重新定位

重新定位通常是指对那些销路少、市场反应差的产品进行二次定位。初次定位后，随着时间的推移，新的竞争者进入市场，选择与本企业相近的市场位置，致使本企业原来的市场占有率下降；或者由于顾客需求偏好发生转移，原来喜欢本企业产品的人转而喜欢其他饭店企业的产品，因而，市场对本企业产品的需求减少。在这些情况下，饭店企业就需要对其产品进行重新定位。所以，一般来讲，重新定位是饭店企业为了摆脱经营困境，寻求重新获得竞争力和利润增长的手段。不过，重新定位也可作为一种战术策略，并不一定是因为陷入了困境，相反，可能是由于发现新的产品市场范围而引起的。例如，某些专门为青年人设计的饭店产品在中老年人中也开始流行后，这种产品就需要重新定位。

综合案例

华美达饭店——一个市场、三种产品

这是一个“市场分割”策略成功运用的经典案例，华美达是以吸引家庭旅游者的汽车旅游起家的，成立几十年来始终瞄准中等市场，饭店价格适中，设施使用方便，颇受游客的欢迎。

为了拓展饭店集团业务，华美达为自己制定了一个目标，要向中等市场中的各个消费层提供其所需的产品。于是，华美达又把它的饭店分为三个不同的档次，满足三个不同层次旅游者的需求，而且各个档次都有自己的独特之处。

华美达客栈是华美达公司的基础。这些客栈一般都是花园式的，位于高速公路沿线、紧靠市中心和度假地，对驾车人来说最方便。它的服务、设施与城市大饭店所能提供的相差无几，对那些希望舒适与经常出门旅行的个人来说，十分合适。

在改造现有传统客栈的同时，1985 年华美达又推出了一种新型客栈，这种客栈的建筑是住宅式的，公共活动区不大，但客房很宽敞。客栈规模比较小，总体来说客房的规模和其他基本设施有一定的标准外，其他地方不要求一致，尤其是外观造型尽量与当地社会相匹配。

华美达复兴饭店是华美达中等档次中最高的住宿设施，是为满足中等市场中高消费阶层的需求而建造的。其设施服务与四星饭店相似，但集中在大城市市区、商业性公园和机场附近。其特点是设施豪华，环境优美，提供传统的欧式服务，但价格并不太高。

华美达饭店，介于复兴饭店与客栈之间的产品，它提供一般华美达客栈里没有的设施服务，例如全服务的餐厅、大型会议设施和室内娱乐健身活动场所，并能提供每天 18 小时以上的客房服务，其房价略高于客栈。

案例思考

1. 华美达饭店是如何进行市场营销定位的？
2. 谈谈华美达饭店的成功对我国其他旅游饭店企业进行市场营销定位的启示？

复习思考题

1. 什么是旅游饭店市场细分？旅游饭店市场细分的作用是什么？
2. 旅游饭店市场细分的标准有哪些？
3. 旅游饭店市场细分的程序包括哪些？
4. 旅游饭店目标市场选择的方式、策略有哪些？
5. 如何进行旅游饭店市场定位？旅游饭店市场定位的常用方法？

参考文献

1. 胡宇成，王文君. 饭店市场营销管理. 北京：中国旅游出版社，2008，05.
2. 赵伟丽. 饭店市场营销. 长春：吉林教育出版社，2009.
3. 田雅琳. 酒店市场营销实务. 北京：人民邮电出版社，2010.
4. 严伟，葛怀东. 旅游饭店市场营销（第二版）. 上海：上海交通大学出版社，2010.
5. 蔡洪胜. 旅游市场营销. 清华大学出版社，2010.
6. 赵春雷. 旅游市场营销. 北京理工大学出版社，2010.
7. 郑红. 现代酒店市场营销. 广州：广州旅游出版社，2004，03.
8. 吴金林. 旅游市场营销（第二版）. 北京：高等教育出版社，2007，12.

模块六

旅游饭店市场营销战略

1. 了解旅游饭店市场营销战略的含义、特点和意义
2. 掌握旅游饭店市场营销战略的程序
3. 了解旅游饭店市场发展策略的含义、特点
4. 理解旅游饭店市场发展策略的选择分析
5. 理解旅游饭店企业市场地位分析
6. 理解并掌握旅游饭店企业市场竞争策略
7. 了解旅游饭店市场营销组合的含义、意义和原则
8. 理解并掌握旅游饭店 4C、4P 市场营销组合策略

项目一 旅游饭店市场营销战略概述

目前，不少饭店的客房出租率呈现逐年下滑的趋势，饭店企业利润大幅度下降，经济效益持续滑坡，令许多饭店的总经理头痛。饭店的出路何在，如何开拓客源，如何提升饭店的竞争力？核心问题是要有成功的营销战略。

一、旅游饭店市场营销战略的概念

所有的饭店企业都必须高瞻远瞩，深谋远虑，制定长期营销战略以适应不断变化的市场

环境。每个饭店企业都应根据自身特点、优势、目标和资源，确定饭店企业的长远目标、找到本企业的发展方向，并为企业的长期生存和发展寻求最合理的策略，也就是要解决旅游饭店企业的市场营销战略问题。

旅游饭店市场营销战略，是指旅游饭店企业在市场调查研究和市场预测的基础上，根据市场环境并结合自身能力，对企业的发展方向和长远目标所做的全局性的定性安排。

二、旅游饭店市场营销战略的特点

1. 全局性

旅游饭店市场营销战略的制定事关饭店企业整体和全局，营销战略反映了饭店企业领导层对企业长远发展的战略思想，对企业的各项工作具有全局性的指导作用。旅游饭店市场营销战略所决定的是旅游饭店企业经营的长期目标和为实现这一目标所制定的战略方法，它不是局部的、零星的战术性安排，它要达到的目标可形象地描述为“赢得一场战争而不是打赢一场战役”。从全局性和整体性出发，旅游饭店市场营销战略要体现旅游饭店企业发展的整体和长远要求，应立足当前、从现实出发、认真组织实施，以实现旅游饭店市场营销战略的真正价值。

2. 系统性

旅游饭店市场营销战略是一个系统性很强的有机整体，以整合的观点从系统的角度去考虑，会产生类似于1+1>2的系统效果。这就要求旅游饭店企业经营者应从系统角度出发，发挥各部门的作用，达成统一的战略目标。

3. 权威性

旅游饭店市场营销战略应具有权威性指导作用，各部门都要以战略为指导，在此基础上充分发挥其作用，而不能各自为政、各行其是。同时，旅游饭店市场营销战略的权威性应以科学性为前提。只有建立在科学性基础上的营销战略，对旅游饭店企业经营才有真正的指导价值，才真正具备权威性。一个科学的营销战略是旅游饭店企业在市场调研和科学预测的前提下，群策群力，经过自上而下、自下而上的反复修改和完善而形成的。

4. 稳定性与适应性

旅游饭店市场营销战略制定后应保持相对稳定，不能朝令夕改，否则各部门在执行战略时会感到无所适从。但保持相对稳定不等于一成不变，因为旅游饭店企业内外部环境在变，营销战略也应随之作必要的调整。

5. 方向性

旅游饭店营销战略为旅游饭店企业指明未来发展方向以及应采取的基本方针、重大措施和基本步骤，具有行动纲领的意义，必须通过展开、分析和落实，才能变为具体的行动计划。

三、旅游饭店市场营销战略的意义

制定饭店企业市场营销战略，从总体上对企业的市场营销活动进行规划、指导和约束，对于现代饭店企业来讲，具有如下重要的意义。

1. 使企业生存和发展得到根本保证

饭店企业能否在激烈竞争的市场上求得长期的生存和发展，在很大程度上取决于饭店企业的经营活动是否能适应外部环境的变化。饭店企业营销战略确定了企业经营活动的方向、中心、重点和发展模式。

2. 使饭店企业的市场经营活动有整体的规划和统一的安排

通过旅游饭店市场营销战略的总体规划，才能实现营销活动要求的企业活动目标一体化。也就是说，饭店企业营销战略使其各部门、各环节都能按一个统一的目标来运行，得到一个协调性的运转机制，才会为饭店企业经营活动的有效性提供相应的保证。

3. 使饭店企业对资源利用的效率提高

饭店营销战略的制定以饭店产品资源的有效利用为前提，科学的战略选择能促使饭店企业合理地配置资源，从整体上优化资源结构，使资源效能最大限度地利用和发挥，追求企业整体效益的提高。而饭店企业营销战略本身就是从诸多的可以达到既定目标的行动方案中选择一个对于企业来说最好的方案。因此，凡是制定得合理和正确的、并得到了正确执行的营销战略，就能够保证饭店企业的资源得到最有效的配置和最充分的利用。

4. 使饭店企业活动的稳定性增强

由于饭店企业外部环境的不断变化，企业经营战术活动也需不断地相机变化和调整，而任何调整都不应是盲目的或仓促被动的。因此，只有在饭店企业市场营销战略的规定下，饭店企业才能主动地、有预见地、方向明确地按照营销环境的变化来调整自己的战术活动，主动适应环境的变化，减少营销活动的盲目性，处变不惊，使企业始终能够在多变的环境中按既定的、可行的目标稳步前进。

5. 旅游饭店市场营销战略是饭店企业参加市场竞争的有力武器

在激烈的市场竞争中，饭店企业与竞争对手的竞争，不仅是饭店企业现有实力的较量，而且是企业经营者智慧或才能的较量。饭店企业要想在市场竞争中取得胜利，首先必须要有正确的、高人一筹的、或能出奇制胜的战略谋划。所以，制定正确的并得到有效贯彻的战略计划，才能使饭店企业在竞争中取得预期的成功。

6. 是企业职工参与管理的重要途径

从管理原理来说，管理必须强调统一意志、统一指挥。但是，管理工作同时也应该最大限度鼓励员工的创造性和积极性。在具体的饭店管理工作中，对于全局性的谋划，对于战略的制定，需要集思广益，使企业人员上下同心，明确奋斗目标。因此，在市场营销战略工作中，使员工参与管理，不仅体现管理的民主性，也便于管理者吸取群众的智慧，使饭店企业的所有员工都能明确企业的发展远景和奋斗目标，从而增强饭店企业的向心力和凝聚力。

四、制定旅游饭店市场营销战略的程序

旅游饭店企业要制定出科学合理的市场营销战略，必须要有正确的战略决策程序。旅游饭店企业市场营销战略的制定程序包括以下五个步骤：

1. 确定饭店企业的目标和任务

确定市场营销战略目标是指在对企业战略环境和内部条件进行分析的基础上，按照企业的市场营销战略思想及其战略方针，制定出一定时期应达到的总体营销战略目标，具体包括市场拓展目标、利润目标、销售增长率和市场占有率目标等。任务是实现目标的具体途径。目标和任务不可分割，都是市场营销战略的基础和出发点，是制定旅游市场营销战略首先必须明确的问题。没有明确的任务和目标，就不可能有效地进行下一步的工作，各种决策方案的制订、分析和评价也就失去了意义和依据。为使营销战略具有可操作性，旅游饭店企业目标和任务的制定应体现激励性、明确性、系统性、科学性和可行性的要求。

2. 环境综合分析

市场营销环境综合分析是制定饭店企业营销战略的客观依据。环境综合分析必须建立在深入的市场调研和准确、充分的市场信息的基础上，目的是寻找和发现战略机会和避开威胁，为战略决策的内容提供依据。

3. 制定战略方案

战略方案是实现战略目标的具体安排，是战略目标的展开。在对营销环境进行全面、深入分析的基础上，进一步拟定若干不同的战略方案。各个预选方案包括不同的营销组合内容。在拟定预选方案时，要提倡科学分析和创新精神，实行决策的科学化、制度化和民主化，遵循科学的工作程序。

4. 优选战略方案

不论是战略目标、战略方案还是战略对策，在其拟定过程中，都应有几套备选方案，然后综合各种因素，进行对比评价，选择最佳方案。优选战略方案是市场营销战略决策的关键，在对预选方案的综合评价过程中，通常有以下几个方面的内容：一是战略是否符合宏观环境因素的变化与发展；二是战略是否适应企业目标市场的需要；三是战略的资源条件是否具备；四是战略对策及企业在各战略阶段所采用的市场营销组合策略是否可行；五是战略目标实现的可能性有多大；六是战略的延续性、风险性、效益性及相应的对策内容。

5. 实施战略方案

战略方案的实施是战略管理的重要组成部分。好的战略方案如果实施不当，同样达不到预期的战略目标。战略方案的实施，一般有四个方面的工作：制定实施计划，执行计划，检查效果，反馈信息与调整。

具体内容包括：① 把战略目标与任务落实到各个战略阶段的同时，对近期做出详细的计划并付诸行动；② 把战略目标与任务分解落实到各个部门，并制定完成的措施；③ 针对战略重点的不同，给予相应的人力、物力、财力的安排和平衡；④ 从企业整体战略出发，综合协调产品、价格、促销、销售渠道组合策略；⑤ 制定战略实施方案的责任体系和考核的指标体系。

项目二 旅游饭店市场发展策略

任何饭店企业都希望自身能够不断发展壮大，而复杂多变的市场环境使饭店企业的发展不断面临风险和障碍。如何在市场中蓬勃发展，选择适合饭店企业自身特点的发展战略是十分重要的。

一、旅游饭店市场发展策略的概念和特点

1. 旅游饭店市场发展策略的概念

旅游饭店市场发展策略是由现有饭店产品和相关市场组合而产生的战略。它是饭店企业用现有产品开发新的顾客群或新的地域市场，从而扩大产品销售量的战略。通过这一策略，它可以使饭店企业得到新的、可靠的、经济的和高质量的销售渠道，对于饭店企业的生存发展具有重要的意义。

2. 旅游饭店市场发展策略的特点

（1）长远性　长远性是指发展策略问题事关未来。从时间角度进行分析，市场发展策略着眼于未来，它是从现实出发，又不为现实所限，而是在科学分析、预测的基础上，对不确定的未来进行规划。市场发展策略是饭店企业市场营销在未来一定时期的发展规划目标和方向。所以，发展策略并不具体考虑一时一地营销活动的得失，它所谋求的是饭店企业长期的根本利益。发展规划目标也并非在短时间内就可以实现，而需要较长时间的努力。

（2）全局性　全局性是指发展策略问题事关整体。从空间角度进行分析，发展策略着眼于饭店企业的整体营销活动，要解决的是事关企业全局的重大问题。在策略研究中，对饭店企业营销各环节、各部门的分析是必不可少的，但策略研究不是孤立地看待某个现象或某些部门，而是通过局部的分析和研究，全面地把握整体的饭店企业营销活动。

（3）指导性　指导性是指发展策略问题事关饭店企业的营销成败。从其所起的作用进行分析，发展策略具有指导作用。它不是仅仅规划 3 ~ 5 年的一系列预算数据，也不是对这些预算数据进行合理的解释，而是透过表象研究实质的、规律性的问题，解决饭店企业营销中的主要矛盾，确定饭店企业营销的发展方向与基本趋势，也规定了饭店企业具体营销活动的基调。

（4）抗争性　抗争性是指发展策略问题事关饭店企业的市场地位。从矛盾的本质上进行分析，市场发展策略是应对市场竞争的营销计谋，有市场竞争必有发展策略，发展策略带有抗争性质。在市场经济中，市场发展策略的抗争性是普遍存在的，要求饭店企业营销规划必须站在战略的高度来把握市场态势，瞄准竞争对手的战略作出及时反应。

（5）客观性　客观性是指发展策略问题事关饭店企业营销战略制定的基础。从实践基础上进行分析，市场发展策略是以未来为主导的，但不是对营销最佳愿望的表述和描绘，也不是仅仅靠想象创造出的未来世界，更不是靠最高决策人的信念或直觉决定的，它是在充分认识饭店企业的营销环境，评估企业自身的经营资源及能力的客观基础上制定的。市场发展策略应该是一种既体现目标又切实可行的发展规划。

（6）可调性　可调性是指发展策略问题事关反应弹性。从运动的角度进行分析，市场发展策略是在市场环境与饭店企业营销能力的平衡下制定的。但构成发展策略的因素在不停地变化，外部环境也在不断地运动，市场发展策略必须具备一定的“弹性”，做到能够在基本方向不变的情况下，对营销策略的局部或非根本性方面可以修改和校正，以在变化的诸因素中求得饭店企业内部条件与环境变化的相对平衡。

以上六个方面构成了市场发展策略的基本特征，只有具备了这六个基本特性，才能称作比较完善的营销策略。也只有对以上策略特征加以理解，才能懂得市场发展策略的真正含义。

二、旅游饭店市场发展策略的指导意义

市场发展策略是饭店企业在复杂的市场环境中，为实现特定的市场营销目标而设计的长期、稳定的行动方案，形成指导饭店企业市场营销全局的奋斗目标和经营方针。市场发展策略是目标和手段的统一体。没有目标，就无从制定策略，没有措施，目标也不可能实现。

市场发展策略对饭店企业营销的指导非常重要，是指导企业营销活动的行动纲领。正确制定市场发展策略，对提高饭店企业的市场营销能力具有十分重要的作用，具体表现在：

（1）指导饭店企业营销持续、平衡地发展　旅游饭店市场发展策略为饭店企业确定了一个长远的营销方向和奋斗目标，使饭店企业在市场竞争中不至于失去方向，在营销活动中获得主动权，避免风险；能够协调饭店企业各个经营环节和部门的关系，使饭店企业的一切活动有条不紊地组织起来，提高饭店企业营销的整体功能，确保饭店企业的营销组合策略实现高效率和高效益；还能够不断促进饭店企业营销管理水平的提高，避免营销中的短期行为，为饭店企业的长期稳定发展打下基础。

（2）指导饭店企业从容地应对市场竞争　随着商品经济的发展，市场体系不断完善，竞争机制的作用日益加强，饭店企业进行着眼于长期发展的战略规划与管理。在饭店企业间激烈的"商战"中，饭店企业面临多种竞争对手的挑战，有"战争"必有"战略"。正确的发展策略可以使饭店企业在竞争中早作准备，从容地应对竞争对手，实施有效的竞争战略与竞争对手抗衡，在激烈的竞争中立于不败之地。

（3）指导饭店企业主动地适应需求、引导消费　"满足消费者需求"是饭店企业营销活动的宗旨，现代消费需求呈现多样化、个性化、时尚化的趋势，使市场需求更趋于复杂化、多变化。面对如此市场，饭店企业必须进行战略规划，正确认识和掌握消费需求的动态和趋向，分析和把握饭店企业的市场机会，及时推出饭店产品或服务来适应需求，引导消费。饭店企业能否在消费需求变化速度日益加快的条件下发展，更多地决定于饭店企业发展策略的正确与否。

（4）指导饭店企业有效地调动员工积极性　依靠饭店企业的员工群众，充分发挥他们的积极性与创造性，是饭店企业发展的基本条件。有了市场发展策略可以使饭店企业内部领导与职工统一思想，统一行动。广大职工了解了营销发展战略就可以明确奋斗目标，就可以产生理想、激励，从而增强饭店企业的凝聚力，为实现饭店企业营销目标作出应有的贡献。

三、旅游饭店市场发展策略的选择分析

旅游饭店企业的生存和发展依赖于目标市场，如何使目标市场得到不断的扩展，是旅游饭店企业市场营销活动必须制定的战略之一。旅游饭店市场发展策略大致可归纳为：稳定型策略、成长型策略、收缩型策略和淘汰型策略，对这四种营销策略的分析如下：

1. 稳定型策略

稳定型策略，又称防御型策略，是以保持原有的业务经营水平为主要目标的战略。这一战略的主要特征是饭店企业保持自身过去和现在的目标，决定继续追求相同或类似的目标，每年饭店企业所期望的进展，增长比率大体相同。同时，饭店企业继续提供与以前相同或相似的产品和服务。

一般来说，稳定发展策略的风险相对小，多数饭店企业愿意采用此策略，特别是对那些处于发展中的饭店企业和目前经营业绩好、环境变化不大的饭店企业尤其适用。在稳定增长市场上保持饭店企业的市场份额，或缓慢地提高其市场份额，对许多饭店企业是适宜的。稳定型策略包括两种基本类型：积极防御型策略和消极防御型策略。前者是以积极的态度积蓄力量，等待机会寻求发展。后者则消极悲观、无所作为，只求维持现状。

2. 成长型策略

成长型策略是一种使饭店企业在现有的战略水平上向更高一级目标发展的战略。它以发展作为自己的核心向导，引导饭店企业不断开发新产品，开拓新市场，采用新的管理方式、生产方式，扩大饭店企业的产销规模，增强企业竞争实力。在实践中，成长型策略分为密集性增长策略、一体化发展策略、多元化发展策略等多种类型。

（1）密集性增长策略　密集性增长策略的基本含义是，增大现有经营业务的市场供应量和市场销售量。它适用于现有市场尚具备扩大现有业务潜力的情况，该战略有三种具体方法：

① 市场渗透：它是针对饭店企业现在的目标市场，利用现有的产品线，通过增加广告宣传等促销手段，开发新的分销渠道、扩大销售额及提高市场占有率等。市场渗透的实现途径主要有：努力发展目标顾客的数量；将潜在顾客转变为现实顾客；采取鼓励策略增加现有顾客的消费次数；增加营业网点，方便顾客连续购买；降低经营成本，提高完善服务质量，争取新顾客。

市场渗透战略实施的市场条件是：饭店产品本身还没有到达成熟期，竞争对手相对较少；目标市场尚未饱和，还有较大的潜力。

② 市场开发：市场开发是指以现有旅游饭店产品去开发新的市场来增加销售，其主要目的是增加新的市场，扩大旅游饭店产品的销售领域。市场开发的实现途径主要有：选择新的目标市场，发现现有旅游饭店产品的新客户；挖掘现有旅游饭店产品的新功能去争取新顾客；调整营销渠道，扩大宣传范围，拓展目标市场。

市场开发战略适应的市场条件是：现有目标市场趋于饱和，市场销售出现停滞；产品的品质仍具有一定的优势，竞争对手相对较少。

③ 产品开发：产品开发战略是通过对旅游饭店产品的更新改造，去巩固原有的市场份额，进而提高市场占有率。产品开发可以通过充分利用原有市场资源，降低市场开发成本，同时也容易被目标市场接受。产品开发的途径有旅游饭店产品升级（提升服务品质）、开发旅游饭店新产品和旅游饭店产品延伸开发（在现有产品的基础上增加新品种）。

（2）一体化发展策略　一体化发展策略是指在现有产品的基础上进行业务拓展，即以原有的旅游饭店产品为中心，向上、下游产品和平行产品延伸。一体化战略可以增强旅游饭店企业对市场的控制力，节省产品的市场开发费用，提高经济效益，增加盈利空间。

一体化发展策略按照业务拓展的方向可以分为前向一体化策略、后向一体化策略和水平一体化策略。

① 前向一体化策略：是指饭店企业通过收购、兼并等手段，取得其供应链下游企业的控制权，从而提升其竞争实力。前向一体化策略通过控制销售过程和渠道，有利于企业控制和掌握市场，增强对消费者需求变化的敏感性，提高企业产品的市场适应性和竞争力。例如，饭店创办旅游中介公司，发展旅行社业务等。

② 后向一体化策略：是指饭店企业通过收购、合并、参股或联营等市场运作手段，向后控制资源供应商，使供应、生产一体化，实现供产结合。例如：饭店经营饭店用品公司，饭店建设绿色蔬菜基地等。

③ 水平一体化策略：是指在同一层次，通过购并提供相同或类似产品的企业来扩大市场占有率，提升竞争实力。例如，饭店通过收购、租赁、承包、投资、合营、授权等手段在不同区域开展连锁经营等。

（3）多元化发展策略　多元化发展策略也叫多角化发展策略，它是指旅游饭店企业向本行业以外的新领域发展，以扩大业务范围。这样做的主要目的之一是分散经营风险。有西方谚语称“不要把所有的鸡蛋放到一个篮子里”，就是提醒企业决策者要注意分散经营风险。

多元化策略主要有三种形式：

① 同心多元化：是指旅游饭店企业以现有的产品或服务为中心向外扩展业务范围，利用企业现有的技术、管理、人力、财力等富余资源，开展与本行业关系密切的新业务。例如，饭店利用自身出色的管理优势组建饭店管理公司和物业管理公司，输出技术、管理及人力资源，利用富余的技术和人力对外开展维修业务等。

② 水平多元化：是指旅游饭店企业要开发能满足现有顾客所需要的新产品，而这类新产品与企业现有产品在技术上关系不大。例如，刚刚兴起的房车饭店，这种新概念饭店把景点景区、餐饮、住宿、游览、观光完美地结合在一起，实现了水平多元化发展。

③ 跨行业多元化：是指旅游饭店企业发展与现有产品、技术和市场无关的新产品，吸引新顾客。例如，旅游饭店企业进入商业领域或经营房地产业务等。这种战略追求的是有吸引力的市场前景和财务收益与风险的分散，带来的负面影响是企业资源的分散，不能发挥资源形成合力的乘数效应。

旅游饭店企业在实行多元化经营时，会面临战线拉长、营销管理幅度变宽、营销管理距离变远等问题；面临来自同行的竞争和冲击。为此，只有准备充分、以特有的竞争优势竞争，才可能在营销中取得成功。

3. 收缩策略

收缩战略是以短期利润为目标的一种市场发展策略，是指饭店企业为削减费用和改善资金的使用，减少在某一特定的产品线、产品的投资，把资金投入另外的新的或发展中的领域。饭店企业抽资的对象往往是费用高、利润少、发展前途不乐观或者饭店企业产品组合中的次要部分。采用这种策略的原因在于饭店企业现有产品或业务组合中的某几个状况不佳，且无发展潜力，故通过大幅度裁减其投资，谋求短期利益，方可有利于优化饭店企业现有产品结构。

4. 淘汰策略

淘汰策略是将现有产品或业务从现有市场退出的一种营销战略。如果某一项业务已经没有增长潜力，或者从事这项业务无法进一步增加盈利，则可考虑采用这种战略。这种策略通常是在经济衰退期间或饭店企业财务困难期间使用，其目的在于渡过危机，减少风险。淘汰战略通常有三种方式：

（1）临时性淘汰　当产品销售不佳，饭店企业暂时停止生产经营，待查明原因对产品进行改进后，再生产投入市场，争取赢得顾客欢迎。这是采用临时性淘汰的策略。

（2）转移性淘汰　市场上往往出现在一处滞销的饭店产品，在异地却十分畅销的现象。据此，饭店企业从原来市场撤退，去开发其他吸引力强的新市场。这是采用转移性淘汰的策略。

（3）彻底性淘汰　在市场上，饭店企业产品已经处于衰退期，或刚上市但已表明“不对路”而过早夭折的新产品，随即果断地退出市场。这是采用彻底性淘汰的策略。

饭店发展策略的实施是一个循环往复、持续不断的过程，当一项策略实施完成后，一个新的策略实施过程又继而复始，从而推动饭店企业的不断发展。

项目三 旅游饭店市场竞争策略

对于一个饭店来说，培育和营造一个新市场氛围是非常艰辛的。当市场规模达到一定的程度，必会有其他竞争对手进入。因此，饭店要想在市场竞争中“百战不殆”，首先必须做到“知己知彼”，即对竞争对手进行分析，这是饭店企业经营者们必须考虑的重要课题，也成为饭店企业制定竞争战略中必不可少的组成部分。

一、对竞争对手的分析

饭店企业在确立了重要的竞争对手以后，就需要对每一个竞争对手做出尽可能深入、详细的分析，揭示出每个竞争对手的长远目标、基本假设、现行战略和能力，并判断其行动的基本轮廓，特别是竞争对手对行业变化，以及当受到对手威胁时可能做出的反应。

1. 竞争对手的长远目标分析

对竞争对手长远目标的分析，可以了解竞争对手对未来营销环境发展变化的判断和采取的对策，以及可能发生的战略调整。据此，一般应注重对如下指标的分析：

（1）竞争对手的市场占有率分析 竞争对手市场占有率的分析的目的是为了明确竞争对手及本饭店在市场上所处的位置。分析市场占有率不但要分析在行业中竞争对手及本饭店总体的市场占有率的状况，还要分析细分市场竞争对手的市场占有率状况。

① 分析总体的市场占有率：是为了明确本饭店和竞争对手相比在饭店中所处的位置，是市场的领导者、跟随者还是市场的参与者。

② 分析细分市场的市场占有率：是为明确在哪个市场区域或哪种产品是具有竞争力的，在哪个区域或是哪种产品在市场竞争中处于劣势地位，从而为饭店制定具体的竞争战略提供依据。

（2）竞争对手的财务状况分析 竞争对手财务状况的分析主要包括盈利能力分析、成长性分析等。

① 竞争对手盈利能力分析：盈利能力通常采用的指标是利润率。比较竞争对手与本饭店的利润率指标，并与行业的平均利润率比较，借以判断本饭店的盈利水平所处的位置。同时要对利润率的构成进行分析，主要分析主营业务成本率、营业费用率、管理费用率以及财务费用率，从而采取相应的措施提高本饭店的盈利水平。

② 竞争对手的成长性分析：主要分析的指标是产销量增长率、利润增长率。同时对产销量的增长率和利润的增长率做出比较分析，看两者增长的关系，究竟是利润的增长率快于产销量的增长率，还是产销量的增长率快于利润的增长率。一般来说，利润的增长率快于产销量增长率，说明饭店有较好的成长性。但在目前的市场状况下，饭店的产销量增长，大部分并不是来自于自然的增长，而主要是通过收购兼并的方式实现。所以经常也会出现产销量的增长率远大于利润的增长率的情况。为此，在进行饭店的成长性分析的时候，要进行具体的分析，剔除收购兼并因素的影响。

（3）竞争对手的产能利用率分析 产能利用率是一个很重要的指标，尤其是对于投资饭店来说，它直接关系到饭店生产成本的高低。产能利用率是指饭店发挥生产能力的程度，显然，饭店的产能利用率高，则单位产品的固定成本就相对的低。所以要对竞争对手的产能利用率情况进行分析。

分析的目的，是为了找出与竞争对手在产能利用率方面的差距，并分析造成这种差距的原因，有针对性地改进本饭店的业务流程，提高本饭店的产能利用率，降低饭店的生产成本。

（4）竞争对手的创新能力分析 目前饭店所处的市场环境是一个超竞争的环境。所谓超竞争环境是指饭店的生存在不断变化着的环境。为能适应这样的市场环境，饭店只有不断地学习和创新。所以学习和创新成了饭店主要的核心竞争力。

对竞争对手学习和创新的分析，可以从如下的几个指标来进行：推出新产品的速度、销售渠道的创新、管理创新。通过对竞争对手学习与创新能力的分析，找出本饭店在这方面存在的差距，以激励本饭店提高学习和创新能力。只有通过不断的学习和创新，才能打造饭店的差异化战略，提高饭店的竞争水平，以获取高于行业平均利润的超额利润。

（5）对竞争对手的领导人进行分析　领导者的风格往往决定了一个饭店的文化和价值观，是饭店成功的关键因素之一。一个敢于冒险、勇于创新的领导者，会对饭店做大刀阔斧的改革，会不断地为饭店寻求新的增长机会；一个性格稳重的领导者，会注重饭店的内涵增长，注重挖掘饭店的内部潜力。

2. 竞争对手的战略假设分析

每个饭店企业所确立的战略目标，其根本是基于他们的假设之上的。这些假设可以分为三类：

其一，竞争对手所信奉的理论假设。例如，许多美国饭店企业所奉行的理论是短期利润，因为只有利润，才能支持发展。而日本饭店企业信奉的是市场占有率和规模经济理论，他们认为，只要能占领市场、扩大生产销售规模，单位成本就会下降，利润自然滚滚而来，然后才有秋天的黄金收获。

其二，竞争对手对自己企业的假设。有些饭店企业认为自己在功能和质量上高人一筹，有些饭店企业则认为自己在成本和价格上具有优势。知名饭店企业对低档产品的渗透可能不屑一顾，而以价格取胜的饭店企业对其他企业的削价则会迎头痛击。

其三，竞争对手对行业及行业内其他企业的假设。有关战略假设，无论是对竞争对手，还是对自己，都要仔细检验。许多假设是尚未清楚意识到或根本没有意识到的，甚至是错误的；也有的假设过去正确，但由于经营环境的变化而变得不那么正确了，然而饭店企业仍在沿循着过去的假设。所以，正确检验战略假设，可以帮助管理者识别对所处环境的偏见和盲点。

3. 竞争对手的战略途径与方法分析

各饭店企业采取的方法、战略越相似，相互间的竞争越激烈。对竞争对手所采取竞争策略可进行如下分析：是采取发挥自己优势的策略，还是采取攻击对方弱点的策略；是保护自己在市场上的领先地位，还是对市场领先者进行挑战，或利用市场空缺以求发展；是集中力量开发新产品，还是寻求市场多样化，或者经营多元化等。

4. 竞争对手的战略能力

目标也好，途径也好，都要以能力为基础。在分析研究了竞争对手的目标与途径之后，还要深入研究竞争对手是否具有能力采用其他途径实现其目标。这就涉及饭店企业如何规划自己的战略以应对竞争。如果较之竞争对手，本企业具有全面的竞争优势，那么则不必担心在何时何地发生冲突；如果竞争对手具有全面的竞争优势，那么只有两种办法：或是甘心做一个跟随者，或是避而远之；如果不具有全面的竞争优势，而是在某些方面、某些领域具有差别优势，则可以在自己具有的差别优势的方面或领域把文章做足，但要避免以己之短碰彼之长。

5. 竞争对手对竞争的反应

从上面的分析中可知战略管理是一个“博弈”的过程。一是要选择我们的对手，二是要判断对手，并根据对手的反应来决定我们的策略。

概括起来，竞争对手对竞争的反应无非有三种情况：不采取反击行动、防御性反击和进攻性反击。这取决于竞争对手对目前位置是否满意，是否处在战略转变之中以及竞争对手对他的刺激程度。具体说来，可以分为六种反击模式：

（1）坐观事变者　即不立即采取反击行动。其原因可能是深信顾客的忠诚度，也可能是没有反击所必需的资源，还可能是并未达到应予反击的程度。所以，对于这类竞争对手就要格外慎重。

（2）全面防御者　即对外在的威胁和挑战做出全面反应，以确保其地位不被侵犯。但是全面防御也会把战线拉长，对付一个竞争者还可以，若是同时要对付几个竞争者的攻击，则会力不从心。

（3）死守阵地型反击　因为其反击范围集中，而且又有背水一战拼死一搏的信念，所以反应强度相当高。这类反击行动是比较有效的。又因为是集中在较小范围内的反击，所以其持久力也较强。

（4）凶暴型反击者　这一类型的饭店企业对其所有领域发动的进攻都会做出迅速而强烈的反击。凶暴型反击者向竞争对手表明，最好不要碰他，老虎的屁股摸不得。

（5）选择型反击者　可能只对某些类型的攻击做出反应，而对其他类型的攻击则不然。因此，必须了解这种类型反击者的敏感部位，避免不必要的冲突。

（6）随机型反击者　它的反击最不确定，或者根本无法预测，它可能会采取任何一种可能的反击方式。

二、旅游饭店企业市场地位分析

根据饭店企业在目标市场上所起的作用和竞争地位，把饭店企业分为四种类型：

1. 市场主导者

市场主导者是指在相关饭店产品的市场上占有率最高的饭店企业。它在价格变动、新产品开发、分销网络和促销力量等方面处于支配地位，为同行业者所公认。

市场主导者的优势是：消费者对品牌的忠诚度高，营销渠道稳固高效，营销经验丰富。

2. 市场挑战者

市场挑战者是指在相关饭店产品市场上处于次要地位，但又具备向市场领导者发动全面或局部攻击的饭店企业。

3. 市场跟随者

市场跟随者是指在相关饭店产品市场上处于中间状态，并力图保持其市场占有率不至于下降的饭店企业。作为市场跟随者可以减少经营成本的支出和风险，避免承受向市场主导者挑战可能带来的重大损失。

4. 市场利基者

市场利基者是指精心服务于市场上被大企业忽略的或不感兴趣的某些细小部分，而不与主要的饭店企业竞争，只是通过专业化经营来占据有利的市场位置的饭店企业。

市场利基者应具备以下特征：一是有足够的市场潜量和购买力；二是利润有增长的潜力；三是对主要竞争者不具有吸引力；四是饭店企业具备占有补缺基点所必要的资源和能力；五是饭店企业既有的信誉足以对抗竞争者。

市场利基者在选择补缺基点时，应注意多重补缺基点比单一补缺基点更能减少风险，增加保险系数。饭店企业通常选择两个或两个以上的补缺基点，以确保饭店企业的生存和发展。

三、旅游饭店企业市场竞争策略

制定竞争策略的实质就是将一个饭店企业与其所处环境建立联系。环境的关键部分主要由饭店企业所在的相关行业、行业结构及行业竞争状态构成。根据上述饭店企业类型应采取如下竞争策略：

1. 市场主导者竞争策略

市场主导者竞争策略的核心是守住阵地，以防守为主。

（1）扩大市场需求总量　当一种饭店产品的市场需求总量扩大时，受益最大的是处于主导地位的饭店企业。例如，美国消费者如果增加拍照片的数量，受益最大的将是柯达公司，因为它占有美国70%以上的胶卷市场。一般说来，市场主导者可从三个方面扩大市场需求量：一是发掘新的使用者；二是开辟饭店产品的新用途；三是刺激使用者增加使用量。

（2）防御战略　有六种防御策略可供市场主导者选择：

① 阵地防御：即在现有阵地周围建立防线。这是一种静态的防御，是防御的基本形式，但不能作为唯一的形式，如果将所有力量都投入这种防御，最后很可能导致失败。对饭店营销者来说，单纯采用消极的静态防御，只保卫自己目前的市场和饭店产品，是一种“营销近视症”。

② 侧翼防御：即市场主导者除保卫自己的主阵地外，还应注意保卫自己较弱的侧翼，防止对手乘虚而入。

③ 先发防御：这是一种“先发制人”式的防御，即在竞争者尚无足够能力进攻之前，先主动攻击它。具体做法是：当竞争者的市场占有率达到某一危险的高度时，就对它发动攻击；或者是对市场上的所有竞争者全面攻击，使人人自危。

④ 反攻防御：当竞争对手无视市场主导者的侧翼防御和先发防御措施而发动进攻时，市场主导者可采用反攻防御策略，可实行正面反攻、侧翼反攻，或发动钳形攻势以切断进攻者

的后路。

⑤ 运动防御：这种策略是不仅防守目前的阵地，而且扩展到新的市场阵地，作为未来防御和进攻的基地。市场扩展可通过两种方式实现：其一，市场扩大化，即饭店企业将其注意力从目前的产品上转到有关该产品的根本需要上，并全面研究与开发有关该项需要的生产技术；其二，市场多角化，即向无关的其他市场扩展，实行多角化经营。

⑥ 收缩防御：在所有市场阵地上全面防御有时会得不偿失，因此最好是实行战略收缩——收缩防御。即放弃某些本饭店企业实力较弱的市场阵地，把力量集中用到实力较强的市场阵地上去。

（3）提高市场占有率　市场主导者设法提高市场占有率，也是增加收益、保持主导地位的一个重要途径。美国的一项研究（PIMS）表明，市场占有率是与投资收益率有关的最重要的变量之一，市场占有率越高，投资收益率也越大。市场占有率高于 40% 的饭店其平均投资收益率相当于市场占有率低于 10% 者的 3 倍。因此，许多饭店企业以提高市场占有率为目标。

总之，市场主导者必须善于扩大市场需求总量，保卫自己的市场阵地，防御挑战者的进攻，并在保证收益增加的前提下，提高市场占有率，这样才能持久地占据市场主导地位。

2. 市场挑战者策略

市场挑战者策略目标同进攻对象密切相关，对不同的对象有不同的目标和策略。

（1）市场挑战者对不同目标的策略　一般说来，挑战者可在下列三种情况中进行选择：

① 攻击市场主导者：这种进攻对象风险很大，然而吸引力也很大。挑战者必须具有确实高于主导者的竞争优势。同时，挑战者必须有办法将主导者的反攻限制在最小范围内，否则所获得的利益不会长久。

② 攻击与自己实力相当者：挑战者对一些与自己势均力敌的饭店企业，可选择其中经营不善者作为进攻对象，设法夺取它们的市场阵地。

③ 攻击地方性小饭店企业：对一些地方性饭店小企业中经营不善、财务困难者，可夺取它们的顾客，甚至小饭店企业本身。

总之，战略目标决定于进攻对象，如果以主导者为进攻对象，其目标可能是夺取某些市场份额，或者是夺取市场主导者地位；如果以小饭店企业为对象，其目标可能是将它们逐出市场。但无论在何种情况下，如果要发动攻势，进行挑战，都必须指向一个明确的和可达到的目标。

（2）市场挑战者的进攻方式　选择进攻策略时可采取如下方式：

① 正面进攻：即集中全力向对手的主要市场阵地发动进攻，进攻对手的强项而不是弱点。降低价格向对手进攻，这是持续实行正面进攻战略最可靠的措施之一。价格挑战的策略是挑战者通过巨额投入以实现更低的生产成本，然后以此来向对手发起价格攻击。

② 侧翼进攻：即集中优势力量攻击对手的弱点，有时可采取“声东击西”的战略，佯攻正面，实攻侧翼或背面。

③ 包围进攻：包围进攻是一种全方位、大规模的进攻战略，挑战者拥有优于对手的资源，并确信借助围堵计划足以打垮对手时，可采用这种战略。

④ 迂回进攻：这是一种最间接的进攻战略，完全避开对手的现有阵地而迂回进攻。其具体办法有三种：一是发展无关的饭店产品，实行产品多角化；二是以现有饭店产品进入新地区的市场，实行市场多角化；三是发展新产品，取代现有产品。

⑤ 游击进攻：这是一种主要适用于规模小、力量较弱的饭店企业的战略。

3. 市场追随者策略

每个市场追随者必须懂得如何保持现有顾客，并争取一定数量的新顾客；必须设法给自己的目标市场带来某些特有的利益，例如，地点、服务、融资等；还必须尽力降低成本并保持较高的产品质量和服务质量。市场追随者不是被动地单纯追随主导者，它必须找到一条不致引起竞争性报复的成长途径。以下是三种可供选择的追随策略：

（1）紧密追随　这种策略是在各个子市场和营销组合方面，尽可能仿效主导者。这种跟随者有时好像是挑战者，但只要它不从根本上侵犯到主导者的地位，就不会发生直接冲突，有些甚至被看成是靠拾取主导者的残余谋生的寄生者。

（2）有距离的追随　这种跟随者是在主要方面，例如，目标市场、产品创新、价格水平和分销渠道等方面都追随主导者，但仍与主导者保持若干差异。这种追随者可通过兼并小企业而使自己发展壮大。

（3）有选择的追随　这种追随者在某些方面紧跟主导者，而在另一些方面又自行其是。也就是说，它不是盲目跟随，而是择优跟随，在跟随的同时还要发挥自己的独创性，但不进行直接的竞争。这类追随者中有些可能发展成为挑战者。

4. 市场利基者策略

每个行业几乎都有些小企业——市场利基者，它们精心服务于市场的某些细小部分，而不与主要的饭店企业竞争，只是通过专业化经营来占据有利的市场位置。这种市场位置（利基）不仅对于小企业有意义，而且对某些大企业中的较小部门也有意义，它们也常设法寻找一个或几个这种既安全又有利的利基。一个最好的“利基”应具有以下特征：一是市场规模能保证一定利润，并有增长的潜力；二是饭店企业可为之提供有效服务；三是对主要竞争者不具有吸引力；四是当这个市场利基成长到具有更大吸引力时，饭店企业所具备的技术和信誉足以对抗主要竞争者的进攻。

旅游饭店营销者为了取得利基，可在市场、顾客、产品或渠道等方面实行专业化。下面是几种可供旅游饭店企业选择的专业化方案：

（1）按最终使用者专业化　专门致力于为某类最终使用者服务，例如，奢华型饭店会针对某一群体的 VIP 客户进行会员营销。

（2）按垂直层面专业化　专门致力于生产分销渠道中的某些层面。

（3）按顾客规模专业化　专门为某一种规模（大、中、小）的客户服务，例如，有些小饭店企业专门为那些被大企业忽略的白领阶层提供外卖送餐服务。

（4）按特定顾客专业化　只对某一个或几个主要客户服务。

（5）按地理区域专业化　专为某一地区或地点服务。

（6）按质量和价格专业化　专门生产经营某种质量和价格的产品，例如，专门生产高质高价饭店产品或低质低价饭店产品。

（7）按服务项目专业化　专门提供某一种或几种其他饭店企业没有的服务项目。

总之，市场利基者的三大任务即创造补缺市场、扩大补缺市场、保护补缺市场。可见，只要营销者善于经营，小规模的饭店企业也有许多机会可以在获利的条件下提供优质服务。

项目四 旅游饭店市场营销组合策略

一、旅游饭店市场营销组合的概念

与其他企业一样，饭店市场营销的成败直接取决于饭店企业运用市场营销组合的能力，即如何通过各种市场营销因素的有效组合使用，来把自己的产品销售给目标顾客。

根据尼尔·波顿的市场营销组合概念，可以将饭店市场营销组合的含义表述为：饭店企业按照市场营销战略的要求，为在目标市场上实现预期的市场营销目标所使用的一整套市场营销工具。饭店市场营销组合也就是饭店企业对可控制的、与市场营销活动有关的市场营销变量的组合运用，形成与特定目标市场相适应的市场营销方式。

二、旅游饭店市场营销组合的意义

1. 理论意义

（1）旅游饭店市场营销组合的出现，意味着旅游饭店市场经营观念完成了新旧观念的转变，即发展到了新观念——旅游饭店市场营销观念。旅游饭店市场营销观念的核心是，以研究市场的需求及变化为中心，实行市场营销组合，着眼于总体市场，从而取得利润，实现饭店企业营销目标。在这里，市场营销组合作为营销手段至关重要。

（2）旅游饭店市场营销组合体现了现代市场营销学一个重要特点——具有鲜明的“管理导向”。即着重从市场营销管理决策的角度，着眼于买方行为，重点研究饭店企业市场营销管理工作中的各项战略和策略，从而使决策研究方法在诸多研究方法中显示出其概括性强、适应面广的优点，并成为研究旅游饭店市场营销问题普遍采用的重要方法。

（3）旅游饭店市场营销组合的理论基础是系统理论。它以系统理论为指导，向饭店企业决策者提供了为达到饭店企业营销整体效果而科学地分析和应用各种营销手段的思路和方法。

2. 现实意义

对于饭店企业来说，营销因素组合在饭店企业实际工作中的实践意义表现在以下几个方面：

（1）它是制定营销战略的基础　旅游饭店营销战略本质上就是饭店企业经营管理的战略，而营销战略主要是由饭店企业目标和营销因素协调组成的。由于制订旅游饭店市场营销战略的出发点是完成饭店企业的任务与目标，以投资收益率、市场占有率或其他目标为比较选择的依据，来进行营销组合是比较符合实际的。

作为饭店企业营销的战略基础，营销因素组合既可以四个因素综合运用，也可以根据饭店产品与市场的特点，分别重点使用其中某一个或某两个因素，设计成相应的销售策略，这是一个细致复杂的工作。

（2）它是应付竞争的有力手段　饭店企业在运用营销因素组合时，必须分析自己的优势和劣势，以便扬长避短。

（3）它为饭店企业提供系统管理思路　在实践中人们认识到，如果以旅游饭店市场营销组合为核心进行饭店企业的战略计划和工作安排，可以形成一种比较系统的、从点到面、简明扼要的经营管理思路。许多饭店企业根据旅游饭店市场营销组合的各个策略方向去设置职能部门和经理岗位，明确部门之间的分工关系，划分市场调研的重点项目，确定饭店企业内部和外部的信息流程等。饭店企业的财务部门也会在完成财务报表的同时，为饭店企业分析资金运用、固定成本与变动成本支出等情况提供信息。运用旅游饭店营销因素组合，可以较好地协调各部门工作。

三、旅游饭店市场营销组合应用的一般原则

为更好地发挥旅游饭店市场营销组合的重要作用，在具体运用时须遵循下列原则：

1. 目标性

旅游饭店营销组合首先要有目标性，即制定旅游饭店市场营销组合时，要有明确的目标市场，同时要求旅游饭店市场营销组合中的各个因素都围绕着这个目标市场进行最优组合。

2. 协调性

协调性是指协调旅游饭店市场营销组合中各个因素，始终有机地联系起来，同步配套地组合起来，以最佳的匹配状态，为实现整体营销目标服务。运用过程中可根据要素的相互关联作用组合得和谐一致。

在组合方案中，也可以重点选择几个因素进行组合搭配。例如，饭店产品质量和价格的关系，直接关系到旅游饭店市场营销组合整体策略的优劣，将二者进行多方案选优，可以组成九种不同的组合策略方案。饭店企业可据此进行知己知彼的分析，包括竞争对手组合策略分析，本企业资源、技术、设备等情况分析，切实推行价值工程，进而达到预期的营销目标。

3. 经济性

经济性即组合的杠杆作用原则。主要考虑组合的要素对销售的促进作用，这是优化组合的特点。

如图 6-1 所示，当广告费用开始增加时，对销售影响不大，当广告费用增加到 A 点后，销售量增长很快；广告费用继续增加到 B 点后，销售量趋于一个常数。若要发挥广告宣传对销售量的杠杆作用，在组合中就应考虑销售量和广告费用的这种关系：在它们的关系处于曲线 AB 段时，采用增加广告费用的组合，若它们的关系处于曲线 AB 段以外时，就要考虑其他要素了。其他各要素与销售量的关系曲线都类似于图中的曲线。

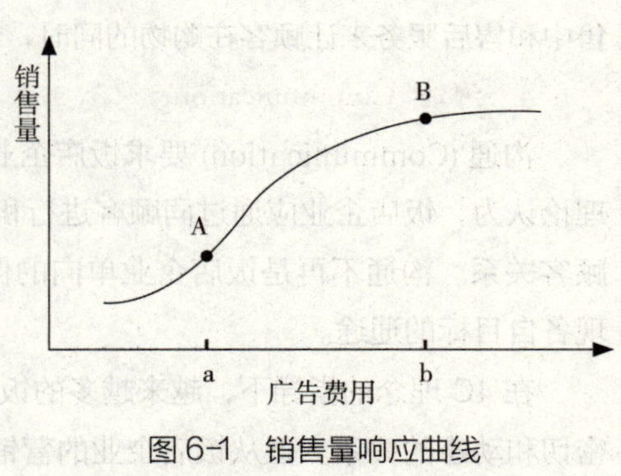

图 6-1　销售量响应曲线

4. 反馈性

从营销环境的变化到饭店企业营销组合的变化，要依靠及时反馈市场信息。信息反馈及时，反馈效应好，就可随营销环境变化，及时重新对原旅游饭店市场营销组合进行反思、调整，进而确定新的适应市场和消费者需求的组合模式。

四、旅游饭店 4C 市场营销组合策略

4C 营销组合策略即顾客 (Consumer)、成本 (Cost)、便利 (Convenience) 和沟通 (Communication)。它强调饭店企业首先应该把追求顾客满意放在第一位，其次是努力降低顾客的购买成本，再次要充分注意到顾客购买过程中的便利性，而不是从饭店企业的角度来决定销售渠道策略，最后还应以消费者为中心实施有效的营销沟通。4C 理论重视顾客导向，以追求顾客满意为目标，这实际上是当今消费者在营销中越来越居主动地位的市场对饭店企业的必然要求。

1. 顾客 (Customer)

顾客 (Customer) 主要指顾客的需求。饭店企业必须首先了解和研究顾客，根据顾客的需求来提供饭店产品。同时，饭店企业提供的不仅仅是产品和服务，更重要的是由此产生的客户价值 (Customer Value)。

2. 成本 (Cost)

成本 (Cost) 即暂时先抛开研究价格策略，而去研究顾客愿意为满足其需求而支付的成本。这里成本不单是饭店企业的生产成本，还包括顾客的购买成本，同时也意味着饭店产品定价的理想情况。因此，成本应该是既低于顾客的心理价格，也能够让饭店企业有所盈利。此外，这中间的顾客购买成本不仅包括其货币支出，还包括其为此耗费的时间、体力、精力以及购买风险等。

3. 便捷性 (Convenience)

便捷性 (Convenience)，即为顾客提供最大的购物和使用便利。4C 营销理论强调饭店企业在制订分销策略时，要更多地考虑顾客的方便，而不是饭店企业自己的方便。要通过好的售前、售中和售后服务来让顾客在购物的同时，也享受到了便利。便利是客户价值不可或缺的一部分。

4. 沟通 (Communication)

沟通 (Communication) 要求饭店企业要暂时先忘记促销，而把促销转变为沟通。4C 营销理论认为，饭店企业应通过同顾客进行积极有效的双向沟通，建立基于共同利益的新型企业/顾客关系。沟通不再是饭店企业单向的促销和劝导顾客，而是在双方的沟通中找到能同时实现各自目标的通途。

在 4C 理念的指导下，越来越多的饭店企业更加关注市场和消费者，与顾客建立一种更为密切和动态的关系。但从饭店企业的营销实践和市场发展的趋势看，4C 营销理论依然存在不足，例如，4C 营销理论是顾客导向，而市场经济要求的是竞争导向。在饭店产品供求过程中，顾客的需求和饭店企业的需求也会存在矛盾，顾客总是希望产品质量好、价格低，特别是在价格上要求是无界限的，例如，若只看到满足顾客需求的一面，饭店企业必然付出较大的成本，久而久之，会影响饭店企业的发展。所以从长远看，饭店企业经营要遵循双赢的原则，这是 4C 需要进一步解决的问题。

五、旅游饭店 4P 市场营销组合策略的新涵义

4P 营销组合策略，即产品 (Product)、价格 (Price)、渠道 (Place) 和促销 (Promotion)。4P 营销组合策略认为，一次成功和完整的市场营销活动，意味着以适当的产品、价格、渠道和促销手段，将适当的饭店产品和服务投放到特定市场的行为。

1. 产品 (Product)

产品（Product）注重的是开发饭店产品的功能，要求饭店产品有独特的卖点，把饭店产

品的功能诉求放在第一位。产品策略要以顾客需求为导向，树立全新的整体旅游饭店产品竞争意识，正确认识旅游饭店产品的特殊性，科学运筹旅游饭店产品经济生命周期，建立旅游饭店产品质量评价体系，打造旅游饭店产品的知名品牌，关注旅游饭店新产品开发和旅游饭店产品“绿化”问题，使顾客常见常新，以满足旅游饭店市场不断变化的需求。

2. 价格 (Price)

价格 (Price) 是根据不同的市场定位，制定不同的价格策略，饭店产品的定价依据是饭店企业的品牌战略，注重品牌的含金量。实行价格策略时要考虑旅游饭店产品价格的影响因素，明确制定旅游饭店产品价格所要实现的目标，运筹主要的饭店产品价格策略、价格的执行以及适应旅游饭店市场变化的价格调整，使旅游饭店产品价格让顾客满意。

3. 渠道 (Place)

渠道 (Place) 是指饭店企业并不直接面对消费者，而是注重经销商的培育和销售网络的建立，饭店企业与消费者的联系是通过分销商来进行的。渠道策略是以方便顾客购买的便捷性为基本出发点，充分利用旅游饭店中间商等营销渠道，以最低的成本、适当的途径、在适当的时间把旅游饭店产品提供给适当的顾客，重视三种渠道策略的运用，重视包括网络渠道在内的渠道构建问题。

4. 促销 (Promotion)

促销 (Promotion) 是指饭店企业注重销售行为的改变来刺激消费者，以短期的行为（如让利，买一送一，营销现场气氛等）促成消费的增长，吸引其他品牌的消费者或导致提前消费来促进销售的增长。沟通是实施促销的核心，沟通即将旅游饭店企业有关信息有效地传播给顾客，激发顾客需求欲望，树立旅游饭店企业和产品的良好形象。在发挥旅游饭店企业四大传统沟通与促销方式——广告、公关、营业推广和人员推销的同时，还应善于利用新型沟通与促销手段，如网络沟通与促销等。

总之，4P 理论主要是从供方出发来研究市场的需求及变化。4P 理论重视饭店产品导向而非消费者导向，以满足市场需求为目标。4P 理论将复杂的旅游饭店市场营销活动加以简单化、抽象化和体系化，把饭店企业营销过程中可以利用的成千上万的因素概括成四个大的因素，即 4P 理论——产品、价格、渠道和促销，非常简明、易于把握，进而促进了旅游饭店市场营销理论的发展与普及。

综合案例

环球泛太平洋饭店的营销战略

1. 饭店现状

位于泰国曼谷的环球泛太平洋饭店集团是环球饭店旅游集团的分公司，该饭店旅游集团总部设在多伦多市，是加拿大最大的一家独资企业，经营业务遍布加拿大、美国、古巴和泰国等国。环球泛太平洋饭店集团建于1993年，位于曼谷商业旅游中心地带的一座20层综合性大厦中。环球泛太平洋饭店集团自己定位于一家提供四星级以上住宿、五星级服务的宾馆。在销售与营销部经理卡林汗眼中，这座饭店如果在北美地区或欧洲早就晋升为五星级饭店了。但是由于曼谷地区市场竞争异常激烈，消费者的期望也很高，饭店降低定位的档次也是十分必要的。

饭店主要迎合两种截然不同的消费者：国际商务人员和游客。环球泛太平洋饭店集团约60%的年利润收入来自客房服务以及洗衣、商务服务等相关项目，其余的40%则来源于酒水饮料、食品等服务项目。客房服务项目的综合销售比率如下：

商务客人：55%～60%

游客及广告会议：25%～30%

航空公司员工：15%

近年来，由于曼谷地区旅游业的迅速发展，许多新建饭店陆续开业。据统计，未来几年内这一发展势头还将持续下去。因此，这给饭店带来了极强的挑战。目前，环球泛太平洋饭店集团一位重要客户——某国际航空公司——很可能停止续签与饭店的订房合同，因此饭店客房上房率会很快出现较大幅度的下跌，这无疑使饭店经营雪上加霜。

2. 饭店旅客情况介绍

环球泛太平洋饭店一直致力于吸引商务旅客的入住，因为这一类型消费群体的利润产出要高于其他类型的消费群体利润产出，这类房客更乐意使用饭店其他服务设施——餐厅、洗衣房、电话电传等。大约95%的商务旅客都在曼谷当地预订房间。当地订房比海外预定要便宜一些。

日本商务游客类旅游者占环球泛太平洋饭店经营业务项目中一个不小的份额，饭店因此特别注意吸纳这一类型的房客。从80年代后半期开始，日本人一直是泰国数量最大的外国投资者，这一趋势将在未来持续下去。环球泛太平洋饭店商务旅客服务中，日本游客占该饭店经营利润额的30%、旅游住客服务利润额的40%左右。

3. 饭店的营销机遇

在开发一种确保充分发挥饭店在区域市场中作用的市场营销战略计划时，卡林汗先生发现实现饭店更高上房率和客房平均利润率的目标可以有多个市场营销创新选择方案。

首先，可以考虑组织、运用下属营销人员在饭店所在区域市场中实行闪电式大规模促销活动，提高人们对环球泛太平洋饭店价值的认同以及饭店服务项目的知名度。每位营销人员已经居于市场中的特定位置，在各自负责的商务区间树立了良好的形象。这一市场目前拥有16栋办公楼，每栋20层。这类促销活动需要注意一些细节，进行客户开发活动必须采用适当的方式，不能让泰籍营销人员感到不适。与亚洲其他地方一样，在泰国从事经营活动关键在于在企业与消费者群体之间建立良好的个人关系。卡林汗先生认为他的营销人员善于为现有客户服务，但在同其他潜在客户交往时就显得比较勉强。

其次，卡林汗先生必须考虑让饭店营销人员在曼谷地区周边两个较大的卫星城市去开发新的商务客源。这两个卫星城市分别位于环球泛太平洋饭店以东20公里处和30公里处，是几个新近获得较大发展的实业集团公司总部所在地，还有规模不小的外贸开发特区。这两个新兴城市目前缺乏四星级以上的饭店。卡林汗先生的这一举措就是针对这一地区为数不少的全球知名企业集团驻当地人员的具体需求而决定的。当地这些外资企业集团中有不少属于日本人开办的。卡林汗先生注意到日本人习惯在一些娱乐性强的环境氛围中谈生意、做买卖。因此，他肯定日本商务人员乐意在环球泛太平洋饭店所在区域的宾馆饭店里从事业务活动。另外在曼谷以北30公里和50公里处还有两个小型城镇，它们均可为环球泛太平洋饭店提供新的商务客源。

卡林汗先生考虑的另一个选择方案是将饭店客源新目标对准旅游业中的经纪人，特别是当地的旅游经纪人。人们往往将旅游经纪人和旅游团经纪人相混淆，其实旅游经纪人是海外一些度假公司驻当地办事处代表。旅游经纪人由于控制着当地一些相关旅游市场，往往被视为是争取带团旅游团体市场的关键环节。同时，他们也以自己的信誉对外提供海外旅游导游担保。卡林汗先生认为，如果能与这些旅游经纪人保持良好的关系，休闲娱乐业的现状将会得到根本性的改善。

环球泛太平洋饭店与前面提到的那家航空公司进行了磋商，但形势对饭店极为不利，迫使环球泛太平洋饭店与其他航空公司加强联系，以便在该航空公司不续订协议时，保证饭店的上房率不受大的影响。卡林汗先生已经与其他几条国际航线就相关业务方面的合作问题进行过磋商，已经有一家航空公司有需求意向。

此外，环球泛太平洋饭店还存在其他选择方案。曼谷作为全球各国外交使馆最集中的地区之一，拥有约50多个国家的驻泰使馆和领事馆，其中一半左右距环球泛太平洋饭店的路程在3公里以内。再者，曼谷作为泰国的首都，从各个省府来曼谷的各级政府官员络绎不绝，而且国家政府机关在萨丽凯特女王会议中心召开的各种会议数量也很多，这些都为环球泛太平洋饭店提供了潜在客源。

环球泛太平洋饭店前三年的经营可以说是业绩辉煌，十分成功。但如今饭店周边出现了众多的同行竞争者，形成了激烈的市场竞争环境。面对更为激烈的竞争，该饭店还会有很多新的难题。

案例思考

1. 运用旅游饭店市场营销战略原理，阐述环球泛太平洋饭店经营成功的原因。
2. 推动环球泛太平洋饭店继续成功的创新营销方法有哪些？请加以分析。

复习思考题

1. 简述旅游饭店市场营销战略的含义、特征。
2. 对旅游饭店市场发展策略的选择进行简要分析。
3. 简述旅游饭店企业的市场竞争策略。
4. 阐述旅游饭店市场营销组合策略的主要内容。

参考文献

1. 严伟，葛怀东. 旅游饭店市场营销（第二版）. 上海：上海交通大学出版社，2010.
2. 蔡洪胜. 旅游市场营销. 北京：清华大学出版社，2010.
3. 赵春雷. 旅游市场营销. 北京：北京理工大学出版社，2010.
4. 吴金林. 旅游市场营销（第二版）. 北京：高等教育出版社，2007.
5. 田雅琳. 酒店市场营销实务. 北京：人民邮电出版社，2010.
6. 赵伟丽. 饭店市场营销. 长春：吉林教育出版社，2009.
7. 胡宇成，王文君. 饭店市场营销管理. 北京：中国旅游出版社，2008.
8. 郑红. 现代酒店市场营销. 广州：广州旅游出版社，2004.

模块七

旅游饭店产品策略

1．了解旅游饭店产品的内涵、特点
2．理解旅游饭店产品生命周期不同阶段的特点
3．掌握旅游饭店产品生命周期不同阶段的销售策略
4．掌握旅游饭店新产品开发的原则、程序和趋势
5．理解并掌握旅游饭店产品品牌策略的运用
6．掌握旅游饭店产品组合策略的选择

项目一 旅游饭店产品与旅游饭店产品生命周期

旅游饭店产品也有类似于动植物“生、长、衰、亡”那样的生命周期。旅游饭店经营者通过研究旅游饭店产品生命周期，有利于认清其规律并据此制定不同的营销策略，以适应旅游市场的要求。

一、旅游饭店产品的内涵

作为旅游业的个体，旅游饭店产品与一般的产品不尽相同，是一种特殊的服务产品。从供给的角度看，旅游饭店产品是指饭店出售的能满足旅游者需要的有形物品、环境与无形服务的总和，它由服务项目、服务质量、服务设施及服务环境构成。从需求的角度看，旅游饭店产品是指旅游者在实现旅游消费需要中所体验到的一系列感觉或经历的组合，它是由饭店经营者针对不同顾客群体的需求特点进行预测后设计并组织起来的。

1. 旅游饭店产品的不同类型

从整体产品的观念来看，旅游饭店产品由四个层面组成：

（1）基本产品　也叫有形产品，是指从物质上能展示产品核心利益的多种因素。它是饭店产品的核心利益的有形表现，包括饭店的设计风格、建筑特色、地理区位、设施设备、服务项目、服务水平以及餐饮产品等。

（2）期望产品　也叫核心产品，是指顾客从饭店提供的产品与服务中得到的根本利益和服务，是顾客各种需要的满足。它是饭店产品中的最基本、最主要的部分，也是最吸引顾客的部分。它可以是最实用的，也可以是最形而上的，如一位饥肠辘辘、疲惫不堪的观光旅游者所追求的核心产品很可能是一杯饮料、一顿便饭、一间可供其休息的客房。

（3）延伸产品　也称附加产品，是指顾客在购买饭店实际产品和服务时所得到的附加利益或附加服务，表现为交付、保证、信用和售后服务（饭店的客户关系管理、忠诚顾客的培养）。例如，旅游信息咨询、免费接送服务、代记出租车牌号码等，旅游饭店可以利用这些附加利益和附加服务，来提高宾客的满意度。

（4）潜在产品　是由饭店提供的产品所带来的潜在的或无法预见的利益或价值，更多地表现为人际关系、归属感和自我实现等需要的满足。

2. 旅游饭店产品的组合效应

通过以上分析，我们可以列出三个等式：

基本产品 + 期望产品 = 质量保证 = 顾客满意

延伸产品 + 潜在产品 = 灵活性 = 附加价值

基本产品 + 期望产品 + 延伸产品 + 潜在产品 = 质量保证 + 灵活性 = 竞争优势

此外，从本质上来说，“基本产品 + 期望产品”涵盖了饭店产品标准化和规范化的全部内容，“延伸产品 + 潜在产品”则体现了产品和服务的个性化。饭店提供基本产品和期望产品之后，产品和服务的质量可以得到保证，顾客会表示满意。然而，顾客表示满意还不够，只有在此基础上进一步提供延伸产品和潜在产品，饭店才能拥有竞争优势，这也是旅游饭店市场营销的成功之道。

二、旅游饭店产品的特点

1. 旅游饭店产品的综合性

旅游饭店产品的综合性是由宾客需求的综合性所决定的，从需求涉及的范围来看，包括饮食、住宿、娱乐及相关配套服务，几乎涉及日常生活的大部分核心领域；从需求的成分来看，饭店产品既可满足宾客对物质的需要，也能满足宾客对精神的需要，更能满足他们对社交的需要。

2. 饭店产品的享受性

宾客的享受需求是现代需求的主要表现，饭店产品的享受服务特点是其与一般商品和服务之间的主要区别所在。宾客对饭店产品的需求不仅仅是简单的物质需要，更主要的是对饭店产品的精神享受需求，这种享受在满足宾客多方面需要和追求的同时，也充分体现了饭店产品和服务人员的高水平技能。

3. 饭店产品的文化性

饭店既是一个企业物质文化、精神文化和制度文化的体现，也是一个国家或地区、城市文化的浓缩和载体。饭店产品的文化性是建立在饭店外在形象与内在机制有机统一的基础上的，体现在饭店经营管理和服务的方方面面，例如，具有东方特色的住宿设施和文化就会对西方国家宾客产生极大的吸引力，而地方性的餐饮则会引起国内外宾客的关注等。

4. 饭店产品的无形性

饭店的产品主要以出售服务为主，而服务是看不见、摸不到的，是无形的。例如，宾客入住了饭店，他所购买的并非是房间，而是依托房间所提供的一系列客房服务。因此，饭店是以有形的实物产品为基础，以提供优质、完善的服务来实现产品的核心价值的。

5. 饭店产品的不可储存性

一般实物产品暂时销售不出去可以储存待售，但饭店产品不可储存，一间客房今天有今天的价值，明天有明天的价值，如果没有售出，今天的价值就会全部损失，而且永远都无法得到补偿。旅游饭店产品有很强的季节性，所以，旅游饭店企业应十分关注旅游饭店产品的不可储存性，特别是淡、旺季明显的饭店必须制定完善的市场销售计划来开辟饭店的客源。

6. 饭店产品生产和消费的同步性

一般产品总是先生产后消费，生产、销售和消费过程是分离的，而饭店产品的生产、销售和消费过程则几乎同时进行，并且不可分离。饭店产品的生产销售和消费过程是通过服务员与宾客面对面的交往来完成的。所以，饭店服务人员不仅要掌握生产产品的熟练技能，还应该具备一定的推销技能。一些旅游饭店企业在利用生产与消费同步性方面有很成功的运作，如餐饮在一些饭店已被“美食”和“现场美食制作展示”综合享受所取代，厨师从后台走到前台，把菜肴后台制作的部分过程放到前台制作，展示制作艺术，使客人既饱口福又饱眼福。

7. 饭店产品的无专利性

饭店能够申请专利的只是饭店的名称及标志，饭店无法为创新的客房、餐饮以及服务方式等申请专利，故而容易出现饭店产品雷同。这一特点要求饭店管理者要充分理解宾客需求，在饭店管理过程中能够不断创新，保持饭店产品的竞争优势，提高宾客的品牌忠诚度。

8. 饭店产品质量的不稳定性

饭店服务产品的好坏受人的因素影响较大。首先是由于宾客个人背景和特点不同，服务质量感受往往带有较大的个人色彩；另外从服务人员本身来看，由于生产和消费的同步性，造成了服务人员在提供服务时，很容易受到服务人员内心情绪的影响；而且服务人员对一些无法量化或标准化的服务理解是不一样的，如“体贴入微”的服务。所以饭店为了保证饭店产品的质量，应不断提高饭店从业人员的文化修养和职业技能。

饭店产品的这些特点，给饭店的经营管理带来了特殊性。旅游饭店经营者要增强旅游饭店产品竞争意识，充分认识并把握旅游饭店产品的特点，才能进行成功的市场运作。

三、游游饭店产品生命周期理论的涵义

一种产品进入市场后，它的销售量和利润都会随时间推移而改变，呈现一个由少到多，由多到少的过程，就如同人的生命一样，由诞生、成长到成熟，最终走向衰亡，这就是产品的生命周期现象。旅游饭店产品生命周期是指旅游饭店产品从投放旅游市场到退出旅游市场的全过程。

旅游饭店产品在市场上生命周期有长有短、表现形态各异，为便于分析问题，一般采用典型旅游饭店产品生命周期来进行分析。典型旅游饭店产品生命周期分为投入期、成长期、成熟期、衰退期等四个阶段。与产品自然生命周期不同的是，旅游饭店产品生命周期不是指旅游饭店产品使用价值的存在和消失，而是指旅游饭店产品是否被旅游市场接受及接受的程度。

研究资料表明：随着科技的进步、社会经济的发展、需求变化节奏的加快，大多数旅游饭店产品生命周期呈现越来越短的趋势。因此，旅游饭店产品不能一成不变，而应适应需求变化不断更新换代，使宾客常见常新。

研究旅游饭店产品生命周期，有利于经营者根据旅游饭店产品生命周期不同阶段的不同特点，制定不同的营销策略。通过研究旅游饭店产品生命周期，有利于经营者发现导致旅游饭店产品衰退的各种因素，采取有效措施减缓衰退期的到来，从而延长旅游饭店产品的生命周期。

四、旅游饭店产品生命周期的影响因素

旅游饭店产品生命周期的影响因素很多，既有外部因素又有内部因素。旅游饭店企业了解这些影响因素，采取针对性营销策略，会使旅游饭店产品生命周期延长，否则，旅游饭店产品生命周期会缩短。

1. 外部因素的影响

（1）政治因素　政治因素对旅游饭店产品兴衰影响极大。旅游饭店所在的国家或地区的

旅游政策及其变化，国家或地区间的关系变动，都会对旅游饭店产品的生命周期产生影响。如20世纪80年代初我国实行开放政策，逐步取消了限制旅游业发展的一些法律制度，旅游业迅速崛起，旅游饭店业随之兴旺起来，旅游饭店产品不断被开发，旅游饭店产品的层次不断提升，对国际、国内旅游者产生了很强的吸引力。随着中国加入WTO，进入了由政策指导下的双向开放的崭新时期，旅游饭店产品迎来了新一轮循环周期。

（2）经济因素　经济周期对旅游饭店产品兴衰有较大影响。当经济处于繁荣时期，人们生活水平不断提高，兴趣范围不断扩大，越来越多的人热衷于旅游休闲活动，旅游度假逐渐被人们看作日常生活中不可缺少的部分，旅游饭店产品随之销路大增；当经济不景气时，随着旅游业的衰退，旅游饭店产品的销量会急剧下降，当发生经济危机时，旅游饭店产品也渐渐进入衰退期。

（3）环境因素　自然环境对旅游饭店产品兴衰也有一定影响，对度假型旅游饭店产品影响较大。旅游饭店所在地发生地震、水灾、火灾等自然灾害或恐怖活动，都会影响旅游饭店产品的需求，从而影响旅游饭店产品的生命周期。

2. 内部因素的影响

旅游饭店企业内部环境包括“硬件”和“软件”两个方面。

（1）“硬件”的影响　“硬件”主要指旅游饭店的设备设施质量和配套程度，其“硬件”的完善程度会影响旅游饭店产品在市场中的发展，甚至影响旅游饭店产品的生命周期。如旅游饭店卫生质量不达标、设备陈旧，都会给宾客留下很坏的印象，破坏旅游饭店产品的声誉，从而使旅游饭店产品很快进入衰退期。

（2）“软件”的影响　旅游饭店服务和经营管理手段、策略是旅游饭店最重要的“软件”。服务质量好坏直接影响旅游产品经济生命周期的长短。服务质量是旅游饭店产品质量的核心，服务质量的高低将很大程度上影响顾客对旅游饭店产品的评价，从而影响旅游饭店产品的销售和及其在市场上地位。因此，提高旅游服务质量是延长旅游饭店产品生命周期的重要途径之一。管理因素是影响旅游产品经济生命周期的另一个重要“软件”，旅游饭店企业经营管理不善，会影响服务质量和饭店设备设施的完善，进而影响旅游饭店产品的销售和企业的声誉，导致旅游饭店产品过早进入衰退期。因此，旅游饭店企业应该加强内部营销意识，强化经营管理，在人事、财务、销售等方面采取相应的策略，尽量延长旅游饭店产品的生命周期。

一流的“硬件”加一流的“软件”，才能使宾客满意，才能使旅游饭店产品生命周期得以延长。

五、旅游饭店产品生命周期不同阶段的特点

处于生命周期不同阶段的旅游饭店产品会呈现出不同的特点（图7-1），掌握这些特点，有利于饭店企业制定适合各个阶段的市场营销策略。

1. 投入期的特点

旅游饭店产品刚投放市场被称为投入期。此时，顾客对产品还不了解，只有少数追求新奇的顾客可能购买，销售量很低。为了扩展销售，需大量的促销费用，对饭店产品进行宣传。在这一阶段，由于技术、管理等方面的原因，饭店产品不能大量生产，因而成本高，销售额增长缓慢，饭店企业不但得不到利润，反而可能亏损。

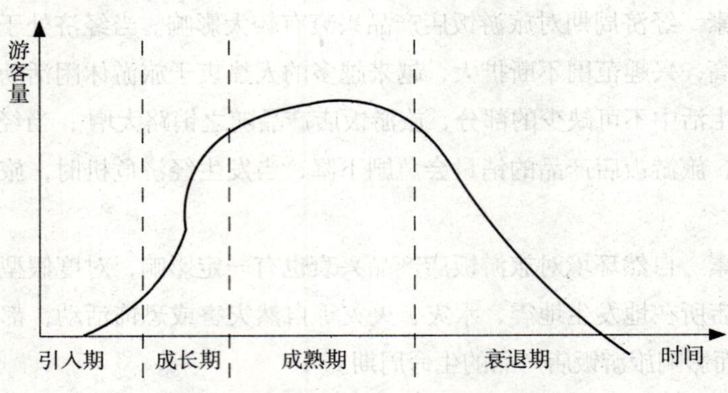

图 7-1 旅游饭店产品生命周期不同阶段特点

2. 成长期特点

当饭店产品在投入期的销售取得成功以后便进入第二个阶段成长期。旅游饭店产品成长期呈现出新的特点。这时顾客对饭店产品已经熟悉，大量新顾客开始购买，市场逐步扩大。饭店产品已具备大量生产的条件，生产成本相对降低，饭店企业销售额迅速上升，利润迅速增长。在这一阶段，竞争者看到有利可图，将纷纷参与竞争，使市场同类产品供给量增加，价格随之下降，饭店企业利润增长速度逐步减慢，最后达到生命周期利润的最高点。

3. 成熟期的特点

成熟期是指饭店产品经过成长期以后，市场需求趋向饱和的阶段。此时，潜在顾客已经很少，销售增长缓慢直至转而下降，饭店产品进入成熟期。在这一阶段，竞争逐渐加剧，饭店产品售价降低，促销费用增加，饭店企业利润下降。

4. 衰退期特点

衰退期是指饭店产品已老化，逐渐被市场淘汰的阶段。这一时期随着市场的发展，新产品或新的代用品出现，将使顾客的消费习惯发生改变，转向其他饭店产品，从而使原来饭店产品的销售额和利润额迅速下降，甚至发生亏损，同行竞争者纷纷退出市场。此时，一些旅游饭店企业因对“衰退期”缺乏足够的认识而猝不及防，随着现有旅游饭店产品衰退而走向衰亡。

六、旅游饭店产品生命周期不同阶段的销售策略

分析产品生命周期各阶段的特点，易于饭店企业有针对性地采取市场营销策略。

1. 导入期的营销策略

导入期开始于新产品首次在市场上普遍销售之时。产品导入期的时间不宜太长，重点是迅速扩大市场份额，尽快进入成长期。在旅游饭店产品导入期，营销策略的重点是提高顾客对旅游饭店产品的了解和认知程度，以扩大市场面。经营者在旅游饭店产品上市前就应进行广告与宣传，突出“人无我有”的优势，引领消费的新时尚，争取目标市场“先锋型”客人，使他们敢于第一个“吃螃蟹”。在这一阶段，旅游饭店企业向广大潜在顾客群体介绍旅游饭店产品的吸引力、诱惑力是十分必要的，这样才可以达到激发顾客购买欲望的目的。为此，旅游饭店产品导入期的营销策略有以下几种：

（1）快速撇脂策略　这种战略采用高价格、高促销费用，以求迅速扩大销售量，取得较高的市场占有率。采取这种策略必须有一定的市场环境，如大多数潜在的消费者还不了解这种新产品；已经了解这种新产品的又急于求购，并且愿意按高价购买；饭店企业面临潜在竞争者的威胁。在这种情况下，应该迅速使消费者建立对自己饭店产品的偏好。

（2）缓慢撇脂策略　这是一种以高价格、低促销费用的形式进行经营，以求得到更多的利润的营销策略。这种战略可以在市场面比较小，市场上大多数消费者已熟悉该新产品，购买者愿意出高价，潜在竞争威胁不大的市场环境下使用。

（3）快速渗透策略　这是一种低价格、高促销费用的营销策略，其目的是迅速打入市场，取得尽可能高的市场占有率。在市场容量很大，消费者对这种产品不熟悉，但对价格非常敏感，潜在竞争激烈，饭店企业随着生产规模的扩大可以降低单位生产成本的情况下适合采用这种战略。

（4）缓慢渗透策略　这是一种低价格、低促销费用的营销策略。这种战略适用于市场容量较大；市场上饭店产品的知名度较高；顾客对价格很敏感；存在潜在竞争者，但威胁不大的市场环境。

2. 成长期的营销策略

针对成长期的特点，饭店企业为维持其市场增长率，延长获取最大利润的时间，可以采取下面几种战略：

（1）改善产品品质　提高产品质量，增加饭店产品的特色设计，如增加新的功能、改变产品款式等。对饭店产品进行改进，使之与特色服务相结合，可以提高产品的竞争能力，满足顾客更广泛的需求，吸引更多的顾客。

（2）寻找新的细分市场　通过市场细分，找到新的尚未满足的子市场，根据其需要组织生产，进行饭店产品的附加设计，以迅速进入这一新的市场。

（3）改变广告宣传的重点　把广告宣传的重心从介绍饭店产品转到建立产品形象上来，树立饭店产品名牌，维系老顾客，吸引新顾客，使饭店产品形象深入顾客心中。

（4）适时降价　通过降价以激发那些对价格比较敏感的消费者产生购买动机和采取购买行动，有利于饭店产品进入新的市场。

（5）开展“合作竞争” 饭店经营者应善于借鉴后加入的竞争同行的经验，必要时可与同行开展“合作竞争”，构建共赢机制。

3. 成熟期的营销策略

旅游饭店产品进入成熟期以后，旅游饭店营销策略的重点应突出一个“长”字。此时饭店企业只能采取主动出击的战略，使成熟期延长或使产品生命周期出现再循环。为此，可以采取以下三种战略：

（1）市场调整 这种战略不是要调整产品本身，而是发现产品的新用途或改变推销方式等，以使产品销售量得以扩大。

（2）产品改进策略 这种战略通过产品自身的调整来满足顾客的不同需要，吸引有不同需求的顾客，刺激现有顾客重新购买。

（3）营销组合调整策略 饭店企业的市场营销组合不是一成不变的，应该随着销售环境的变化而进行调整。这种调整是通过产品、定价、销路、促销四个市场组合因素加以综合调整，刺激销售量的回升。常用的方法包括降价、提高促销水平、扩展销售渠道、提高服务质量等。

成熟期的营销策略重点在于保护市场面，维持现有的市场份额，开辟新市场。此时，沟通与促销的主题应是“人优我特”，以特取胜。

案例

上海锦江饭店（北楼）12楼川菜餐厅以特取胜的构思

在上海锦江饭店（北楼）12楼餐厅改造前，饭店曾有两种意见，一种意见是认为应体现高档饭店风采，建“洋”一点的餐厅；另一种意见是装修成体现巴蜀风情的川菜餐厅。最终饭店决定采纳后一种意见。改造后重新开业，客人到餐厅后坐在“杜甫草堂”，可遥望一座葱茏茂密的林园，旁边就是“草堂故居”；走进“东坡厅”可品尝“东坡肉”等美味佳肴；“宝瓶口餐厅”表现了李冰父子科学治水的主题，客人似乎可依稀听见都江堰的涛声在诉说李冰父子的千秋功绩；“卧龙村餐厅”里表现孔明征战画面的左右墙壁上分别悬挂古筝和羽毛扇。不仅国内客人喜欢来此就餐，外国宾客也赞不绝口。餐厅成功的奥妙在于以特取胜、土而不俗、土而不失高雅。

4. 衰退期的营销策略

衰退期的营销策略重点是收缩市场面，以减少退出的损失。可选择的营销策略有：

（1）持续营销策略 这一阶段由于大量竞争者纷纷退出市场，经营者减少，但市场上仍有一批“怀旧型”顾客。因此，处于有利地位的旅游饭店可以暂不退出，继续沿用过去的营销策略，直到这种产品完全退出市场为止或等待新的复苏。

（2）集中营销策略　饭店企业应收缩战线以减少促销费用，把精力集中在尚有利可图的市场，从中获利。这样有利于缩短产品退出市场的时间，同时又能为饭店创造更多的利润。

（3）收缩营销策略　抛弃无希望的顾客群体，大幅度降低促销水平、减少促销费用，这样在短期内销售额会有所下降，但由于成本的降低，仍然能保持一定的利润。

（4）放弃营销策略　对于衰退比较迅速的产品，应果断结束业务、退出市场，也可采取逐步放弃的策略。在选择放弃策略的同时，应及时推出新产品进入新一轮循环。

项目二 旅游饭店新产品开发策略

旅游饭店产品生命周期有越来越短的趋势，新需求、新市场不断涌现，这需要旅游饭店企业不断推陈出新，在旅游饭店产品设计上以“新”取胜。

一、旅游饭店新产品的概念及类型

1. 旅游饭店新产品的概念

旅游饭店新产品是指旅游饭店企业初次设计生产的，或在原产品基础上做出重大改进，更能体现旅游饭店经营意图，与原产品在功能、结构、技术、规格、实物、符号、服务等方面都有显著差异的新型饭店产品。它是与新技术、新设计、新潮流、新需求相联系的产品。

2. 旅游饭店新产品的类型

旅游饭店市场营销所认为的旅游饭店新产品，根据其在功能上或形态上与现有产品相比而具有的新颖程度，一般分为四类：

（1）全新产品　全新产品是原来饭店市场上从未有过的，能给饭店带来一种全新感受和利益的产品，它的服务对象、经营方式、经营设施、产品设计等将给饭店的经营带来重大的影响。

案例

神奇的“催眠旅馆”

全新的旅游饭店产品的推出，往往给顾客耳目一新的感觉。危地马拉有一家“催眠旅馆”，以治疗失眠、神经衰弱而闻名海内外，不管顾客患多么严重的失眠症，入住该旅馆，上床5分钟后都能酣然入睡，至少能睡8小时。原因是客床浸注了一种称为“留安那”的草药，有催眠作用。

（2）换代新产品　换代产品是在原有旅游饭店产品基础上作出重大变革，使旅游饭店产品性能有重大改进后形成的新产品。

（3）改进新产品　改进产品是对饭店原有产品的某些部分进行改进而不进行重大改革所设计的旅游饭店新产品。如饭店自助餐根据客人口味变化调整部分菜肴，客房服务增加免费送站服务等。

（4）仿制新产品　仿制产品是指饭店原来没有，而其他饭店已经存在的产品，饭店通过仿制或稍加改变作为一种新产品推向本饭店的目标市场。如“佛跳墙”是闽菜代表作之一，凡是做闽菜的饭店大都仿制原本出自“聚春园”饭店的这道名菜。

二、开发旅游饭店新产品的原则

在旅游饭店新产品开发中，首先要进行市场潜在需求的分析，对市场环境、投资风险等进行研究，然后通过多方论证，选择其中既符合潜在顾客需求又符合旅游饭店特点，并且具有竞争力的、现实可行的旅游饭店新产品进行开发。在开发过程中应遵循以下原则：

1. 市场性原则

饭店创新产品能否满足消费者的需求，能否获得较好的经济效益，市场最有发言权。只有符合市场需求和社会需求的饭店产品，才能获得广阔的市场和强大的生命力。因此，在新产品开发之前，饭店必须进行细致周密的市场调研，了解市场需求的真实情况，进行新产品开发的可行性分析，并根据调研结果做出新产品开发的决策。

2. 可行性原则

饭店新产品能否获得良好的经济效益，是否具有操作的可行性，是衡量其开发成功与否的重要标志。只有带来良好经济和社会效益的饭店新产品，才有广阔的发展前景。同时，饭店的创新产品要考虑到饭店的生产和销售能力，既不能脱离饭店本身的资源条件，也要能得到销售代理商（如连锁集团、旅行社、网络订房中心）的支持，便于消费者了解及购买。

3. 特色性原则

饭店创新产品要有特色和新意，尽量做到“人无我有，人有我特”，这样才能达到开拓和占领市场的目的。新产品如果没有特色，就会缺乏竞争力和吸引力。因此，饭店必须充分发挥自身优势，努力在饭店的环境设施、实物产品和服务管理等方面形成自己的特色。当然这里所讲的“特色”并不是强调标新立异，甚至去追求怪异，而是指能以鲜明的形象区别于竞争对手，并被广大消费者甚至竞争对手认可的饭店产品。

4. 主题性原则

饭店创新产品必须有明确的主题，不能追求“大而全、小而全”，企图把顾客的需求一网打尽。饭店产品有了鲜明的主题，才能在市场上树立鲜明的形象，才能更好地避免或减少重叠性的市场竞争，才能有利于饭店产品的市场定位和市场营销。因此，在充分调查和研究的基础上有创造性地确定产品主题，是饭店创新产品获得成功的重要前提。

5. 参与性原则

现代旅游消费心理的一个重要变化就是追求一种令人难忘的独特经历，渴望参与。饭店新产品应尽可能体现宾客的参与性，这种参与不仅体现在宾客消费过程中，甚至体现在产品设计过程中。

三、开发旅游饭店新产品的程序

新产品开发关系到旅游饭店企业的生存与发展，而经验表明三分之二以上的新产品开发是失败的，导致失败的原因之一是开发程序不合理、不科学。开发旅游新产品从构思到取得商业上的成功，应遵循科学的开发程序，缜密安排、紧密衔接。

旅游饭店新产品开发一般经过八个程序，即收集创意、筛选构思、饭店新产品概念形成与测试、拟定新产品营销计划、商业分析、新产品开发、新产品市场试销、正式上市。

1. 收集创意

一切新产品的开发，都必须从产生构思开始，一个成功的新产品，首先来自于一个创见性的构思。在开发旅游饭店新产品过程中，旅游饭店经营者要集思广益，创造宽松的环境、构建必要的创意激励机制，激发员工丰富的想象力。激发创意的方法很多，有头脑风暴法、角色扮演法、逆式思维法、相似类推法、连接联想法、焦点法等。旅游饭店企业应倡导员工创意，把员工创意与旅游饭店新产品开发结合起来，把有用的建议收集起来。此外，旅游饭店企业还可以从顾客、同行竞争者、饭店中间商、供应商、广告机构、外部调研机构等处吸收新产品的创意。

创意、构思最重要的特质是独创性。人无我有，人有我新，人新我奇，只有独创性，才会有垄断性，只有垄断性，才会有竞争性。当然在大胆追求创意新奇的同时，还必须认真求证。即新产品创意应符合饭店企业的经营范围、远景规划、市场目标等情况，不能脱离饭店企业的实际条件。

2. 筛选构思

收集创意是为开发旅游饭店新产品服务的，收集来的各种创意绝大多数或可行性较差或与旅游企业发展目标不符。因此，旅游饭店企业对收集来的大量创意需要进行筛选，去粗取精。在筛选过程中遇到的难题是，可能把很有价值的创意筛选掉，本来应是“砂里淘金”，却变成了“抛金留砂”，导致饭店新产品开发的后续工作变得无价值甚至是负价值。要减少误选或漏选，关键是提高从事筛选工作人员的素质。一些旅游饭店企业采取企业高层主管、员工代表、本行业专家三结合的方式进行筛选，这有利于减少误选或漏选情况的发生。

3. 饭店新产品概念形成与测试

旅游饭店企业对筛选后的创意进一步升华，发展成旅游饭店新产品概念。其任务是把创意转变成顾客喜闻乐见、愿意购买的现实产品，因而这项工作是新产品开发中的关键性环节之一。不同的创意会形成不同的饭店新产品概念，相同的创意也可能会形成不同的饭店新产品概念。如“绿色”饭店产品创意，既可能设计成“绿色”客房、“绿色”餐饮，也可能设计成节能减排等饭店产品。旅游饭店企业发挥这些创意，有可能发展成一连串系列新产品。

旅游饭店新产品概念测试大都采用文字、图像、模型等形式进行，一些旅游饭店企业已采用多媒体来说明旅游饭店新产品的特点、功能和结构等，特别是饭店设计、客房的布置等已较广泛地采用多媒体方式。通过这种方式展现新概念产品，并向顾客征询意见。

通过“概念测试”，吸收顾客对新产品功能、质量、结构、品牌、价格等方面的意见，可进一步完善新产品概念，争取使拟推出的旅游饭店新产品更符合顾客需要，被顾客认为没有前途的构思和概念产品将被淘汰。

4. 拟定新产品营销计划

为提高旅游饭店新产品的市场成功率，企业在形成新产品概念并经过测试后，就要制定相应的营销计划。营销计划包括新产品的目标市场、市场定位、目标市场规模与发展潜力、目标市场占有率，短期、中期和长期的价格，渠道、沟通与促销等营销策略。

5. 商业分析

旅游饭店企业推出新产品是商业行为，必须讲求经济效益。因此在旅游饭店新产品研制出来之前，还必须进行商业分析。商业分析又称经济分析，是指对旅游饭店新产品潜在盈利进行分析评估。新产品商业分析方法很多，应用较多的有销售量测算、量本利分析法等。

销售量测算对旅游饭店企业来说非常重要。旅游饭店新产品销售量关系到企业占有市场份额的大小，一些旅游饭店企业由于对其新产品销售量测算不准，导致生产过多而销售不出去或生产过少供不应求的后果，如一些高档饭店刚开业却出乎意料地陷入困境。在经营现实中，一些旅游饭店企业为争取投资项目，在可行性报告中往往只描述最佳状况的最佳销售量，而不愿正视最差状况下的最低销售量，结果可行性报告变得不可行。

6. 新产品的开发

在经过商业分析之后如果新产品不可行则应果断放弃以防止损失的增加，如可行即进入新产品开发阶段。企业在开发阶段的任务是把概念性旅游饭店产品转化成现实旅游饭店产品。

由于旅游饭店产品的特殊性，在本阶段旅游饭店企业对实物性产品和服务性产品在试制方面的要求有较大差异。实物产品开发既要考虑需求水平又要考虑在技术上有一定先进性，服务产品更多地要考虑服务技能所能达到的水平及顾客兴趣变化的趋势。一些饭店企业在新产品开发成功后，请各方面人士提出意见和建议，并据此进行改进。如某四星级饭店试营业之前，邀请饭店专家、同行企业代表、旅行社代表、游客代表入住3天，共征询意见900多条，饭店根据这些意见进行整改，正式开业后客人普遍反映比较满意。

7. 新产品市场试销

旅游饭店新产品研制以后一般还不宜大批量生产，而应拿到市场试销。通过试销，旅游饭店企业可进一步了解顾客的偏好，了解顾客对旅游饭店产品在质量、样式及价格等方面的意见，发现旅游饭店产品设计时所忽略的缺陷。旅游饭店企业根据市场试销搜集来的信息，对旅游饭店新产品加以改进和完善。生产成本不高或对市场很有把握的旅游饭店新产品，也可直接拿到市场销售，以抢占市场先机。对于投入大、不确定性较强的旅游饭店新产品，一般还是需要经过市场试销这一环节的。

8. 正式上市

旅游饭店新产品经过试销改进后，即可全面上市，这也就进入了商业化过程。在旅游饭店新产品刚投放市场时，一般销售量较小，各种费用较高，往往会发生一定程度的亏损，这是正常现象，即如新饭店一般在开业3~6个月内会出现亏损。旅游饭店营销管理人员此时的任务是把亏损控制在一定的范围内。旅游饭店新产品正式推向市场，选择什么时机也十分重要，特别是时令产品，对淡旺季时机的把握尤为关键。

四、旅游饭店新产品开发的趋势

饭店产品的创新在某种程度上也是一种经营创新，只不过这种产品创新更多的不是体现在行业的意义上，而是体现在饭店企业的自身。从饭店企业的角度来说饭店产品创新的总体表现就是分化与综合，一方面分化得越来越厉害，另一个方面是综合性的发展趋势也越来越厉害。近几年在旅游产品的创新上取得了很好的成绩，具体表现概括为以下八个方面。

1. 多样化

饭店产品多样化体现在饭店产品越来越丰富，服务产品越来越丰富，饭店的活动也越来越丰富，这是一个比较普遍的现象。饭店的传统产品就是住房、餐饮、娱乐、购物这四项。现在很多饭店正在努力地使自己的产品多样化，如强化餐饮功能，突出娱乐功能，形成自己的文化主题，使产品的内涵越来越丰富，提供的产品品种也越来越丰富。

2. 细分化

随着饭店产品的多样化，和它对应的另一个方面就是饭店产品的细分化。饭店产品越来越多，自然也要越来越细。如有的饭店增加管家部，通过管家服务的这种方式全面地调整自己的客房服务。总的来说，饭店对客人的服务更有针对性、更富于个性化、更富于人文关怀精神，使饭店产品越来越细，越来越富于个性化，充分满足客人的个性化需求。

3. 延伸化

为满足新兴的市场需求，饭店产品和服务必须向社会延伸，如饭店的洗衣房、面包房对社会开放等。很多大饭店开办饮食街也是一种产品创新，包括饭店的上门服务和一些服务的分拆，都是一种延伸的表现。又如很多饭店推出钟点房，尤其在高考期间针对考生推出钟点房已经变成各个城市饭店的一个普遍行为，这是与市场需求的一种对应，这种对应使饭店转变了仅在楼里做文章的传统观念。如果饭店利用品牌优势，向上游下游全面延伸，饭店现有的一些资产和现有的一些资源就可以盘活了。

4. 专业化

现在还没有看到典型的专业化饭店，但是这个趋势是存在的。所谓专业化就是功能单一，如饭店仅有住宿功能。现在社会的服务设施和服务档次已大大提高，所以这一举措已基本可行。如首旅集团建设的"如家客栈"，就被形容为"一星的墙，二星的堂，三星的房，四星的床"，删繁就简，突出主要功能。

5. 综合化

综合化是多功能大规模的发展方向。现在很多大饭店都在走这条路，形成商旅结合，旅居结合，商务和饭店全面结合起来的局面。甚至有些有实力的大饭店自己就形成社区，最典型的就是北京国贸中心。

6. 两极化

一极是向豪华、文化和高档方面发展。近几年这个趋势比较突出，这种分化的态势还将进一步发展。上海金茂凯悦大厦投资 50 亿元，每天营业费用是 100 万元，平均一平方米投资两万元钱，这是一个极端的例子。与此同时，相当一部分饭店走大众化这条路，饭店的定位就是国内旅游，甚至定位就是社区服务。这样的饭店也经营的很好。在实践过程中，很多饭店体会到，不盲目跟风自然而然就产生一个两极化的创新情况。

7. 特色化

特色化的发展是非常值得倡导的。现在饭店越来越追求自己的特色了，这种特色通过方方面面的细节表现出来，也就是说，现在饭店文化竞争的概念已经比以前大为提高。饭店竞争第一个层次是价格竞争。第二个层次是质量竞争，很多饭店都在向这方面转向，而且越来越多的饭店充分认识到，只要能保证质量，不愁没有客人。第三个层次是文化竞争，饭店追求文化特色。旅游本身追求的是文化差异，城里人下乡，乡里人进城，都是在追求差异。特色是旅游饭店的基础，这几年特色化发展在饭店行业有了实质性的进步。从一个城市范围来说，谁能达到最豪华的程度，谁的市场效果就最好。再进一步发展，谁能真正有特色、有文化，谁的市场效果才更好。如果说一个饭店的经营管理者自身没有文化追求，那么这个饭店在文化竞争上也就很难有优势，所以首先要求的是饭店经营管理者的文化追求和文化素质。

8. 品牌化

饭店产品创新在市场上集中的表现就是品牌，所以这几年有很多饭店都很注重品牌，也开始注重对自身产品品牌的进一步深化。从品牌本身来讲，必须变成经常性的、市场化的，才真正具有品牌意义，如有些饭店推出品牌宴席，同样是一桌菜，但赋予了它一个品牌。

由此可见，不断地进行饭店新产品的开发势在必行。饭店创新产品，是确保饭店销售增长和利润增长的需要，是适应消费需求变化、全面满足宾客需求的需要，是适应市场竞争、保持和开拓市场、增强竞争能力的需要，更是吸收新的理论及技术成果、保持饭店活力的需要。

项目三 旅游饭店产品品牌策略

品牌是饭店企业营销策略一个不可忽视的课题。在消费选择日益多样化、消费者追求个性化的今天，品牌已具有重要的功能，它能够引发偏好、建立偏好、创造消费者的认同感和建立品牌忠诚度。拥有品牌，饭店企业才拥有实力，品牌的重要性已被越来越多的企业所认识。

一、旅游饭店产品品牌的概念和构成

1. 旅游饭店产品品牌的概念

旅游饭店产品品牌是指旅游饭店企业为使本企业区别于其他旅游饭店企业的同类产品或区别本企业不同类别、不同档次的旅游饭店产品，所用的一种具有显著特征的标记，它是旅游饭店产品整体的一个组成部分。

2. 旅游饭店产品品牌的构成

旅游饭店产品品牌是由名称、标记、符号或它们的组合来表示，其主要构成要素：

（1）品牌名称指能用语言形式来表达的部分，如上海锦江饭店、迪斯尼乐园等。

（2）品牌标志指品牌中可以识别但不可用语言表达的部分，用特定的符号、图案或别具一格的色彩等表示。

（3）商标指品牌或品牌的一部分，其在政府有关主管部门注册登记以后，获得专用权，并受法律保护，未经商标所有权人许可，其他企业不得使用或仿效。

二、旅游饭店产品品牌的作用

旅游饭店产品品牌通常主要起识别作用，具体包括有如下内容：

1. 表明旅游饭店产品内在属性

品牌可表明旅游饭店产品的内在属性，以方便顾客识别。如某饭店的广东餐厅、室内高尔夫等，前者代表可以在这家饭店餐厅品尝到粤菜，后者表示可供客人娱乐的场所。顾客可以根据品牌准确地识别和挑选所需某属性的产品。品牌往往还可突显个性，如“老舍茶馆”、“尼克松炒饭”等。

2. 表明旅游饭店产品的品质

顾客可以通过品牌了解旅游饭店产品的品质。在认牌消费的时代，知名品牌的旅游饭店产品更能吸引顾客。如白天鹅宾馆、中国大饭店、北京长城饭店等都是在国内旅游饭店市场上有很高知名度的饭店品牌。

3. 象征利益

旅游饭店产品品牌象征着带给顾客的利益。如为解决饥饿的问题去自助餐厅用餐，自助餐带给客人的就是“机能性利益”；因时间紧迫，顾客选择去快餐店用餐，快餐店除带给客人“机能性利益”外还有“省时利益”；去五星级饭店高级餐厅用餐，一流的设备、幽雅的环境氛围，会带给客人以“荣耀利益”、“舒适利益”等。

4. 代表旅游饭店产品的价值

旅游饭店产品品牌还代表着价值。如总统套房、高档商务客房、普通标准房等就代表不同的价值。品牌价值体现在现实中就是旅游饭店产品的价格，上述几类客房中其价格往往相差很大，总统套房每天房价可能是1000美元以上，而普通标准房每天房价可能只50美元。品牌是企业的无形资产，有的品牌还价值连城，如“麦当劳”的品牌价值就达百亿美元。

5. 维护拥有者权益

品牌注册成为商标后即受到法律保护，具有排他性，未经拥有者授权，别人不得用。这样能有效遏止假冒产品进入旅游市场而导致“李鬼打倒李逵”现象的发生，用于保护知名饭店的品牌形象，保护拥有者权益。

三、旅游饭店产品品牌策略应注意的问题

旅游饭店经营者在实行旅游饭店产品品牌策略时应注意如下几点：

1. 要树立强烈的品牌战略意识

饭店企业的经营者要学习现代商业知识，审时度势，及时抓住机遇，实施和推进饭店企业的品牌产品战略。深刻认识、实施品牌战略，是现阶段争夺市场份额，求得饭店企业生存与发展的根本手段之一。

2. 注重品牌文化特色的渲染

在现代旅游市场中，由于激烈的竞争，旅游饭店产品的更新换代很快，而每一个品牌的旅游饭店产品的生命周期都不一样。有效地延长品牌产品的生命周期的关键所在就是其文化内涵的深化。以文化来阐释品牌将成为品牌定位的永恒主题。品牌应反映旅游饭店产品的特色文化，个性突出，借助品牌表示出与竞争对手产品的差异，如北京全聚德烤鸭、满汉全席等名牌旅游饭店产品的文化特色凸显。

3. 创建品牌产品的核心价值

品牌产品的核心价值，即品牌产品的价值主张，它是品牌的精髓，它代表了一个品牌最中心、且不具时间性的要素。一个品牌独一无二且最有价值的部分通常会表现在核心价值上，是否拥有核心价值是品牌经营是否成功的一个重要标志。

4. 利用信息网，实施组合经营

品牌一经开发，就要以最快的速度上网，实现最快的组合经营。其一，可以迅速进入新品推进的导入期，推广营销、拓展市场，还可大量节约必要的广告宣传投入。其二，能以最广阔的视野寻求到贸易伙伴。其三，以后网上购物将成为组合营销最直接的组成部分。

此外，还应注意品牌名称要新颖简明、引人注目；品牌的打造应适应市场，充分考虑不同目标市场的审美观念、风俗习惯、宗教信仰等的差异；还应遵守法规；讲求艺术。

随着旅游饭店市场的不断发展，品牌营销已成为旅游饭店企业必不可少的营销手段之一。在进行品牌营销的过程中，只有充分考虑到以上各个方面，企业品牌才能深入人心，品牌饭店产品才能真正成为企业竞争的核心，企业才可能在市场竞争中立于不败之地。

四、旅游饭店产品品牌策略的运用

饭店企业实行品牌策略是旅游饭店产品决策的一个重要组成部分，它的基本职能是把本饭店的产品和服务同其他饭店区分开来。著名的饭店产品品牌可以提高饭店产品的身价，成为吸引顾客重复购买饭店产品的一个决定性因素。旅游饭店企业常用的品牌策略有：品牌延伸策略、多品牌策略、改变品牌策略和统一品牌策略。

1. 品牌延伸策略

品牌延伸策略是指利用已成功的品牌来带动旅游饭店新品牌或改良品品牌，争取形成“一荣俱荣”的格局。旅游饭店企业采用品牌延伸策略的例子很多，如一些有一定知名度的品牌饭店，经营者以饭店为旗舰，成立了同一品牌的饭店管理公司、饭店物业管理公司、饭店旅游公司、饭店贸易公司、饭店洗衣公司等，以此来实现饭店产品品牌的扩展和延伸。

品牌延伸策略既可能给旅游饭店企业带来利益，也可能带来风险。旅游饭店进行品牌延伸应考虑以下四方面因素：第一，旅游饭店提供的服务品质、价格、档次等方面不尽相同，呈多样化特点，不同的旅游饭店需要不同的品牌定位。第二，品牌延伸能够充分发挥饭店品牌的规模效益，壮大饭店品牌实力。第三，成功的饭店品牌延伸可以为现有的品牌带来新鲜感，为消费者提供更完整的选择。第四，当新的品牌有消费者已经熟悉的因素时，消费者更加容易接受其所要传达的有关信息，从而以更快的速度认知该品牌。

在品牌延伸决策中，饭店企业要用战略的眼光对品牌资源进行认真研究、细致分析、综合考虑，注意兴利除弊。饭店可以采取线性的、单一品牌延伸，如假日饭店；也可考虑采取系列化品牌家族，如马里奥特品牌家族，这样一方面淡化了“模糊效应”，另一方面又使各种不同定位的品牌在消费者心目中形成一定的距离。

品牌延伸是一个战略问题，应考虑延伸的合理性，不能盲目做出决策，否则会对原有品牌发生冲击而损害原品牌。最成功的品牌延伸应该是：主力品牌和延伸品牌相得益彰，主力品牌通过延伸得以壮大，延伸品牌通过和主力品牌的连续而得以快速成长，这是单独品牌上市无法做到的。

2. 多品牌策略

多品牌策略是指饭店企业根据各目标市场的不同利益分别使用不同品牌的品牌决策策略。

多品牌策略具有较强的灵活性。没有一种产品是十全十美的，也没有一个市场是无懈可击的。浩瀚的旅游饭店市场，为企业提供了许多平等竞争的机会，关键在于企业能否及时抓住机遇，在市场上抢占一席之地。见缝插针就是多品牌灵活性的一种具体表现。

多品牌策略能够充分适应市场的差异性。顾客的需求是千差万别的、复杂多样的，不同的地区有不同的风俗习惯，不同的时间有不同的审美观念，不同的人有不同的爱好追求，多品牌能较好地满足不同顾客群体的差异性需求。

多品牌策略有利于提高产品的市场占有率。多品牌策略最大的优势是通过给每一品牌进行准确定位，强调各品牌的特点，吸引不同的消费者群体，从而有效地占领各个细分市场。

实行多品牌策略的饭店企业要有相应的实力。饭店产品从市场调查，到产品推出，再到广告宣传，每一项工作都要耗费饭店企业的大量人力物力，这对于一些在市场上立足未稳的饭店企业来讲，无疑是一个很大的考验，运用多品牌策略的饭店企业应注意以下几点：

首先，企业应审视是否具有多品牌管理的能力和技巧。对饭店企业来说，多品牌比统一品牌的管理难度要高得多，因为各品牌之间要实施严格的市场区分，具有鲜明的个性，且这些个性还要足以能吸引消费者。企业实施多品牌的最终目的是用不同的品牌去占有不同的细分市场，联手对外夺取竞争者的市场，如果引入的新品牌与原有品牌没有明显的差异，那么新品牌的引入毫无意义。

其次，多品牌策略具有一定风险，推出一新品牌需要相当大的费用。对于缺乏实力的饭店企业来说，品牌销售额不足以支持它成功推广和生存所需的费用，就很难实施多品牌策略。

再次，多品牌策略应根据企业的经营目标来具体设计。对于一个饭店企业来说，确定品牌线的最佳长度（品牌个数）是很重要的问题。如果饭店想要作为完善的品牌线的经营者来定位，或意欲追求较高的市场占有率，有效防止竞争者的侵入，则要具有较长的品牌线。如果饭店为了追求最大的利润，品牌线的长与短则需要经过实际的估测。饭店对每一品牌所投入的力量也不应是均等的，主要品牌应重点培育，其他则处于陪衬地位。

总之，采用多品牌策略可以为饭店企业争得更多的货架空间，也可以用新产品来截获“品牌转换者”，以保持顾客对企业产品的忠诚，使企业的美誉度不必维系在一个品牌的成败上，降低企业的经营风险。应该说，多品牌策略适应了时代的需要，为饭店企业的发展提供了新的思路。

3. 改变品牌策略

改变品牌策略是指饭店企业改进或合并原有品牌，设立新品牌的策略。品牌改变有两种方式：一是渐变，使新品牌与旧品牌造型接近，随着市场的发展而逐步改变品牌，以适应消费者的心理变化。这种方式花费很少，又可保持原有商誉。二是突变，舍弃原有品牌，采用最新设计的全新品牌。这种方式能引起消费者的兴趣，但需要大量广告费用支持新品牌的宣传。

对于一个品牌来说，每一种策略都要经受市场的洗礼与检阅。果断的改变品牌策略，有时是竞争态势下的迫不得已，而有时则是给品牌一个新生的机会。把握执行改变品牌策略的时机应注意以下几点：

其一，当品牌认同和执行表达不畅时。没有针对目标消费群体的认同和执行以及针对目标消费群体的糟糕表达，对品牌建设与传播来说都是一场灾难。前者不仅浪费资源，而且收效甚微，而后者则有可能造成消费者对品牌认知的混乱。当目标消费者无法清楚地认识品牌、了解品牌和他们的关系、认同品牌价值时，最实际也最可能的策略就是改变策略。以新的思想、策略和更明晰、到位的执行重塑品牌形象。

其二，当品牌认同和执行没有时代感时。市场是动态发展的，随着高新技术的发展、时尚的变化，消费者的品位和价值观都会发生变化。当品牌认同与执行和时代脱节，不能很好的满足消费者喜好变化的节奏时，变化是必须的。

其三，当品牌认同和执行吸引的市场有限时。有时品牌认同和执行在市场上针对某一特定消费群有很好的反馈，但所起作用的范围有限，所起的效应不够广泛，这时候，为了达到更广阔的市场，就有必要改变或扩张原来的品牌策略，如通过对品牌的重新定位来寻求触及其他消费群体。

其四，当品牌认同和执行萎缩乏力时。消费者总是多变和喜新厌旧的，当某一品牌逐渐失去新意和亮点时，消费者也会失去耐心和兴趣。如果一个品牌的策略在执行过程中不能有效地吸引消费者的注意力，饭店企业就应果断地改变品牌策略。

此外，旅游饭店企业要作出改变品牌决策的决定时还应考虑如下问题：计算投入产出是否合算，能否符合旅游者的期望，能否形成新的竞争优势。这些问题有肯定的答案，改变品牌才有实际价值。

4. 统一品牌策略

统一品牌策略是指饭店企业将经营的所有系列产品使用同一品牌的策略。

使用同一品牌的策略，有利于建立“饭店企业识别系统”。这种策略可以使推广新产品的成本降低，节省大量广告费用。如果饭店企业声誉甚佳，新产品销售必将强劲，利用统一品牌是推出新产品最简便的方法。采用这种策略的企业必须对所有产品的质量严格控制，以维护品牌声誉。

项目四 旅游饭店产品组合策略

饭店企业是依靠适销对路的产品来获得生存发展的资本。如果饭店产品质量低劣、落后，产品效用单一，则会被宾客无情地拒之门外，因此，产品策略关系到饭店的生死存亡，是饭店营销组合策略中最基本的策略，是饭店市场营销的前提和基础。

一、旅游饭店产品组合的涵义

旅游饭店产品组合又称为饭店产品搭配，它是指饭店销售的产品线及产品项目的组合。宾客消费的饭店产品并非饭店的单个部门或个人能够全部提供的。一方面，宾客需要的不仅仅是单个产品，而是多种产品的组合；另一方面，宾客的需求千差万别，要求饭店提供不同组合的产品以供选择。因而饭店要针对不同的宾客，开发不同的产品组合，形成不同的系列产品。产品组合的结构包括广度、长度、深度和关联度四个方面。

产品组合的广度又称宽度是指饭店所拥有的产品线的数量，也就是饭店所拥有的分类产品数量，如客房服务、餐饮服务、娱乐服务等。产品线越多，说明产品组合的广度越宽。

产品组合的长度是指饭店的每一个分类产品中所包含的不同服务项目的数量。如娱乐服务是否包括KTV包厢、迪斯科舞厅、台球室、保龄球馆、桑拿中心、健身房、网球场等娱乐服务项目。

产品组合的深度是指一项服务包含多少相关的服务内容。如KTV包厢中能提供多少MTV作品，有无茶水服务、夜宵服务等。

产品组合的关联度是指各类产品中各种服务项目之间在使用功能、生产条件、销售渠道或其他方面的关联程度。这并非一个固定概念，从不同角度对产品组合关联度进行评价，结论是不一致的。如从生产条件来看客房产品和餐饮产品，它们并无多大相关度，但从销售渠道看，它们却有关联之处。

饭店可以通过扩充或缩减产品组合的广度、长度和深度，提高或降低产品组合的密度等情况出发，调整产品组合，使得饭店产品更具竞争力。

二、旅游饭店产品组合作用

市场是一个动态系统，需求情况经常变化，原有竞争者不断变化，新的竞争者又不断进入，这一切必然会对一个饭店企业产品的营销产生很大的影响。因此，饭店企业要经常对饭店产品组合进行分析、评估和调整，力求保持最适当的产品组合。

饭店产品组合对于饭店营销决策的重要意义主要体现在如下几个方面：

（1）增加产品组合广度，扩大经营范围，可充分发挥饭店企业各项资源的潜力，提高效益，减少风险。

（2）增加产品组合的长度，可使产品线丰满，同时给每种产品增加更多的变化因素。

（3）增加产品组合的深度，可适应不同顾客的需要，吸引更多的买主。

（4）产品组合关联度的高低，能够决定企业在多大领域内加强竞争地位和获得声誉。

（5）产品组合广度、长度、深度的增加都意味着生产、经营成本的增加和管理难度的加大。

三、旅游饭店产品组合策略

旅游饭店产品组合策略是饭店企业制定其他各项决策的基础。饭店企业必须对产品进行组合，做出正确地产品组合决策，使企业的产品组合独具特色，并通过不断调整保持最佳状态。

1. 旅游饭店产品组合策略的概念

旅游饭店产品组合策略是指饭店企业根据目标市场的需要和企业的经济实力，对产品的广度、长度、深度和关联度进行不同的结合的策略。

2. 旅游饭店产品组合策略的选择

饭店企业在制定产品组合的策略时，根据不同的情况和目标市场的不同特点，可以选择如下几种策略：

（1）扩大产品组合策略　所谓扩大产品组合策略就是拓展产品组合的宽度或深度，即饭店企业在原有产品线的基础上，再增加一条或几条产品线，扩大产品经营范围，或是在原有产品项目的基础上增加新的产品项目，实行更多品类或品种的生产或经营，以满足市场的需求。

扩大产品组合对饭店企业经营有如下作用：

① 能够综合利用饭店企业的各项资源，降低成本，增强产品竞争能力；

② 能够减少季节性变化和市场需求的变化对饭店企业经营造成的影响，增强饭店企业经营的稳定性；

③ 能够充分利用商誉和商标，完善产品系列，最大限度地增加企业的销售额和利润，提高企业的市场营销效率；

④ 有利于满足顾客多方面的需求，扩大生产和经营规模，进入和占领多个细分市场。

扩大产品组合的方式可归纳为如下三种：

① 平行扩大法。即饭店企业在生产设备、技术力量和流动资金允许的范围内充分发挥饭店企业潜能，向专业化和综合化方向扩展。在原有产品线的基础上增加产品项目，在产品线层次上平行延伸。

② 系列扩大法。即饭店企业增加产品系列或产品线，同时也增加产品项目，向产品的多规格、多类型、多款式、多花色发展，增强生产经营的灵活性。在产品项目层次上向纵深扩展。

③ 综合利用扩大法。即饭店企业生产与原有产品系列不相关的异类产品，通常与综合利用原材料、处理积压产品等结合进行。

（2）缩减产品组合策略　所谓缩减产品组合就是降低产品组合的宽度和深度，即在原有的产品组合中取消若干个产品线或产品项目，实行更少品类、更专业化的经营，以利于饭店企业采取先进的生产技术和营销方法，提高效率，降低成本和费用，提高产品质量和服务水平，力图从生产经营较少的产品中获得较多的利润。

缩减产品组合，一般可以采用以下几种方式：

① 保持原有产品的宽度和深度，增加产品产量，降低成本，但改革营销方式，通过增加产品项目的量来提高市场占有率和利润。

② 削减产品线，即根据市场发展的变化，减少经营的产品线，集中企业的优势资源，生产经营少数几个有市场潜力的产品系列，并力争在市场竞争中取得主导地位，弥补因减少产品类别给企业带来的利润损失，在所经营的产品线中创造更大的利润。

③ 减少产品项目，即减少产品系列内的不同品种、规格、款式产品的生产和经营，淘汰低利产品，尽量经营销路好、利润高的产品。

（3）产品延伸策略　产品延伸策略也称高档产品与低档产品策略。任何饭店企业的产品都有其特定的市场定位，所谓产品延伸策略是指全部或部分的改变饭店企业原有产品的市场定位，将企业现有产品大类延长的一种策略。

具体来说有三种做法：

① 向上延伸：向上延伸是指原来生产经营低档产品的饭店企业后来决定增加高档产品，即高档产品策略，就是在产品组合的某一条产品线中增加新的高档高价的产品项目，以提高企业现有产品的市场声望。这样既可提高饭店企业原有产品的销售量，又可以使饭店企业的产品逐步转入高档产品市场，从而谋求企业的长远利益。

② 向下延伸：向下延伸是指原来生产经营高档产品的饭店企业后来决定增加低档产品，即低档产品策略，就是在原来产品组合的高档产品线中增加廉价的产品项目。低档产品策略的目的是要充分利用高档名牌产品的声誉，吸引买不起高档产品的消费者购买高档产品线中的廉价产品。这样既满足了消费者各种不同的需求，又增加了企业的销售额。

③ 双向延伸：双向延伸是指原定位于中档产品的饭店企业掌握了市场优势以后，决定向产品的上下两个方向延伸，一方面增加高档产品，另一方面增加低档产品，把产品项目扩大到高、中、低三个档次。

在现代市场经济条件下，饭店企业的产品大类具有不断延伸的趋势，但是，一家饭店企业所能达到的最大产品大类的长度并不一定是其产品大类的最佳长度。产品大类并非越长越好，关键是要做切实有效的市场调查，不能盲目地实施产品延伸策略。

（4）产品差异化策略　产品差异化策略又称产品异样化或产品差别化策略。是指饭店企业为了使自己的产品有别于竞争者的产品而突出产品的一种或数种特性，形成明显差异，以增强产品吸引力的一种方法。就目前中国饭店业市场来说，绝大多数饭店企业经营的都是同质化产品，在目前激烈的市场竞争条件下，突出产品的差异化对于企业营销、参与市场竞争是一种十分重要的营销策略。

产品差异化策略主要体现在整体产品差异化和市场营销组合因素的差异化这两个方面。

（5）产品定位策略　所谓产品定位策略就是饭店企业根据消费者对产品某种属性的偏好及其偏好程度，给产品确定一定的市场范围。即饭店企业在市场上为自己的产品树立一个特定的形象，使之与竞争者的产品表现出不同的特色。由于饭店企业在产品上市之前给它确定了一定的市场地位，只要这个定位是准确的，就能够使产品针对消费者的需求有的放矢，极大地增加了市场实现的机会。

产品定位分为新产品定位和产品重新定位两种情况。新产品定位常常是先预测市场上的消费者需求，然后再针对这个需求来设计和定位这个新产品的特色，使之适应定位了的市场；产品重新定位是指产品经过一段时间的销售以后，市场需求发生了变化，因而需要给产品重新确定市场形象。

产品定位必须在对市场作充分调查研究的基础上进行，要综合考虑目标市场的经济环境、人文地理环境和目标顾客的消费心理和消费意识。

综合案例

奇特的“袖珍宾馆”

上海南京西路，有座“袖珍宾馆”——海港宾馆。在大饭店、高档饭店林立的上海，饭店、宾馆的经理们大多为入住率低而犯愁。可在这里却常常出现10多批客人等在大厅里，抢住刚刚退出的客房的情景。生意如此兴隆，奥妙何在？

夜晚，走进海港宾馆的客房，两张床占据着客房的主要位置，与一般的宾馆一样。可是，当你清晨起床后，轻轻按一下机关，床就会缓缓翘起翻嵌进暗墙里。这时，你才会发现，一间客房已经变成了工作室。对生意人来说，既不需多付房费，又不落身价，花了标准房的钱，派了“套房”的用场。

除了巧妙的客房设计外，海港宾馆的决策者经过调查发现，很多客人为整个上海没有一个为寻求合作者而提供企业资料的信息库而大伤脑筋，他们立即与上海旅游学会合作，开办了上海第一个商务新型电脑库，分门别类储存上海的主要经济信息和各类机构的“花名册”，企业也可以申请在电脑库中立一个“户头”，储入企业简介和合作意向。这项软件服务为商务旅游者提供了大量合作机会和洽谈线索，大受他们的欢迎。

案例思考

1. 试用所学的营销学原理进行分析，阐述该饭店企业成功的原因何在？
2. 海港宾馆的成功给我们饭店经营者带来了哪些启示？

复习思考题

1. 简述旅游饭店产品的特点？
2. 详细阐述旅游饭店产品生命周期不同阶段的特点？
3. 阐述旅游饭店产品生命周期不同阶段的销售策略？
4. 旅游饭店产品开发的原则和程序包括哪些？
5. 如何运用旅游饭店产品品牌策略？
6. 简述旅游饭店产品组合策略的内容？

参考文献

1. 杨益新，王永毅. 市场营销学[M]. 北京：北京大学出版社，2006.
2. 也堪雄. 市场营销学[M]. 南京：东南大学出版社，2006.
3. 也堪雄，曾德国. 营销策划理论与实务[M]. 成都：四川出版集团，四川美术出版社，2004.
4. 于建原. 营销策划[M]. 成都：西南财经大学出版社，2005.
5. 于建原. 营销总监[M]. 成都：西南财经大学出版社，2006.
6. 江涛. 组织市场营销[M]. 北京：清华大学出版社，2005.
7. 吴世经，曾国安. 市场营销学[M]. 第3版. 成都：西南财经大学出版社，2005.
8. 甘碧群. 市场营销学[M]. 武汉：武汉大学出版社，2005.
9. 毕思勇. 市场营销. 北京：高等教育出版社，2006.
10. 彭石普. 市场营销原理与实训教程. 北京：高等教育出版社，2006.
11. （美）菲利普. 科特勒著，梅汝和等译. 营销管理——分析、计划和控制，上海：上海人民出版社，1999.

模块八

旅游饭店产品价格策略

1. 概括出影响定价决策的内部因素，尤其是成本、营销组合策略和营销目标
2. 识别并界定影响定价决策的外部因素，包括市场需求，竞争者的价格和产品，以及其他外部因素
3. 能够区别以成本为基础的定价、以购买者为基础的定价以及以竞争为基础的定价
4. 识别新产品定价中的市场撇脂定价和市场渗透定价
5. 理解心理定价策略和折扣定价策略
6. 讨论与价格变动有关的各种关键问题，包括启动削价策略和提价策略，顾客与竞争者对价格变动的反应，以及本企业对市场价格变动的反应

在旅游饭店营销过程中，旅游饭店产品的价格策略是旅游饭店营销组合策略中的重要组成部分。价格是营销组合中最明显的变量，也是可以由旅游饭店控制的最灵活的变量，同时相对于促销、产品等要素，价格也是营销组合当中唯一产生效益的因素，其他因素都代表着成本。旅游饭店产品价格制定是否合理及其策略运用是否得当，直接关系到旅游饭店市场营销的成功与否。定价上的失误可能导致经营上的失败，即使所有其他经营要素都很健康也是枉然。对于营销和管理人员而言，懂得利用价格是非常重要的。要价太高就会把顾客撵走，而索价过低又会使旅游饭店不能获得足够维持业务运转所需要的收入。

在本章模块，我们讨论旅游饭店营销人员在定价时必须考虑的一些因素，旅游饭店产品的定价方法，定价策略以及为满足顾客需要和应付环境而进行的价格调整。

项目一 影响旅游饭店产品定价的因素

旅游饭店内部和外部的一些因素都会影响旅游饭店的定价决策。内部因素包括成本、营销组合策略、营销目标、旅游饭店发展战略、旅游饭店产品特点和非价格竞争因素。外部因素包括市场与需求、竞争者的价格和产品、政府宏观管理、汇率变动和通货膨胀。

一、旅游饭店产品价格概念

简单地说，价格就是针对某一种产品或服务而收取的金钱的数量。更宽泛一点来说，价格是指消费者用来交换拥有或使用某种产品或服务的利益的全部价值量。旅游饭店产品是商品，是人类劳动的结果，凝结了人类的一般劳动，并具有满足宾客物质需要和精神需要的使用价值，因而，旅游饭店产品在市场中也和其他商品一样要通过交换而表现出自身的价值。旅游饭店产品价格，就是宾客为满足自身旅居活动的需要而购买的旅游饭店产品的价值形式。

二、影响旅游饭店产品定价决策的内部因素

（一）成本

成本是旅游饭店为其产品制定价格水平的最低限度。旅游饭店希望其产品价格能够弥补其产品的全部生产、分销和促销成本。除了弥补这部分成本之外，价格还应该能够向投资者提供一定量的收益。有效的低成本企业不是借助降低质量，而是靠提高效率来节省成本。那些低成本企业可以通过低价来获得较大的市场份额。但是，较低的成本并不总意味着要采用低价策略。有些低成本的企业将价格维持在与竞争者相同的水平，从而获得较多的投资收益。

成本有两种形式：固定成本与变动成本。固定成本是指那些不随着生产或销售水平的变化而变化的成本。就是说，不管产出多大，旅游饭店每个月都要支付一定的费用，如租金、利息以及管理人员的工资等。再如客房的折旧费用不会因为出租客房数量增多（减少）而增加（降低）。虽然固定成本的总额不随经营业务量的增减而变动，但单位固定成本却随业务量

的增加（减少）而减少（增加）。如某一时期固定费用总额为15万元，而该时期内出租房间2000间，则每出租一间客房平均分摊固定成本75元；但若该时期出租客房1500间，则每出租一间客房平均分摊固定成本就增加到100元。由此可见，随着经营业务量的减少，固定成本总额不变，单位固定成本增加了。变动成本是随着生产水平的变化而直接变化的成本。如客房的出租率越高，出租房间的数量越多，则客房用品的消耗会随之增加。虽然变动成本的总额随经营业务量的增加而增加，但是单位变动成本却不随业务量的变化而变化，即无论业务量是增加还是减少，单位变动成本是保持不变的。如某饮料成本是每瓶10元，则销售总额无论是2万瓶还是5万瓶，每瓶单位成本均是10元。由此可见，随着经营业务量的变化，变动成本成比例变化，但单位变动成本却是固定不变的。总成本是指在某个既定生产水平下的固定成本与变动成本之和。在长期内，管理人员所制定的价格水平必须足以补偿某一既定销售水平上的最低总成本数额。如果旅游饭店销售一种产品的成本高于竞争对手，该旅游饭店就只有两种选择：或者制定较高的价格，或者收取较少的利润。

（二）营销组合策略

定价只是旅游饭店借以实现其营销目标的诸多营销组合工具当中的一种。价格一定要与产品、分销以及促销等手段相互协调，构成一个统一而有效的营销计划。对其他营销变量的决策，会影响到价格决策。例如，那些计划通过批发商来分销其大多数客房的度假地饭店必须在客房定价上留有足够的利润空间，以便能使他们得以给批发商打比较大的折扣。饭店所有者通常要在5～7年内对饭店重新进行装修，以便使饭店处于良好的状态之下。那么，价格就必须要能够弥补未来的装修成本。

有些旅游饭店首先做出价格决策，而其他营销组合决策则根据旅游饭店的价格策略来加以制定。例如，马里奥特看到了经济旅馆这一市场当中潜藏的机会，于是便开发了集市客栈，并使用价格策略将该产品定位在汽车旅馆连锁店市场当中。集市客栈的目标价格决定了产品的市场、竞争、设计和产品特征。在制订营销计划时，旅游饭店必须全面考虑各种营销组合决策。

（三）营销目标

在确定价格水平之前，旅游饭店必须先做出产品决策，如果旅游饭店已经选定了一个目标市场，并且谨慎地进行了市场定位，那么，它的营销组合策略（包括价格策略）就会更有针对性。例如，四季饭店将它的饭店定位为豪华饭店，客房的价格比大多数饭店都高。某汽车旅馆给自己的定位是有限服务的汽车旅馆，他们的客房专门提供给那些预算型的旅行者。这样的市场定位要求收费低廉。所以，既有的市场定位决策对于价格有很大的影响。

旅游饭店越是明了其目标，就越容易决定其价格。常见的目标有生存、短期利润最大化、市场份额最大和产品质量领先等。

（1）生存　当旅游饭店现有生产能力过剩，或者市场竞争非常激烈时，旅游饭店会选择以维持生存为主要目标。为达到这一目标，旅游饭店会给自己的产品制定一个比较低的价格，吸引那些对价格敏感的消费者。这种定价策略无疑会直接影响某些相关的竞争者，甚至会影响整个行业。有些专家曾建议，用价格竞争求生存的策略要适当节制使用，尤其不要仿效。

（2）当前利润最大化　许多旅游饭店的定价都旨在追求当前利润最大化。他们对不同价格水平下的需求和成本进行估计，选择能产生最大当前利润、现金流和投资收益的价格水平。

（3）市场份额领先　还有一些旅游饭店意在夺取一个占主导地位的市场份额。他们认为，拥有最大市场份额的旅游饭店最终将具有成本优势，在长期上也会有较高的利润。所以，他们在定价时，总是尽可能地压低价格，来增加市场占有率。

（4）产品质量领先　那些注重产品质量的旅游饭店，其生产投入的成本大，因此定价也会相应较高。丽思·卡尔顿饭店联号的每间客房的建筑或装修成本往往超过 30 万美元。除了高额的资本投资之外，那些豪华的联号在每间客房所投入的劳动力成本也很高。为了提供豪华的服务，这些饭店不仅要求配备训练有素的员工，而且员工与顾客的比例也相当高。在这种情况下，他们的产品价格一定不菲。像丽思·卡尔顿这样的质量领先型旅游饭店，虽然定价比别人高，但必须持续地向经营领域注资，以便能维持其作为质量领先者的地位。

（5）其他目标　旅游饭店也可以用价格来实现其他一些更为特殊的目标。一家餐馆可以通过低价来抵御竞争者进入该市场，或者，也可以用与竞争对手相同的价格水平来稳定市场。快餐馆可以通过暂时降价来为某种新产品促销或为某个餐馆招徕顾客。所以，定价对于旅游饭店实现各个层次的目标都具有重要的作用。

（四）旅游饭店发展战略

旅游饭店在市场经营中，由于所处环境、自身实力、对市场的判断等因素的影响，采取的经营发展战略不一，一般有密集性、一体化和多元化三种基本发展战略。旅游饭店采取的经营发展战略不同，相应的产品价格策略和政策也不一样。若旅游饭店采取密集性发展战略，则旅游饭店可能通过降价来进一步占领现有的市场，或通过改进原有产品，相应地提高产品价格，从而增加在现有市场及新开发市场上的销售；若旅游饭店采取一体化发展战略，以提高盈利能力和控制能力，则旅游饭店采取优惠价的形式，加强与供应商、销售渠道或生产同类产品的旅游饭店的联系；若旅游饭店实行多元化发展战略，则旅游饭店往往在实施战略的初期，保持产品价格的相对稳定，在实施战略较为成功后才可能对产品实施降价等政策调整。

（五）旅游饭店产品特点

旅游饭店产品与其他产品一样，也存在着替代性问题，在旅游住宿方面的产品，出现同类产品的可能性较大。若在同一旅游目的地同类产品并存，则旅游者对这类产品需求的价格弹性也相应增大，为实现增加销售的目的，旅游饭店就有可能实行削价竞争。

（六）非价格竞争因素

产品价格只表明了产品价值的多少，但在旅游者购买决策时，不仅注重旅游饭店产品的价格，还要考虑旅游饭店提供的服务质量、消费者获得的额外利益等因素。因而，旅游饭店为了实现较高价格的销售，一般都要施之以较高水平的服务，使产品的价格和相应的服务一致，从而使旅游者加深对产品价格的理解、认可；同时，旅游饭店还向旅游者尽可能提供一些额外免费的服务项目，使旅游者认为是购买了产品后而带来的额外利益，从而增强对购买较高价格的产品的信心。这种非价格因素已越来越深入地影响产品的定价，国内外一些专家预测，消费者是否获得额外的利益，将成为影响产品定价和销售的重要因素。

三、影响旅游饭店产品定价决策的外部因素

（一）市场需求

成本决定了价格的底限，而市场需求则决定了价格的上限。消费者与中间商购买者（如旅游批发商）都会将产品的价格与其所能提供的利益进行权衡。所以，在确定价格水平之前，营销人员必须理解价格与产品需求的关系。

旅游饭店的产品价格不同，就会引致不同水平的需求。在通常情况下，需求量与价格之间呈负相关，就是说，价格越高，需求量越少。如果旅游饭店将产品价格提高，产品销售量就会减少。购买力有限的消费者在价格太高时通常会减少购买量。但对于一些享有声望的产品，其需求量与价格之间成正相关，就是说，价格越高，需求量越多。例如，一家豪华型饭店会发现，将价格提高，客房销售量不仅没有减少，反而还增加了；在低价情况下，消费者不再认为该饭店是豪华饭店。当然，如果饭店索价太高，需求量就会有所降低。在通常的旅游饭店经营中，其他变量与价格一起影响着需求，这些因素包括：竞争、经济状况、广告以及人员推销力量的大小。如果一家度假地饭店既降价又做广告，就很难说清楚需求的增加有多大比例来自降价，多大比例来自广告效应。所以，价格不能与其他变量割裂开来。

需求价格弹性是影响定价策略制定的重要因素。需求价格弹性即对应于价格的某一变化，需求将发生怎样的变化。价格发生变动，这时如果需求量几乎不变，我们就称该需求无弹性；如果需求量变化很大，则称需求有弹性。需求价格弹性的计算公式为：

需求价格弹性 = 需求量变化的百分比 / 价格变动的百分比

是什么决定着需求的价格弹性呢？当旅游饭店的产品很奇特，或在品质、声望或排他性上都不同寻常时，购买者就不会很在意价格。很多连锁店都努力使自己的品牌与众不同，以便创造一种奇特的形象。当替代品无从寻觅时，消费者对价格也不很敏感。

如果需求是有弹性的而不是缺乏弹性的，卖者通常要考虑采取降价的策略。较低的价格会带来更多的总收益。只要增加的生产和销售成本不超过增加的收益，这一做法就是可行的。

案例

2009年上半年全球酒店平均房价下跌17%

国际酒店在线预订网站Hotels.com最新的酒店价格指数显示，2009年上半年，全球酒店平均房价下跌了17%。

2009年6月酒店房价较上年同期下跌了1/6以上。数据显示，2009年上半年，各大洲酒店价格普遍下降。拉丁美洲酒店房价跌幅最大，较上年同期下跌18%。北美酒店房价下跌17%，而欧洲酒店房价情况则略好，下跌16%。亚洲酒店房价一直以来相对美国或欧洲都较为坚挺，但在2009年上半年却不尽如人意，较上年同期平均下跌17%。

Hotels.com的酒店价格指数追踪每间酒店房间的实付价格，而非广告价格。该指数以全球13000个地点的78000家酒店顾客的实际支付价格为依据。

该网站全球总裁戴维·罗彻说："除了消费需求下降所产生的不利影响之外，酒店接待能力也大幅提高。在2009年上半年，酒店客房量显著增加，但客流量却不断减少，这种'双重打击'使得全球酒店房价下跌了17%。随着需求的下跌，酒店经营者关闭了一些门面，减少了服务，同时削减了价格，使得市场带有明显的促销性质，这可能还将持续一段时间。"

（二）竞争者的价格和产品

竞争者的价格及其针对本旅游饭店的定价策略所能做出的反应也是定价时需要考虑的一个外部因素。

不完全竞争是现代旅游市场中普遍存在的典型竞争状况，即介于完全竞争和纯粹垄断竞争之间的状况，既有垄断倾向又有竞争成分。在旅游市场上，各个旅游饭店提供的产品存在着一定的差异性。旅游饭店可以凭借着因产品差异而形成的市场垄断在一定程度上控制其产品价格。在这种情况下，旅游饭店已不是消极的价格接受者，而是价格决定者，它们可以根据其产品的"差异"优势，通过部分变动价格的方法，获取较高利润。

（三）政府宏观管理

政府对旅游饭店市场中产品的价格管理，主要是通过行政、法律以及货币供给、工资和物价政策等手段来调控和体现的。政府对产品价格干预和管理的目的在于通过法律限制旅游饭店不正当竞争，牟取暴利，损害旅游消费者的利益，因而政府主要以行政手段、法律手段制定产品的最高或最低限价，如当旅游饭店市场中削价竞争加剧而损害了旅游饭店的正常利益以及旅游业的效益时，政府就通过制定最低保护价而约束不良的市场行为。今后随着我国行政管理体制改革的日益深化及旅游行业管理组织的建立和完善，对旅游饭店市场中产品的最高限价和最低限价，将从主要由政府直接规定转由行业管理组织制定。

案例

海南物价部门：必须调控黄金周房价

2010年3月，从海南省物价局召开的酒店客房价格调控监管座谈会上获悉，针对春节三亚酒店出现天价客房、价格异常波动的现象，海南拟对“十一”和“春节”两个黄金周、“五一”小长假的旅游酒店客房价格进行适度调控，采取限定涨价幅度，推行客房销售明码实价，制定查处哄抬客房价格标准，多部门联动引导客房价格回归理性，保护海南旅游市场。

海南省物价部门认为，需尽快修订《海南省旅游条例》，通过地方立法或政府规章出台《海南省旅游价格管理规定》，创造监管条件，采取限定涨价幅度，监控客房价格合理涨幅。

（四）汇率变动

汇率是指两国货币之间的比价，就是用一国货币单位来表示对另一国货币单位的价格。入境旅游是海外旅游者流入旅游目的地消费产品，是“出口贸易”，因而汇率变动对产品或服务价格的变动有着明显的影响。一般说来汇率变动的影响主要是通过产品或服务的报价形式表现出来的：外国币值上升对海外旅游者有利，有益于促进旅游者人数的增加。反之，若旅游目的地国家的货币升值、汇率上升，就有可能造成入境者人数的减少，尤其当旅游目的地的产品或服务的需求弹性较大时，旅游者就有可能转向其他旅游目的地购买、消费同类的替代产品。

（五）通货膨胀

通货膨胀是指在流通领域中的货币供应量超过了货币需求量而引发的货币贬值、物价上涨等现象。旅游目的地的通货膨胀会造成单位货币购买力下降，使旅游饭店的产品生产、经营成本费用增加，因而就迫使旅游饭店相应地提高产品价格，并且往往价格提高的幅度大于通货膨胀上升的幅度，这样才能保证旅游饭店不致亏损，但产品价格的大幅度上升，客观上会在一定程度上破坏旅游目的地的形象，损害旅游消费者的利益，从而致使旅游者人数减少、旅游收入下降。如拉美国家为当今世界上高通货膨胀地区之一，虽有独特、诱人的旅游产品，但旅游业深受通货膨胀之害而难以快速发展。

项目二 旅游饭店产品定价方法

旅游饭店产品的定价方法是在特定的定价目标指导下，对旅游饭店产品价格进行具体计算的方法。主要包括以下几种方法：

 一、以成本为基础的定价

这是指以旅游饭店产品的成本为主要依据，综合考虑其他因素而制定价格。由于旅游饭店产品的成本形态不同，以及在成本基础上核算利润的方法不同，成本导向定价又可分为以下几种具体形式：

（一）成本加成定价法

这是在旅游饭店产品单位总成本的基础上，加上固定百分比的利润来确定旅游饭店产品的销售价格。

其计算公式为：单位产品价格 = 单位产品总成本 ×（1 + 加成率），其中，加成率是预期利润占单位产品总成本的百分比，在不同时间或不同市场环境下，旅游饭店产品的加成率有高有低，不尽相同。

例如，某旅游饭店一道菜肴的成本为 8 元，餐饮经理确定其加成率为 1.5，则该菜肴的价格定位即为：

$$P = 8 \times (1 + 1.5) = 20\ (\text{元})$$

成本加成这种方法在旅游饭店市场营销中主要用于制定食品和饮料等产品的价格。以成本加成法制定出的价格并不是最合理的，因为这种方法仅考虑了成本因素，而任何忽略需求和竞争对手价格的定价方法都不会得出最适当的价格。然而，成本加成定价法目前仍很盛行。首先，因为计算成本比估计需求更有把握，根据单位成本制定价格，就可简化定价过程，不必根据市场需求的变化，经常调整价格。其次，如果所有旅游饭店都采用这种定价法，最终定出的产品价格相差不大，因而可以避免过于激烈的价格竞争；最后，成本加成定价对于买卖双方都较为公平，即使呈现出供不应求的需求紧张局面，旅游饭店也不会利用有利形势去牟取暴利，而是获得公平的报酬。

（二）投资回收定价法

这是指旅游饭店为确保投资按期收回，并获得预期利润，根据投资生产的产品的成本费用及预期生产的产品的数量，确定能实现营销目标价格的定价方法。这种方法所确定的旅游饭店产品价格在投资回收期内，不仅包括了单位产品应分摊的投资额，也包括了单位产品新发生或经常性的成本费用。

计算公式：

饭店单位客房年总经营费用 = 投资总费用 ÷（客房数 × 回收期）+ 单位客房年追加营销服务费

饭店单位客房价格 = 单位客房年总经营费用 ÷（年日历数 × 客房平均利用率）

例如：某旅游城市新建三星级饭店1座，共投资 8000 万元，拥有标准客房 350 间，预计投资回收期为 6 年。预计在 6 年中，年平均客房出租率最好状况可至 70%，最差也可达 60%，每一客房分担的服务管理费为每年 8000 元，同类饭店标准客房的日销售价为 220 元 / 间天。试计算能保证投资按期收回的单位客房日收费标准。

设能保证投资按期收回的单位客房日收费标准为 P

饭店单位客房年总经营费用（成本）= 投资总费用 ÷（客房数 × 回收期）+ 单位客房年追加营销服务费 = 80000000 ÷（350 × 6）+ 8000

= 46095.24（元）

饭店单位客房价格（P）= 单位客房年总经营费用 ÷（年日历数 × 客房平均利用率）

= 46095.24 ÷（360 × 60%）

= 213.4（元）

因为客房出租率以最差状况作保守计算，故该饭店单位客房日收费平均标准为 213 元，可保证如期收回投资。

上例中可以看出，利用投资回收定价法必须注意产品销量和设施利用率的保证，否则就不能确保每年的投资回收率，也就不能实现旅游饭店既定的营销目标。从上例中还可看出，投资回收定价法一般为静态计算方法，未考虑资金投入使用的时间价值等动态因素，因而所计算的结果只能供旅游饭店确定产品价格时参考，而不能作为唯一的依据。

（三）目标效益定价法

这是根据旅游饭店的总成本和估计的总销售量，确定一个目标收益率，作为定价的标准。这种定价方法用公式表示为：

$$\text{单位产品价格} = \frac{\text{固定成本总额} + \text{变动成本总额} + \text{目标利润}}{\text{产品数量}}$$

目标效益定价法在饭店业中广为应用，制定客房产品价格时使用的千分之一法和赫伯特公式法，实质上都是目标效益定价法的特殊形式和具体应用。

千分之一法，又称千分之一规则。是指旅游饭店建筑所需投资通常占其总投资的 60%~70%，因此旅游饭店的房价与造价之间有着直接的联系，许多人认为旅游饭店要想获取利润，房价就应占造价的千分之一。由于按照千分之一法制定房价，通常都是根据旅游饭店建设的总投资和客房总数来计算每间客房的平均房价的，因此，其科学性和合理性就要受到两个条件的制约：① 旅游饭店客房的类型、面积、设施设备的豪华程度等基本相同。② 旅游饭店客房、餐饮及娱乐设施等规模和投资比例适当。即旅游饭店的餐饮和娱乐设施主要用来满足住店客人的需求。另外，千分之一法存在着明显的应用局限性，主要就在于旅游目的地一般物价上涨较快，而此方法把当前产品的价格与过去的建筑费用联系在一起，显然没有对旅游饭店的运行费用和机会收益进行估计，因而往往就只能作为简便、粗略的产品定价方法。

千分之一法的具体计算公式如下：

$$每间客房的售价=\frac{建造成本总额 \div 客房间数}{1000}$$

如一座饭店，有 250 个房间，总造价 3000 万元，按照千分之一法可得

$$每间客房的售价=\frac{30000000 \div 250}{1000}=120（元）$$

另一种经常使用的制定房价的方法是赫伯特公式法。它是由 20 世纪 50 年代美国旅馆和汽车旅馆协会主席罗伊·赫伯特主持发明的。其计算公式：

应获得的客房销售额＝饭店总投资 × 目标投资回收率＋饭店营业费和管理费＋客房部门经营费－其他部门经营毛利

计划平均房价＝应获得的客房销售额 ÷ 客房计划出租间天数

或＝应获得的客房销售额 ÷（可供出租客房数 × 计划期天数 × 预计出租率）

二、以购买者为基础的定价

这是指以旅游饭店产品的市场需求状态为主要依据，综合考虑旅游饭店的营销成本和市场竞争状态而制定或调整旅游产品、服务的营销价格的方法。由于与市场需求相联系的因素较多，并且旅游饭店对这些因素的重视程度不一，具体的定价方法就多种多样。

（一）感知价值定价法

感知价值定价法又称理解价值定价法，是旅游饭店根据购买者对产品价值的感觉、理解而制定价格的方法。越来越多的旅游饭店根据顾客对产品价值的感知来定价，感知价值定价法将购买者对产品价值的认知而不是将售卖者的成本作为定价的关键因素。旅游饭店利用营销组合中的非价格变量（如产品的质量、广告宣传、额外利益等）来建立购买者头脑中的感知价值，并确定适当的价格来与这种价值相匹配。

任何采用感知价值定价法的旅游饭店都必须了解购买者对不同竞争产品的价值感受是什么。有时，调研人员会问消费者，对追加于产品之上的每一种利益他们愿意付出多少。例如调研人员询问购买者，饭店客房拥有或没有某些设施，他们愿意支付的价格是多少。这个信息告诉你哪些特征给客人感觉到的价值高于提供它们的成本。如果卖家的价格高于购买者感受到的价值，就很难将产品卖出去。许多旅游饭店给产品定的价格都过高，结果是销售困难。另一些旅游饭店可能定价过低。定价过低的产品好卖，但它们所形成的收益比起旅游饭店采用价值定价法所能形成的收益来说，要低得多。

一份针对会议策划人的研究证实，会议策划人对 398 元的房价的感知价值大于对 358 元的房价的感知价值。很明显，像许多顾客一样，策划人将价值与高价格联系在一起。

（二）需求区别定价法

需求区别定价法是指对具有不同购买力、不同需求强度、不同购买时间或不同购买地点等的顾客，可以根据他们的需求强度和消费感觉不同，采取不同的价格，又称差别定价法。这种价格间的差别并不与旅游饭店产品成本的变化成正比。

1. 以顾客为基础的差别定价

这是指旅游饭店针对不同购买者的需要和购买的数量等因素，对同一产品或服务实行不同的价格。采用这种方法定价，目的在于稳定客源，维持旅游饭店基本的销售收入，有时为了开拓新的市场，增加销售收入也常常应用这种定价方法。如旅游饭店客房价格可以根据顾客的类型有所变化，对于个别商务客人，饭店可以有一个价格；对于团队，饭店可以有一个团队价；对于那些想在饭店召开大规模会议的各种协会，饭店还可以有一种会议价。

2. 以地点为基础的差别定价

这是旅游饭店以不同的价格策略在不同地区营销同一产品或服务，以形成同一产品或服务在不同空间的横向价格策略组合。同一种产品在不同地区的成本相同或相近，但不同地区的旅游消费者具有不同的爱好和习惯，因而各地旅游市场就具有不同的需求曲线和需求弹性。如国内旅游者与海外旅游者对住宿产品的要求就明显的不同。

案例

上海公布世博园区内酒店房价

《中国旅游报》报道，记者从 2009 年 9 月 23 日召开的上海世博会第 4 次参展方会议上获悉，2010 年 5 月至 10 月世博会期间，世博园区内的豪华酒店每晚房价为 1600~2000 元，经济型酒店为 200~300 元。世博村内的公寓价格也会因位置、楼层、朝向以及配套服务和设施不同而有价差，如酒店式公寓价格每月租金为 220~240 元 / 平方米，普通公寓的月租是 120~160 元 / 平方米。

3. 以时间为基础的差别定价

这是指旅游饭店对相同的产品或服务，按旅游者需求的时间不同而制定不同的价格。旅游市场需求具有明显的季节性特征。在旅游淡季，存在着供过于求，设备、设施闲置的情况。采用这种定价方法，有利于鼓励旅游中间商和消费者增加淡季时的购买频率和力度，以提高旅游饭店的整体效益水平。

采用需求区别定价法考虑到了顾客、地点和时间的差异性，所制定的价格能反映不同顾客、不同地点和时间的需求的差异性。但是，因为一个旅游饭店对同一种产品和服务制定了不同的价格，就需要消费者能够接受这些不同的价格。采用需求区别定价法，旅游饭店的主要目标市场是可以细分的，而且，各个细分市场部分表现出不同的需求强度，需求区别定价法要体现按质论价的原则，区别大小要适宜，需求区别定价采取的形式不应违法。

三、以竞争为基础的定价

这是以竞争者的价格水平为依据，随着竞争变化情况不断调整自己产品价格的方法，对产品的成本和市场的需求很少注意。当需求弹性很难测定的时候，有些旅游饭店感觉竞争导向定价方法是一种行业集体智慧的体现，能提供一个可以产生良好收益的价位。他们还认为，跟着现行价格水平走，还可以避免有害的价格竞争。以竞争为基础的定价主要有追随核心定价和率先定价等。

（一）追随核心定价

追随核心定价是根据旅游市场中同类产品的平均价格水平，或以竞争对手的价格为基础的定价方法。在有许多同行相互竞争的情况下，每个旅游饭店都经营着类似的产品，若价格高于别人，就可能失去大量销售额；若价格低于别人，就必须增加销售额来弥补降低了的单位产品利润，而这样做又可能迫使竞争者随之降低价格，从而失去价格优势。因而在旅游市场营销活动中，由于“平均价格水平”易被旅游消费者接受，认为是合理的价格，而且也能保证旅游饭店获得与竞争对手相对一致的成本利润率，使许多旅游饭店倾向于与竞争者保持一致的价格。

（二）率先定价法

率先定价法是一种主动竞争的定价方法，一般为实力雄厚或产品独具特色的旅游饭店所采用。在制定价格时，旅游饭店首先将市场上竞争产品价格与旅游饭店估算价格进行比较，分为高于、低于、一致三个层次；其次将旅游饭店产品的性能、质量、成本、产量等与竞争旅游饭店进行比较，分析造成价格差异的原因；再次根据以上综合指标确定本旅游饭店产品的特色、优势及市场定位，在此基础上按定价所要达到的目标，确定产品价格；最后，要跟踪竞争产品的价格变化，及时分析原因，相应调整本旅游饭店的价格。这种方法所确定的产品的价格若能符合市场的实际需要，率先定价的旅游饭店会在竞争激烈的市场环境中获得较大的收益，居于主动地位。

项目三 旅游饭店产品定价策略

产品的定价，需要以科学的理论和方法为指导，同时由于竞争和旅游消费者的需要，还必须有高明的定价策略和技巧。旅游饭店的定价策略就是根据旅游市场的具体情况，从定价目标出发，灵活运用价格手段，使其适应市场的不同情况，实现旅游饭店的营销目标。一般来说，旅游饭店的产品定价策略主要有新产品定价策略、心理定价策略、折扣定价策略等。

一、新产品定价策略

任何产品都有着自己的市场生命周期。由于产品生命周期的各阶段的特点不同，旅游饭店就应从市场需要和产品生命周期的变化要求出发，有针对性地进行价格调整。新的产品能否获得旅游消费者的欢迎，其定价策略起着十分重要的作用。

（一）市场撇脂定价

市场撇脂定价是一种高价格策略，即在新产品上市初期，价格定得很高，目的在于在短时间内获取高额利润。这种价格策略因与从牛奶上层中撇取奶油相似而得名，因而所制定的价格称为撇脂价格。撇脂定价能在短期内获取大量利润，而且在竞争加剧时可以采取降价手段，既可限制竞争者的加入，又符合旅游消费者对待价格从高到低的客观心理反应。撇脂定价策略是一种有效的短期策略。但是竞争者会注意到消费者所愿意支付的高价位，从而也想进入该市场，使供给增加，最终使价格回落。因此，在旅游业中，长期使用这种策略几乎是不可能的。撇脂定价适用于新颖独特、生产技术或资源具有垄断性、流行时间短等特点的新产品，同时市场上存在高消费或时尚性的要求，市场对价格不敏感。旅游饭店新开张或在新的客房产品推出之际，若当地旅游饭店市场竞争不十分激烈，而又定位高端市场，设施先进、服务完善，且由著名饭店管理集团经营管理，则旅游饭店可采用市场撇脂定价策略为客房产品制订一个相对高的价格，以较高的姿态进入市场，借助酒店集团品牌效应和预订网络实现销售。

（二）市场渗透定价

市场渗透定价是一种低价格策略，即在旅游新产品投入市场时，以较低的价格吸引消费者，从而很快打开市场，这就像倒入泥土的水一样，从缝隙里很快渗透进去，因而称此种价格为渗透价格。这种价格策略由于价格偏低，有利于迅速打开产品的销路，扩大市场销量，增加盈利，还能阻止竞争对手介入，易于旅游饭店自己控制市场。但是，一般来说，在旅游市场中运用渗透价格策略，也有可能导致投资回收期较长，产品若不能迅速打开市场或遇强有力的竞争对手时，会遭受重大损失等问题。因而，这种价格策略的运用要具备相应的条件：市场对价格高度敏感，这样，低价会导致市场的更快增长；必须存在规模经济；低价必须有助于抵御竞争。如果新开业的旅游饭店定位中档市场，且欲在当地迅速站稳脚跟，市场渗透定价策略是一个好选择。渗透价格策略也适用于低星级饭店的客房产品等。

（三）满意定价

满意定价策略是介于撇脂定价和渗透定价之间的定价策略。不少旅游饭店认为，过高和过低的价格都是价格决策中的极端行为，往往对旅游饭店形象、对产品销售、对旅游中间商、对旅游者都不利，因而宜权衡各种利弊得失，兼顾各方面利益，既不以高价吓走游客，也不以低价排斥同行，而采取适中的、令各方面都较为满意的价格策略。使用满意价格策略在价格上与人为善，令各方都较为满意，也有利于减轻价格竞争压力。但对各方面兼顾过多，价格上没有特色，既可能失去潜在市场，又可能失去高额利润，结果可能是以满意价格策略开始，以各方都不满意告终。适用条件是：产品需求弹性适中，不愿引发价格战，不愿以高价吸引潜在竞争者加入，市场产销较为稳定。

二、心理定价策略

心理定价通常要考虑价格的心理作用，而不是简单的经济学问题。定价时利用、迎合不同类型旅游消费者对价格的心理反应，有意识地将产品价格定得高些或低些，以刺激消费者购买产品或服务，扩大销售。

（一）尾数定价策略

这种定价策略也称为非整数定价策略，是指旅游饭店为了迎合消费者求廉心理，给产品制定一个带有零头的数结尾的价格策略。例如一些经济型酒店客房价格以 9 或 7 结尾，一些旅游饭店客房价格以 8 结尾。结尾为非整数，可给消费者形成一种产品价格低廉的印象，一般地说，在中低档饭店，定价为 29 元的菜肴可能比定价 30 元的菜肴有更好的销路。有些心理学家认为，每一个数字都具有符号和视觉特性，在定价时值得注意。例如，由于数字 8 是圆形的，因此它能创造一种平和的效果；而数字 7 是三角形的，因此创造的是尖刻的效果。尾数定价可使消费者易于产生这是经过精确计算的最低价格的心理；同时，旅游消费者会觉得旅游饭店定价认真，对消费者负责。一般来说，尾数定价策略主要适用于价值较低的产品或服务。

（二）整数定价策略

这种定价策略是指旅游饭店在定价时，采用合零凑数的方法，制定整数价格。这是因为在现代旅游活动中，由于产品或服务十分丰富，旅游消费者往往只能利用价格辨别产品的质量，特别是一些消费者不太了解的产品，整数价格反而会提高产品的身价，使消费者产生“一分钱一分货”的购买意识，从而促进产品的销售。一些工艺品、字画以及高星级酒店的客房价格等就采用这种定价策略。

（三）分等级定价策略

这种定价策略是指一些旅游消费者有时不大会感觉到价格的细微差别，消费者对许多产品的需求曲线呈阶梯形状，因而旅游饭店就可把产品分为几档，每一档定一个价格，这样标价就可使消费者觉得各种价格反映了产品质量上的差别，并可简化其选购过程。

旅游饭店常常采用这种定价策略来确定房价结构，对客房分级定价，制定不同的价格。但是在对产品分级中，级数不宜太多，档次的差别不宜过大或过小，并且要使不同等级的产品在质量、性能、额外利益等方面有着明显的区别，使旅游者确信房价的差别是合理的。

案例

《三亚亚龙湾鸟巢度假酒店》2010 年 12 月份价格

单位：元

酒店房型	门市价	平时价	周末价	早餐
鸟巢—集结地	1668	1180	1380	双早
鸟巢—大雁区	1888	1380	1580	双早
鸟巢—孔雀区	2688	1580	1780	双早
鸟巢—老鹰区	2888	1880	2080	双早
鸟巢—喜鹊区	3058	2280	2480	双早
鸟巢—白鹭区	3588	2980	3180	双早

注：以上价格节假日除外。

（四）声望定价策略

这种定价策略是指凭借旅游饭店在旅游消费者心目中的良好信誉及消费者对名牌产品、高档产品“价高质必优”的心理，以较高的价格吸引顾客购买而制定商品价格的策略。这是因为价格档次常被当作产品质量直观的反映，特别是旅游消费者在识别名、优产品时，这种心理意识尤为强烈。因此，高价与性能优良、独具特色的名牌产品比较协调，更易显示出产品特色，使旅游饭店的产品给消费者留下优质的印象或使消费者感到购买这种产品可提高自己的声望。一般来说，旅游饭店采用这种定价策略所制定的价格，往往为本行业中同类产品中的较高价格甚至为市场中的最高价。如那些追求豪华和高贵的饭店采用高价策略进入市场，有助于这种市场定位，降低价格会使定位发生改变，从而不能吸引目标市场的顾客。

（五）习惯定价策略

某些产品的价格长期一贯制，已在市场上形成了心理定势，旅游饭店对这类产品定价时，就以旅游者所熟悉的“习惯价”定价，这就是习惯价格策略。采用这种策略时即使市场需求很旺或成本上升一般也不轻易提价，通常是通过减少数量、重量、体积或质量的方式去解决。这种策略适用于价格长期固化的某些产品，如饭店的自助餐等产品。按习惯价格定价，有利于产品在市场上的销售，符合旅游者的习惯和心理承受能力。但经营者往往通过降质、减量等手段赚取利润，令游客反感，如某酒店自助海鲜午餐卖价 48 元 / 位，在海鲜价格上涨时，把较贵的品种换掉，引起客人的不满。

（六）招徕定价策略

这种定价策略实质上是发挥促销导向的作用，以特殊价格吸引旅游消费者，从整体上提高旅游饭店的销售收入和盈利。

1. 亏损价格

亏损价格是指旅游饭店在自己的产品或服务结构中，把某些产品或服务的价格定得很低，甚至亏损，以价格低廉迎合旅游消费者的“求廉”心态而招徕顾客，借机带动和扩大其他产品的销售。例如，某些餐厅向消费者免费提供饮料，虽然旅游消费者享用这些饮料会使餐厅在饮料上亏损，但消费者必然会购买甚至增加购买菜肴等产品，餐厅就可通过菜肴等产品的销售弥补饮料上的亏损，还可提高总的销售收入和利润。

2. 特殊事件价格

特殊事件价格是指旅游饭店在某些节日和季节或在本地区举行特殊活动的时候，适度降低产品或服务的价格以刺激旅游消费者，招徕生意，增加销售。这种定价策略往往在旅游淡季时受到旅游饭店的重视。一般来说，采用这种策略必须要有相应的广告宣传配合，才可能将这一特殊事件和信息传递给广大的旅游消费者。

三、折扣定价策略

这是一种在产品或服务的交易过程中，旅游饭店的基本标价不变，而通过对实际价格的调整，鼓励旅游者大量购买自己的产品或服务，促使旅游者改变购买时间或鼓励旅游者及时付款的价格策略。

（一）现金折扣

现金折扣又称付款期限折扣，也就是指对现金交易或按期付款的产品或服务给予购买者价格折扣。若买方按卖方规定的付款期以前若干天内付款，卖方就给予一定的折扣，目的是鼓励买方提前付款，以尽快收回货款，加速资金周转。如在交易合同中的付款方式上有这类的字样“2/15 净 28 天”，这就表示付款期为 28 天，如买方在 15 天内付款，给予 2% 的折扣。旅游饭店在运用现金折扣策略时要为产品确定一个合理的折扣率，通常该折扣率是旅游饭店加速周转所增加的赢利和银行贷款利率之间的某个合理的水平，足以吸引顾客，同时也不至于让自己入不敷出，因为折扣只是一种手段，加速周转才是旅游饭店的最终目的。同时，旅游饭店还应对那些逾期仍未付款的顾客采取措施。

（二）数量折扣

这是指旅游饭店为了鼓励产品购买者大量购买，根据购买者所购买的数量给予一定的折扣。

（1）累计数量折扣　这是指在一定时间内，产品或服务的购买者的购买总数超过一定数额时，旅游饭店按购买总数给予一定的折扣。一般情况下随旅游消费者的购买数量增多而折扣随之增大。这种定价策略有利于加强旅游饭店与产品或服务购买者之间的业务关系，有助于吸引回头客、稳定常客，达到扩大销售的目的。但累计数量折扣实行周期长，不少客人会产生等待时间过长的感觉。在旅游饭店中，常见的累计数量折扣有团体价、会议价、公司价等。

（2）非累计数量折扣　这是指旅游饭店规定产品或服务购买者每次购买达到一定数量或购买多种产品达到一定的金额时所给予的价格折扣。一次性购买数量越多，折扣就越大。采用这种定价策略能刺激旅游消费者大量购买，增加盈利，同时减少交易次数与时间，节约人力、物力等开支。

（三）季节折扣

这是指旅游饭店在淡季时给予产品或服务的购买者的折扣优惠。由于在淡季时，旅游饭店普遍出现客源不足、服务设施和生产设备闲置的情况，因而为吸引旅游者，增加消费，往往此时旅游饭店就制定低于旺季时的产品或服务价格以刺激旅游消费者的消费欲望。但是，这种折扣价格的最低优惠度不应低于产品或服务的成本。

大多数饭店产品的淡旺季价格之差都在30%以上，而实际卖出的房价中淡旺季价格之差很多在50%左右。西德慕尼黑大学经济研究所对饭店业经营情况进行的调查说明，饭店业经营费用中不变费用占75%，可变费用占25%。饭店内获利最大的经营部门客房部的客房出租率一般在旺季为90%～95%，淡季20%～30%。这虽然是西欧国家的情况，但可以说明旅游饭店经营的特点，即不变费用过高和淡旺季经营状况差别悬殊。鉴于不变费用的负担，在任何情况下，一个旅游饭店的经营者都要求每个季节在实现不同的计划平均价格的前提下完成一个能够实现保本线的最低客房出租率和餐厅上座率。在经营时，只要产生了超过这条保本线的营业额，那就是利润部分。如果在淡季无法超过，就只能利用旺季补偿。这也是旅游饭店经营者在旺季尽可能使产品卖高价的一个原因。

案例

厦门市2009—2010年定点饭店执行淡旺季价格

按照财政部的统一部署，厦门市积极开展2009—2010年党政机关出差和会议定点饭店政府采购工作。根据有关文件要求，此次采购对饭店的要求更为严格，三星级以下（含三星级）的出差定点饭店，应提供全部客房；四星级、五星级的出差定点饭店应提供不低于饭店总客房数 70% 的协议客房；会议定点饭店应提供全部客房和会议室。由于厦门的旅游市场较为活跃，饭店总体收费水平较高，而中央对定点饭店收费标准控制较为严格，为提高定点饭店经营收入，激励更多高星级饭店参与此次采购，经过厦门市财政局多次积极沟通、请示后，财政部同意厦门市出差定点饭店可分别执行淡季和旺季两种协议价格（旺季时间为每年的 3、4、9、10 和 11 月份），旺季的协议价格不超过淡季的两倍，四星级、五星级会议定点饭店原则上提供 70% 的协议客房。定点饭店执行淡旺季价格，一方面有利于促进更多高星级饭店参与采购，从而保证公务接待水平；另一方面也有利于逐步解决不同层次差旅费转嫁问题。

日前，厦门市通过竞争性谈判规范程序推荐的 38 家定点饭店已全部得到了财政部的审核确认。此次采购遵循公平、公正的原则，并面向社会公开，监察部门也参与了采购过程的监督，对公务接待和会议接待实行定点管理，将对党风廉政建设起推动、促进作用。

（四）同业折扣和佣金

这也称作功能性折扣，就是指旅游饭店根据各类中间商在市场营销中所担负的不同职责，给予不同的价格折扣。一般来说，旅游饭店给旅游批发商的折扣较大，给予旅游零售商的折扣较小，因而使用同业折扣和佣金的目的在于刺激各类旅游中间商充分发挥各自组织市场营销活动的功能。但在旅游活动中，由于旅游市场营销的复杂性和多样性，同业折扣和佣金的具体形式也就迥然各异。如美国雷迪逊旅馆公司给予旅行社 15% 的佣金，以便增加来饭店的公务旅行者人数；赫艾特旅馆公司规定，旅行社为旅游者每预订 24 间客房，该旅馆公司就可免费向旅行社提供 1 间客房；而希尔顿旅馆公司向旅游批发商收取净房价，若旅游批发商代替团队订房，则该旅馆公司给旅游批发商的价格低于一般团队价格的 15%。要注意的是，若旅游饭店采用同业折扣和佣金，客观上会使旅游饭店的平均价格下降，因而实行同业折扣和佣金一定要使增加销售所带来的收入高于所需的成本支出，否则就应仔细研究是否实行同业折扣和佣金以及折扣、佣金的比例是多少为妥。

四、价格调整

在制定好价格结构和策略之后，旅游饭店面临的情况就是何时做出降价或提价的决策。

（一）发动降价

有几种情况会促使旅游饭店考虑降价。一种情况是生产能力过剩。由于不能通过加大促销力度、改进产品或其他措施来增加销售量，饭店只好动用降价策略。在 20 世纪 70 年代末，国外许多旅游饭店都放弃了那种跟随主要竞争对手制定相同价格的“追随主导者”定价策略，而是主动采取降价策略来刺激销售量的增加。在一个生产能力过剩的产业当中发动降价往往会诱发价格战，因为竞争对手也想夺回失去的市场份额。

有些旅游饭店的降价也可能是为了通过较低的成本来达到控制市场或增加市场份额的目的。不管旅游饭店是从低于竞争对手的成本开始，还是从夺取市场份额的愿望出发，都会通过销售量的扩大而进一步降低成本。

（二）发动提价

与上述情况相反，近年来许多旅游饭店不得不提高价格。他们也知道这样做会招致顾客、经销商甚至本旅游饭店销售人员的不满。但是，成功的提价能极大地促进利润的增加。

提价的一个主要原因是成本上涨。成本上升榨干了有限的利润，促使旅游饭店反复提价。有些旅游饭店由于预期将来成本还会上升，因此提价的幅度常常高于成本的增长。有些旅游饭店并不想与顾客达成长期的价格协议。他们就是害怕成本上涨导致旅游饭店利润减少。例如，有些饭店不喜欢提前三年向一个预订会议的机构报价。

另一个导致提价的原因是需求过剩。当一个旅游饭店无法提供足够的产品来满足顾客的需要时，它就可以提价或对顾客实行产品配额，或者双管齐下。当一个城市要承办一次大型年会时，一些饭店会把房价定得高出平时房价的一倍，因为饭店管理者知道届时对饭店客房的需求量很大，他们可以利用这种需求。

在把高价转嫁给顾客的过程中，旅游饭店要避免给人以价格骗子的形象。提价的时机最好是顾客感觉应该提价的时候。旅游饭店必须通过一定的沟通计划来支持提价，通过这种计划来告知顾客和员工提价的理由。

（三）购买者对价格变动的反应

不管是提价还是降价，都会影响到购买者、竞争者、分销商和供应商，还会引起政府部门的兴趣。顾客并非总是用一种直观的方法来解释价格变动。购买者在评价他们未曾亲身体验过的产品时，常常将价格与质量联系在一起。类似地，通常会引起销售量下降的提价，对购买者而言却可能有一些积极的意义。

（四）竞争者对价格变动的反应

拟对价格进行调整的旅游饭店避免不了要担心竞争者的反应。当牵涉的旅游饭店数量较少、产品相同而购买者又拥有充分的信息时，竞争对手就最有可能做出反应。试图利用价格作为竞争优势的一个问题是，竞争对手可以通过降价使你的价格优势化为乌有。在一个供给大于需求的竞争市场上，这常常会引发价格战，在这场战争中，受损失的是整个行业。有些竞争者会采取在不同的市场上进行报复的策略。有时竞争者也可能报以非价格竞争战术。

（五）本旅游饭店对各种价格变动的反应

现在，我们要提一个相反的问题，即本旅游饭店对竞争对手的价格调整应做出什么样的反应。旅游饭店需要考虑几个问题：竞争对手为什么要调价？是为了争取更多的市场份额，是为了利用过剩的生产能力，是为了适应不断变化的成本条件，还是为了引发全行业的调价风潮？调价是暂时性的还是长期性的？如果本旅游饭店无动于衷的话，会对旅游饭店的市场份额和利润产生什么影响？其他旅游饭店是否会做出反应？如果本旅游饭店做出反应的话，竞争对手和其他旅游饭店会分别有什么样的连锁反应？除了这些问题之外，旅游饭店还必须进行更广泛的分析。它必须考虑产品在生命周期中所处的阶段，在旅游饭店产品组合中的重要性，竞争对手的意图和资源，以及消费者对调价可能做出的反应。

综合案例

汉庭连锁酒店全国各门店联合推广暑期学生主题活动——“考试再见，暑假出游；难忘08夏天”；学生凭有效学生证、身份证入住汉庭连锁酒店全国各门店，可当场获赠价值28元会员卡、享房价92折。

2008年6月15日，如家连锁酒店推出以“亮出你的学生证，多多优惠走神州”为主题的促销活动，此项学生独享的暑期超值优惠将持续至9月15日。活动期间，持学生证入住如家旗下的酒店，不但可以享受到特别优惠的房价，更有赠送早餐、旅游景点门票折扣等多重增值服务。

案例思考

汉庭连锁酒店、如家连锁酒店采用了哪些价格策略？

扩展阅读资料

三部委联合发布关于规范酒店客房市场价格意见

[提要] 为规范酒店客房价格秩序，加强酒店客房价格监管，营造良好的旅游消费环境，促进旅游等服务业健康发展，依据《价格法》等有关法律法规，现就规范酒店客房市场价格提出以下意见：各省、自治区、直辖市价格、旅游、工商行政主管部门要结合当地实际制定本地区酒店客房价格监管办法，并上报国家相关部门。

关于规范酒店客房市场价格的意见发改价格〔2010〕2243号

各省、自治区、直辖市发展改革委、物价局、旅游局（委）、工商局：

随着旅游及服务产业市场化改革的不断深入，我国酒店行业得到较快发展，价格秩序总体比较规范，价格水平相对稳定。但是，在部分地区、部分时段少数经营者利用区位优势，在重大节假日、大型活动、旅游重点接待地区，对酒店客房价格相互串通、跟风提价、哄抬价格，扰乱了正常的市场价格秩序，损害了广大消费者的合法权益，不利于酒店业的健康发展。为规范酒店客房价格秩序，加强酒店客房价格监管，营造良好的旅游消费环境，促进旅游等服务业健康发展，依据《价格法》等有关法律法规，现就规范酒店客房市场价格提出以下意见：

1. 提高规范酒店客房市场价格重要性的认识

近年来，随着社会经济的快速发展，人民生活水平显著提高，居民消费结构逐渐由生存型转变为改善型、发展型乃至享受型，外出旅行群体迅速扩大，旅游等服务业发展迅速，酒店客房价格日益成为与广大消费者密切相关的民生价格。部分酒店客房价格的不合理上涨，逐渐成为影响消费者放心消费的因素之一。特别是重大节假日和大型活动期间，以及以旅游接待为主的重点旅游目的地，酒店客房价格的异常波动，对整个市场价格秩序的不良示范影响不断扩大。对此，各级价格、旅游、工商等行政主管部门要提高认识，从构建和谐社会的高度，充分认识保持当前酒店客房价格合理稳定的重要性，按照职能分工，相互协调、共同配合，切实加强酒店客房价格监管，维护正常的市场价格秩序和消费者合法权益，促进酒店服务业可持续发展。

2. 规范酒店客房市场价格的重点

（1）重大节假日和大型活动期间的酒店客房价格　重大节假日和大型活动期间是人们出行和活动集中、酒店客房需求明显上升的特殊时期，对旅游及相关产业的发展具有较大的拉动作用，同时也是酒店客房价格易出现不合理上涨的敏感时期。各地各有关部门要重视和加强酒店客房价格的监测分析，密切关注酒店客房价格动态，及时发现苗头性、倾向性问题，有预见性、针对性地采取应对措施，切实履行政府监管职责，确保酒店客房价格水平的合理稳定。

（2）旅游接待重点地区的酒店客房价格　旅游接待重点地区是人们旅行出游的重要目的地，特别是在接待能力有限地区的旅游旺季，酒店客房价格的过度上涨，对游客消费心理有较大的负面影响，在一定程度上制约、限制了扩大旅游消费。各旅游接待重点地区的价格主管部门要站在维护公平价格和消费者利益的高度，加强对以接待游客为主、特别是接待能力有限和旅游旺季酒店客房价格的监管，确保广大游客敢于消费、放心消费。

3. 规范酒店客房市场价格行为的措施

（1）建立酒店客房价格监测和信息发布制度　各级政府价格主管部门在重大节假日和大型活动前，要重点监测旅游热点区域和大型活动场所周边地区的酒店客房价格情况，及时掌握价格变动情况，主动发布重点酒店客房门市价格、实际住房率等相关信息，引导旅游饭店合理定价和消费者合理消费。

（2）制定酒店客房价格异常波动应急机制　各省、自治区、直辖市政府价格主管部门应当加强对酒店客房价格的调控和引导，制定有效的监管机制，在酒店客房价格出现异常波动、大幅上涨时，应当及时启动应急预案。特别是旅游热点区域和大型活动场所周边地区，可根据《价格法》的规定，对酒店客房价格实施最高限价等临时价格干预措施，保证酒店客房价格的基本稳定。酒店经营旅游饭店应当确定合理的酒店客房价格水平，进入销售旺季后应当保持酒店客房价格的合理浮动，维持酒店客房价格总体稳定。旅行社、订房中心等经营单位应当共同维护酒店客房价格市场秩序，不得对预订客房任意加价销售。

（3）落实酒店客房价格明码标价规定　酒店经营旅游饭店要严格执行国家规定的商品和服务收费明码标价规定，在收费场所的醒目位置标示客房结算起止时间及各类客房价格，以降价、打折、特价等价格手段促销的，应当标明促销价格，提高酒店客房价格的透明度，以便于消费者的知晓和监督。降价销售商品和提供服务必须使用降价标价签、价目表，如实标明降价原因以及原价和现价，以区别于以正常价格销售商品和提供服务。经营者应当保留降价前记录或核定价格的有关资料，以便查证。

（4）加大事前监管力度　各级政府价格主管部门要进一步提高主动服务市场、规范市场价格行为意识，对重大节假日和大型活动可能引发价格上涨的地区，要主动介入、提前应对，可采取市场巡查、政策提醒、发送告诫书、价格调查、向社会公告政策法规和具体的调控监管措施等，从源头上加强监管，防患于未然。

（5）发挥舆论的引导和监督作用　各级政府价格主管部门在实施市场价格监管中，要充分借助媒体的力量，积极发挥舆论的引导和监督作用。对认真遵守价格法规政策诚实守信的经营者进行大力宣传，对投诉纠纷较多、屡查屡犯、性质恶劣的典型案件要公开曝光，形成强大的舆论压力，促进经营者规范价格行为，诚信经营。

（6）完善价格举报快速反应机制　各地要充分发挥12358价格投诉举报电话的监督作用，及时主动处理价格举报案件。在重大节假日和大型活动期间，要实行专人24小时值班制度，认真受理群众的投诉工作，增强快速反应和快速处置能力，查处价格违法行为，做到有报必查，切实维护消费者合法利益。

（7）促进经营者自律规范　酒店、旅行社等旅游经营单位应当从维护旅游饭店形象，有利于旅游和服务业长远发展出发，不断提高服务水平和服务质量，自觉承担维护市场价格秩序、保护消费者利益的社会责任，加强价格自律，积极配合政府有关部门维护市场正常价格秩序，保持酒店客房价格的合理稳定，自觉接受价格、旅游、工商等部门的监督检查。各地区相关行业协会应当在业务主管部门的指导下，倡导行业自律，提升行业服务水平。

4. 明确有关部门工作责任

（1）做好旅游消费市场价格监管工作　各级政府价格主管部门要采取日常巡查和组织专项检查等形式，严厉查处酒店、旅行社和订房中心等经营旅游饭店和单位炒卖酒店客房和哄抬酒店客房价格的行为，以及串通涨价、价格欺诈及违反临时价格干预措施等违法违规行为，维护正常的市场价格秩序。

（2）做好酒店服务质量监管工作　各级旅游主管部门要加强旅游市场的监测分析，定期发布酒店客房入住率、旅游出行客流量等信息。重大节假日和大型活动期间应做到实时监测，并及时发布信息，引导市场消费。要重点规范酒店的服务设施与标准，进一步提高酒店客房的服务质量和服务水平。

（3）做好旅游消费市场秩序监管工作　各级工商行政管理部门要加强各类宾馆酒店等旅游饭店经营行为的检查，进一步加大执法力度，做好旅行社、订房中心等经营单位依法登记注册工作。依法重点打击和查处无照经营等违法经营行为。

各省、自治区、直辖市价格、旅游、工商行政主管部门要结合当地实际制定本地区酒店客房价格监管办法，并上报国家相关部门。

复习思考题

1. 哪些因素影响旅游饭店产品定价？

2. 某市新建四星级宾馆，总投资1亿元，共有客房400间，预计投资回收期5年。每间客房平均年服务管理费为12000元。若要定房价为240元／间天，则客房年平均出租率至少为多少才能保证在5 年内收回投资？

3. 举例说明旅游饭店常见的几种定价策略。

4. 对于一个坚持降低门市价格以出租闲置客房的饭店来说，长期的结果会是什么？

参考文献

1. [美]菲利普·科特勒等著．谢彦君译．旅游市场营销（第2版）．北京：旅游教育出版社，2002.

2. 程菻，朱生东.旅游市场营销.合肥：合肥工业大学出版社，2005.

3. 㬎金林.旅游市场营销.北京：高等教育出版社，2003.

4. 刘德光，陈凯，许杭军.旅游业营销.北京：清华大学出版社，2005.

5. 赵西萍．旅游市场营销学.北京：高等教育出版社，2002.

6. 王仲君．旅游市场营销实用教程．天津：南开大学出版社，2010.

7. 蔡洪胜．旅游市场营销．北京：清华大学出版社，2010.

8. 赵春雷．旅游市场营销．北京：北京理工大学出版社，2010.

9. 王金池. 旅游市场营销学. 北京：化学工业出版社，2009.
10.（美）帕洛格著. 旅游市场营销实论. 天津：南开大学出版社，2007.
11. 鲁峰. 旅游市场营销学. 北京：中国科学技术出版社，2008.
12. 吴金林，李丹.旅游市场营销. 北京：高等教育出版社，2010.
13. 田雅琳. 酒店市场营销实务. 北京：人民邮电出版社，2010.
14. 严伟，葛怀东. 旅游饭店市场营销（第二版）. 上海：上海交通大学出版社，2010.
15. 赵伟丽. 饭店市场营销. 长春：吉林教育出版社，2009.

模块九 旅游饭店促销策略

1. 了解旅游饭店促销和促销组合策略
2. 掌握旅游饭店的基本促销手段及其特点
3. 学会旅游饭店广告、营业推广、人员推销和公共关系的综合运用

现代市场营销不仅要求旅游饭店发展适销对路的产品和服务，制定吸引人的价格，使目标顾客易于获得他们所需要的旅游饭店产品和服务，而且还要求旅游饭店控制其在市场上的形象，设计并传播有关旅游饭店的形象、特色、购买条件以及旅游饭店产品给目标顾客带来的利益等方面的信息，即进行促销活动。

项目一 旅游饭店促销概述

在旅游饭店市场的营销策略中，产品策略所强调的是创造价值，价格策略所关注的是体现价值，渠道策略的侧重点是交付价值，而促销策略的着力点是在旅游饭店和顾客双向沟通中展示和宣传价值。

一、旅游饭店促销的含义

在激烈竞争的市场中，旅游饭店要求生存、求发展，就必须善于运用促销工具。对旅游饭店业而言，它是一个固定成本较高的产业，其产品是非物质的，且不可储存，同时，旅游饭店产品的需求弹性较大，季节性较强，因而相对于有形产品的生产行业来说，促销在旅游饭店业的营销策略中占有更重要的地位。

旅游饭店促销是指旅游饭店通过人员推销或非人员推销的方式，向目标顾客传递产品或服务的存在及其性能、特征等信息，帮助顾客认识旅游饭店产品或服务所带给其的利益，从而引起顾客的兴趣，激发顾客的购买欲望及购买行为的活动。促销本质上是一种通知、说服和沟通活动，是谁通过什么渠道对谁说什么内容。沟通者有意识地安排信息、选择渠道媒介，以便对特定沟通对象的行为与态度进行有效的影响。

二、旅游饭店促销的作用

（1）传递信息，强化认知　销售产品是市场营销活动的中心任务，信息传递是产品顺利销售的保证。信息传递有单向和双向之分。

单向信息传递：指旅游饭店发出信息，顾客接受信息，它是间接促销的主要功能。产品在尚未进入市场之前，旅游饭店营销者应及时向中间商和顾客提供旅游饭店产品情报，引起他们的注意，中间商也要向顾客传递信息，争取他们成为现实的购买者。

双向信息传递：买卖双方互通信息，双方都是信息的发出者和接受者，直接促销有此功效。在促销过程中，旅游饭店向顾客发出企业和产品的信息，顾客向旅游饭店反馈对产品价格、质量和服务等有关信息，促使旅游饭店经营者取长补短，更好地满足消费者的需求。

（2）突出特点，诱导需求　在旅游饭店商品竞争日益激烈的形势下，许多产品只有细微的差别，同质化趋势越来越明显，消费者往往不易察觉，旅游饭店通过促销活动可以告知顾客自身产品的不同，可给顾客带来的特殊利益，使顾客乐于到店消费，这样不仅可以唤起需求，还可以创造需求，增加需求或恢复需求，收到扩大销售的效果。

（3）指导消费，扩大销售　在旅游饭店促销活动中，营销者循循善诱地介绍产品知识，一定程度上对顾客起到了教育指导作用，从而有利于激发顾客的需求欲望，变潜在需求为现实需求，实现扩大销售之功效。

（4）形成偏爱，稳定销售　在激烈的市场竞争中，旅游饭店产品的市场地位常不稳定，致使销售状况波动较大。旅游饭店营销者运用适当的促销方式，开展促销活动，可使较多的消费者对本旅游饭店的产品滋生偏爱，进而稳住已占领的市场，达到稳定销售的目的。

三、旅游饭店的有效沟通

旅游饭店促销的目的在于与顾客的沟通。多年来沟通形成了一定的模式，它由以下一些要素构成，如图 9-1 所示。该模式由九个要素构成，其中两个要素表示沟通的主要参与者——发送者和受众，另两个表示沟通的主要工具——信息和媒体，还有四个表示沟通的主要职能——编码、解码、反应和反馈，最后一个要素表示系统中的噪声。

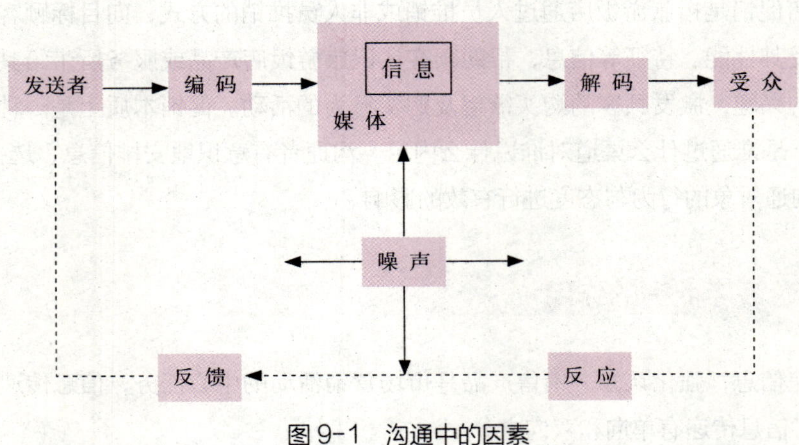

图 9-1 沟通中的因素

这一模型指出了良好沟通中的关键因素，发送者必须明确它们所要面对的人群和自己所期望的回应。他们必须善于编码信息，这样的编码应该考虑到目标人群将如何解码。他们必须发展信息反馈的渠道，以便能够了解受众对信息的应答。

因此，旅游饭店要进行一个有效的沟通和传播，必须做好以下几方面的决策。

（一）确定目标人群

旅游饭店作为信息的传播者必须一开始就要有明确的目标人群。这些人可能是旅游饭店产品的潜在购买者、目前使用者、决策者或影响者；也可能是一般个体或特殊的人群。目标人群将决定旅游饭店在进行沟通时有关沟通方式、时间地点等方面的决策。

（二）确定沟通目标

当确认了目标人群及其特点以后，旅游饭店营销人员必须明确想得到什么样的沟通反应。当然，最终的反应是购买旅游饭店的产品和服务，但购买行为是顾客进行决策的长期过程的最终结果，旅游饭店营销人员应该知道如何把他们从目前所处的位置推向更高的准备购买阶段。

这就需要旅游饭店营销人员了解顾客的购买行为反应模式（表 9-1）。根据其中的 AIDA 模式，顾客的购买准备大致分为 5 个阶段，即知晓、注意、兴趣、欲望和行动。

表 9-1 顾客购买行为反应模式

模式	过程					
AIDDA 模式	注意	兴趣	欲望	行动		
影响层次模式	知晓	认知	喜爱	偏好	确信	购买
创新采用模式	知晓	兴趣	评价	试验	采用	
信息沟通模式			认识反应	态度	意向	行为

所以，旅游饭店营销人员要根据顾客所处的购买阶段来确定其将要进行的沟通任务及其将要得到的沟通反应。

（三）设计信息

所期望的目标人群反应明确以后，旅游饭店就应该进行制定有效信息的工作。最理想的情况是信息要能够引起注意、激发兴趣、唤起欲望，最后导致购买行为。制定信息需要进行四方面的决策。

（1）信息内容　旅游饭店营销人员必须明确能够产生预期沟通反应的信息的诉求点和主题。旅游饭店可以通过理性诉求、情感诉求和道义诉求的方式进行。

（2）信息结构　一个信息的有效性必须依靠它的结构。旅游饭店信息结构的设计可通过提出结论、单面和双面论证、采用不同表达次序等方式完成。

（3）信息形式　旅游饭店必须为信息设计具有吸引力的形式。通过多种信息表达形式，综合应用文字、声音、图像、色彩等方式制作富有特色的信息。

（4）信息源　信息的发布源对信息的有效传播也至关重要。旅游饭店可通过名人、专业人员或专业机构报刊等信息源发布信息，以取得较好的传播效果。

（四）选择传播渠道

旅游饭店必须选择有效的信息传播渠道来传递信息。有两种传播渠道可供选择，即人员的信息传播渠道和非人员的信息传播渠道。

（1）人员信息传播渠道　人员信息传播渠道包括两个或更多的人相互之间直接进行信息沟通，可以通过面对面、电话、电视媒介或信函等方式进行。人员信息传播渠道让人们可以表达自己的意见并可以获得反馈，因而是一种有效的沟通形式。

（2）非人员信息传播渠道　非人员信息传播渠道就是传播信息无需人员接触或信息反馈的媒介。它们包括大众性的和有选择的媒体、气氛和事件。

（五）收集反馈信息

在发出信息后，旅游饭店还要评估信息对目标市场的影响，其中包括他们是否记住了信息、他们浏览信息的频率、他们能回忆起哪些要点、他们对信息评价如何、他们过去和现在对旅游饭店的看法。同时，旅游饭店也要评价信息所引发的行为，即多少人购买产品、多少人进行咨询等。

四、旅游饭店促销组合

对于旅游饭店来说，单一的促销方式是不够的。旅游饭店营销人员通常采用广告、人员推销、营业推广及公共关系等多种促销形式，有目的、有计划地配合起来，形成一个整体的促销组合，以获得最佳的促销效果。

旅游饭店如何优化促销组合？如何选择、搭配、有效地运用促销组合？必须考虑这样几个抉择：预算抉择、产品抉择、策略抉择、购买阶段抉择、生命周期抉择等。

（一）旅游饭店促销预算

在旅游饭店营销人员采用的各种促销工具中，大多数促销工具的使用要花费旅游饭店较大的一笔费用，如广告、人员推销、公共关系等，都要求旅游饭店耗费一定的资金才能进行。因此，营销人员在进行旅游饭店促销前，会面临两个问题：一是旅游饭店预算费用的确定，二是预算费用在各促销工具中的合理分配。一般有四种方法确定旅游饭店的促销预算。

（1）量入为出法　即根据旅游饭店的实际财力安排预算。目前国内大部分内资旅游饭店均采用此法，常常是有多少钱做多大的促销活动。这种方法完全忽视了促销对销售量的影响，导致旅游饭店年度促销预算的不确定性，给长期市场计划的制订带来困难。这种方法既可能导致多支出促销费用，更可能导致促销费用不足。

（2）销售百分比法　即将促销预算设定为目前销售额或预期销售额的一定百分比，或是将其设定为销售价格的百分比。国外很多旅游饭店和国内部分旅游饭店使用此方法来确定其促销预算。销售百分比法具有下列优点：第一，以此法确定的促销费用可以因旅游饭店的承担能力差异而变动；第二，这种方法鼓励旅游饭店管理层以促销成本、销售价格和单位利润的关系为先决条件进行决策；第三，这种方法可能会实现旅游饭店稳定的竞争，因为竞争对手也可能将其收入的相同百分比用于促销支出。但销售百分比法安排拨款只根据可用资金，而无法根据各种产品和服务或各个地区的市场需求来确定，不能充分利用市场机会，难以实施长期市场计划。

（3）竞争对等法　即旅游饭店的促销费用与竞争对手保持相当，旅游饭店通过观察竞争对手的广告，或是从出版物或商业协会那里得到估算的整个行业的促销支出水平，从而以行业的平均支出水平为基础来制定预算。

（4）目标任务法　这是最合理的促销预算制定方法，用这种方法旅游饭店可以通过以下的方式来制定促销预算。明确特定目标；明确为实现这一目标所必须完成的任务；估算出完成任务的成本，这些成本的总和就是预期的促销预算。目标任务法促使旅游饭店管理人员认清他们对费用和促销结果的预期。

（二）确定促销组合

在确定旅游饭店总的促销预算以后，必须把促销预算分配给主要的促销方式：广告、人员推销、营业推广和公共关系，必须把各种促销工具协调组合起来以实现宣传和营销的目的。每一种促销方式都有其自身的特点和成本，旅游饭店营销人员应该明确这些特点，以正确地选择促销方式。

（1）广告　由于广告的多种形式和用途，作为促销组合的一部分，要对它所具有的独特性进行全面的概括是比较困难的。然而广告具有的如下特性是旅游饭店营销人员应该注意的。

① 公开性：广告是一种高度公开的信息传播方式。它的公开性赋予产品一种合法性，同时也使人想到一种标准化的提供。

② 普及性：广告是一种普及性的媒体。它允许顾客接受和比较各种竞争者的信息。

③ 丰富的表现力：广告可通过巧妙地应用印刷艺术、声音和颜色，提供将一个产品戏剧化的展示机会。有时，广告在表现上是很成功的，但是，也可能冲淡和转移对信息的注意。

④ 非人格化：广告不会像人员推销那样有强制性，受众不会感到有义务去注意或做出反应，广告对受众只能进行独白而不是对话。

广告一方面能用于建立旅游饭店的长期形象，另一方面它能促进快速销售。就其将信息触及每一位受众的成本是最低的而言，广告是一种有效的方法。

（2）人员推销　人员推销在顾客购买过程的某个阶段，特别是在建立购买偏好、信任和行动时，是最有效的工具。人员推销具有下列特征：

① 面对面接触：人员推销是在一种生动的、直接的和相互影响的关系中进行。每一方都能在咫尺之间观察到对方的反应，迅速做出调整。

② 人际关系培养：人员推销允许建立各种关系，从注重销售的关系直至深厚的个人友谊。

③ 反应：人员推销会使购买者面对销售人员时感到有某种义务听取和做出反应。

（3）营业推广　营业推广有很多方式：赠券、竞赛、赠奖等。它具有以下三个特点：

① 传播信息：它能引起注意并经常提供信息，把顾客引向产品。

② 刺激：采取某些让步、诱导或赠送的办法给顾客以某些好处。

③ 邀请：明显地邀请顾客来进行目前的交易。

旅游饭店使用销售促进方式来产生更强烈、更快速的反应。销售促进能引起顾客对产品的注意，扭转销售下降。但是它的影响常常是短期的，对建立长期的品牌偏好不是非常有效。

（4）公共关系　公共关系具有下列特点：

① 高度可信性：新闻报道或特写对读者来说要比广告更可靠，更可信。

② 消除防卫：很多潜在顾客能接受宣传，但回避推销人员和广告。以新闻的方式将信息传递给购买者要比销售导向的信息传播效果更好。

③ 戏剧化：公共关系像广告一样，有一种能使旅游饭店或其产品和服务成为被关注焦点

的潜能。

（三）确定促销组合的影响因素

（1）产品类型与促销组合的选择　产品类型分消费品和投资品。消费品的促销组合次序为：广告，销售促进，人员推销，公共关系；投资品的促销组合次序为：人员推销，销售促进，广告，公共关系。

（2）购买阶段与促销组合的选择　顾客购买行为一般包括四个阶段。

① 知晓阶段：促销组合的次序为：广告，营业推广，人员推销。

② 了解阶段：促销组合的次序为：广告，人员推销。

③ 信任阶段：促销组合的次序是：人员推销，广告。

④ 购买阶段：促销组合的次序是：人员推销为主，营业推广为辅，广告可有可无。

（3）产品生命周期与促销组合的选择　促销工具的作用也会因产品生命周期的不同阶段而有所变化。在导入期，广告和公共关系能够建立顾客良好的认知，销售促进对于促进顾客尝试该产品非常有效；成长期，人员推销应该发挥重要作用，广告和公共关系还会发挥效力。成熟期，销售促进则是此阶段的重要工具，广告只是起提醒的作用。衰退期，广告可以维持在唤醒顾客记忆的水平，公共关系的作用降低，人员推销的力度有所下降，销售促进仍然可发挥重要的作用。

（四）促销的基本策略

不同的促销组合形成不同的促销策略，诸如以人员推销为主的促销策略，以广告为主的促销策略。从促销活动运作的方向来分，有推式策略和拉式策略两种。

（1）推式策略　推式策略中以人员推销为主，辅之以中间商销售促进，兼顾顾客的销售促进，是把旅游饭店推向市场的促销策略。其目的是说服中间商与顾客购买旅游饭店产品，并层层渗透，最后到达顾客手中（图 9-2）。

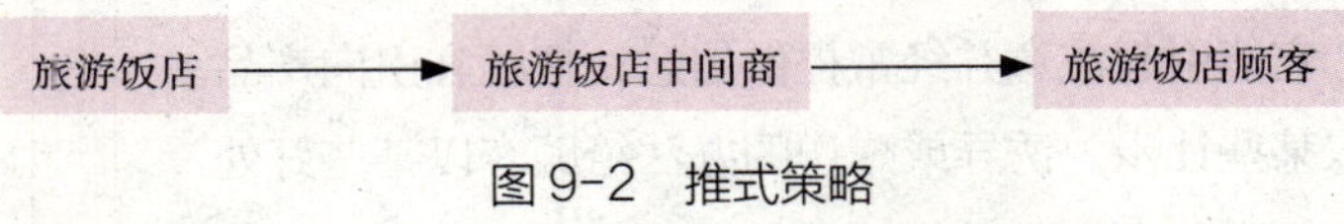

图 9-2　推式策略

（2）拉式策略　拉式策略以广告促销为主，通过创意新、高投入、大规模的广告轰炸，直接诱发顾客的购买欲望，由顾客向零售商、零售商向中间商、中间商向旅游饭店求购，由下至上，层层拉动购买（图 9-3）。

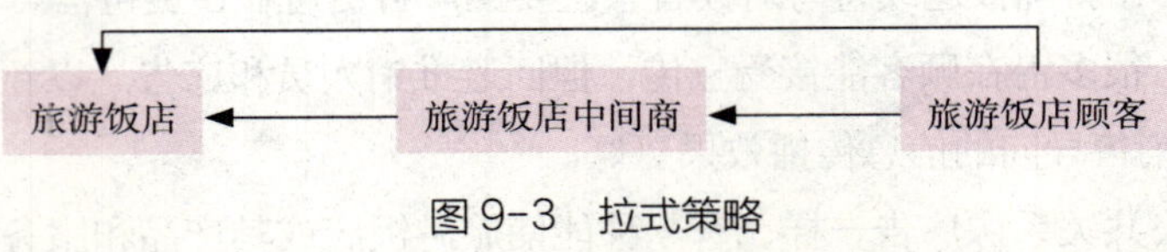

图 9-3　拉式策略

（3）推拉结合式策略　在旅游饭店市场营销工作中，大部分旅游饭店都会把推、拉式策略结合起来运用，即在吸引顾客到店购买的同时，努力调动旅游饭店中间商经销或代理的积极性。通过双管齐下，使旅游饭店产品占领更大的市场。

项目二 旅游饭店广告

旅游饭店广告是旅游饭店与目标市场进行沟通并对目标市场进行促销的四种手段之一。它是旅游饭店借助广告媒体说服目标顾客、实现经营目标的有效途径。

一、旅游饭店广告的概念与作用

广告指法人、公民和其他经济组织，为推销商品、服务或观念，通过各种媒介和形式向公众发布的有关信息。大众传播媒介刊播的经济信息和各种服务信息，报道商品、服务的经营者、提供者，凡收取费用或报酬的，均视为广告。

旅游饭店广告是指旅游饭店通过各种大众传播媒体，如广播、电视、报纸、杂志等，以支付费用的方式向目标市场传递有关旅游饭店信息，展示旅游饭店的产品和服务。

广告是旅游饭店促销组合中重要的组成部分，它的作用是长期的，有时甚至是潜移默化的。旅游饭店广告向广大目标受众传播旅游饭店的相关信息，起到提高旅游饭店和旅游饭店产品的认知度、增强美誉度和促进购买的作用。

（一）提高认知度

旅游饭店市场上的顾客常常是健忘的，喜新厌旧是大多数顾客的“通病”。因此，旅游饭店企业要通过广告的传播，不断提升旅游饭店顾客对旅游饭店和旅游饭店产品的关注度，提高目标顾客的认知度。

（二）增强美誉度

旅游饭店广告尤其是公关广告可以帮助旅游饭店树立企业的良好形象，增强美誉度，这样不仅能起到进一步扩大市场份额的作用，而且为旅游饭店可持续营销创造了极为有利的条件。

（三）促进购买

旅游饭店产品是满足人们享受和发展需要的高层次产品，需求弹性较大。旅游饭店通过大众传播媒介向目标顾客广泛传递产品信息，可以唤起潜在顾客的需求、强化现有顾客的需求、促进旅游者将需求最终转化为购买行为。

二、旅游饭店广告决策

旅游饭店广告是一种面向目标市场、以付费形式所进行的沟通。在顾客每天都要被大量广告轮番“轰炸”的今天，要指望旅游饭店广告一鸣惊人、产生轰动效应则比较困难，如何使旅游饭店广告以最少的投入产出最佳的沟通效果是旅游饭店广告决策所面临的中心问题。要使旅游饭店广告取得预期的成功，旅游饭店需要精心组织与策划。在进行广告决策时，旅游饭店管理人员要进行以下五个方面的决策：确定目标、编制预算、广告信息决策、广告媒体决策和广告评估。

（一）确定目标

旅游饭店广告要有较好的收获，必须有的放矢。旅游饭店根据总目标和各时期的具体目标，针对广告受众的特点，明确在一定时期内广告要达到什么目标。从广告所要达到的具体目标看，有三类目标即告知型目标、劝导型目标和提醒型目标（表 9-2）。

表 9-2　　旅游饭店广告类型比较

目标 类型	所要达到的目标
告知型	告知新产品、新用途、价格情况、各种旅游饭店服务项目、品牌形象、购买地点
劝导型	说服购买、说服偏好转移、消除顾客疑虑、改变顾客态度、树立品牌形象
提醒型	保持较高的知名度、提醒顾客需要、提醒新老顾客注意、保持产品形象

（1）告知型广告　旅游饭店利用广告媒体告知顾客该饭店所提供的产品与服务项目的价格、渠道、特色、服务项目、购买地点等，在新产品投放市场前后，旅游饭店广告一般为告知型，目的是让顾客对旅游饭店新产品有一个初步认识。一些刚开业的旅游饭店一般都打出诸如“× 年 × 月 × 日，× × 饭店隆重开业，× 折酬宾，欢迎惠顾”之类的告知型广告。为提高广告的吸引力，告知型广告可通过突出服务项目、服务特色等内容来加深顾客的印象。

（2）劝导型广告　劝导型广告多用于旅游饭店产品成长期。此时市场竞争趋于激烈，旅游饭店为显示特长，突出比较优势以区别于竞争对手，必须强化顾客对旅游饭店产品的购买意愿，其目的在于唤起顾客对该旅游饭店产品的选择性需求。但需要注意的是，劝导型广告本意是要显示比较优势，绝不能过分夸大其词，否则适得其反。如某酒店的广告“无与伦比的金碧辉煌、无与伦比的服务、无与伦比的享受”，极尽夸张之辞，而客人入住后却感到失望。

（3）提醒型广告　提醒型广告目的是保护顾客对旅游饭店产品的记忆和连续购买，多用于处于成熟期、衰退期的饭店产品广告，对于已有一定知名度的产品较为适用。

（二）编制预算

广告目标确定以后，旅游饭店就应该进行广告预算。广告的作用在于影响产品需求，旅游饭店要支付的广告费数额取决于要达到的销售量目标。上一节介绍了促销预算的四种方法，即量入为出法、销售百分比法、竞争对等法和目标任务法，他们通常也用于广告预算中，在进行广告预算时，也有一些需要特殊考虑的因素。

（1）产品所处生命周期　新产品通常需要大量的广告预算来唤起顾客的注意和购买，成熟期产品的广告预算通常占销售额很小的一个比例。

（2）竞争与干扰　在竞争激烈、广告如海的市场上，要想让旅游饭店脱颖而出，必须频繁地登广告。

（3）市场份额　占市场份额高的旅游饭店的广告费要多于占市场份额低的旅游饭店。

（4）广告频率　当需要频繁传递广告信息时，广告预算就要多一些。

（5）产品差异　如果一种产品类别有别于其他产品，且比较突出时，则需要较少的广告预算。

（三）广告信息决策

不管预算多么庞大，只有当广告信息引起人的注意并形成良好的沟通效果时，广告才能成功。广告信息决策如果没有创意，缺乏特色，千篇一律的模仿，对顾客没有多少吸引力。富有吸引力、感染力和说服力的旅游饭店广告，应该是形式和内容的统一。在旅游饭店广告的策划中，旅游饭店要注意以下几个问题：

（1）真实性　旅游饭店广告在形式上要体现艺术性，以达到增强感染力的效果，在内容上必须体现真实性，做到形式与内容的完美结合。广告的真实性是旅游饭店诚信的重要组成部分，关系到旅游饭店的市场形象。在设计广告时切忌胡吹乱侃，旅游饭店对产品的性能、质量、保证措施、价格等所作的承诺应当真实，不能虚夸。经营者不应该提出让顾客产生过高期望而旅游饭店又无力兑现的承诺，明智的做法是“做”的比“说”得更好。

（2）简洁性　旅游饭店广告要求以简洁、通俗而文雅的语言，传达旅游饭店企业和旅游饭店产品的有关信息。语言冗长、啰嗦并且无主次之分的广告不仅干扰要表达的主题、影响要达到的效果，在投放媒体时还要多支出经费，事倍功半。

（3）一致性　旅游饭店可以借鉴CIS或CS原理进行广告策划，旅游饭店标志、商标、字体、色调、广告画面要保持一致，并在广告中连续使用，使旅游饭店的品牌和标志在市场上得到广泛认知，广告受众甚至可以从标志符号中就能得知是什么旅游饭店、什么产品，这就是所谓的一致性要求。一致性还要求广告宣传在风格上的内外协调统一，甚至要做到建筑风格、员工制服、办公用品图案、企业徽章、字体、标志物、标志色等的协调一致，以收到好的广告宣传效果。

（4）形象性　旅游饭店广告形式要生动活泼，表现方式要有较强的感染力，才能吸引受众的注意，激发需求欲望。在所谓“注意力经济”时代，铺天盖地的广告每天都在争夺人们的注意力，具有艺术美和文化美，表现手法生动形象、烘托力强的旅游饭店广告，不仅有利于推广旅游饭店企业和旅游饭店产品，而且会带给受众视觉上和听觉上的享受。如喜来登中国酒店集团推出的海外广告中突出了龙的形象，展示了位于龙的故乡、具有中国特色的喜来登酒店集团。“人在旅途，却享受家庭之温馨”的广告则强调带给游客“家外之家”的感觉，希望以“温馨处处”的氛围吸引客人入住。

案例

湖光山色第一楼

杭州西湖大酒店是一家五星级酒店，是全国 VIP 酒店俱乐部首批成员之一，濒临杭州西湖，环境幽雅，远处山景映衬，酒店建筑远观似呈帆形。广告人员在广告策划是巧借这些优势，打出了有意境的“湖光山色第一楼”的广告语。画面中酒店似帆，如一叶轻舟，悠闲的荡漾在碧波连连的杭州西湖，广告信息含义隽永。

（四）广告媒体决策

旅游饭店广告媒体决策是指旅游饭店营销管理人员选择适当媒体，以最少的广告费用投入获得最大的广告效益，具体包括三个内容。

（1）根据广告的覆盖面、频率和影响力选择媒体　广告覆盖面是指在一定时间内有多少受众接触到广告。广告频率是指在一定时间内平均每个受众接触广告的次数。影响度是指媒体与特定目标市场顾客的密切程度。旅游饭店必须决定用什么样的广告触及面和频率来达到广告的目标，选择的媒体针对性越强，广告效果越好。

（2）选择主要的媒体类型和具体媒介　广告媒体种类繁多，主要有报刊、杂志、广播、电视、网络等。各种广告媒体都有其比较优势也都有不足。要正确选择旅游广告媒体，首先要了解各媒体的不同特征。各种媒体之特征比较见表 9-3。

表 9-3　　　　不同广告媒体的特征比较表

种类＼优缺点	优点	缺点
报纸	比较快捷，制作简便，覆盖面较广，收费较低，便于查询	表现力较差，感染力较弱

续表

种类＼优缺点	优点	缺点
杂志	针对性较强，图文并茂，保存价值高	时效性差，传播范围窄，相对费用较高
广播	覆盖面最广，发布需要时间短，费用最低	表现力弱、稍纵即逝，不便查询
电视	覆盖面广，视听结合，表现力强，感染力强	费用最高，每次传播时间有限，不便查询
网络	覆盖面广，可及时更新，易于查询，易于预订，沟通成本低	可信度不高，受网络普及程度的影响大
DM 广告	直接邮寄，针对性强，有一定灵活性	费用最高，人员投入多
POP 广告	创造现场氛围，陈列展现力较强，集中提供信息	受场地限制，展示面窄
户外广告	地点选择性强，持续时间长，沟通成本低	信息内容少，针对性差，受发布地点限制

在明确各类媒体优缺点后，旅游饭店营销管理人员在选择媒体时还要考虑如下因素：

① 目标市场的顾客的爱好：例如对知识水平高的青年，网络广告效果可能更好；对本地市民做广告，选择当地电视台或晚报，效果可能更好。

② 产品特点：旅游饭店产品特点不同，选择的媒体也应有所不同，如 2008 年奥运会比赛期间，一些酒店推出的广告在体育类媒体上发布比在一般媒体上发布效果更为理想；再如中低档酒店餐饮广告最好选择面向本地市民的媒体。

③ 广告信息自身特点：时效性要求强的旅游饭店广告，如建国集团夏日开设的“啤酒花园”，就应选择广播、报纸为广告媒体，反之则可选择杂志或直接邮寄为广告媒体。

④ 广告费用高低：一般电视广告费用最高，广播最低。不过广告费用应与广告效果结合起来考虑，不仅要看广告费用绝对数，更要看其所带来的直接和间接效益。

⑤ 单一媒体和多种媒体广告：一般选择多种媒体广告比选择单一媒体广告效果更好。

（3）广告时机决策　旅游饭店必须选择最佳广告时机以实现最佳广告效果，并在一定时期内安排广告密度和强度。对于一家旅游饭店来说，有效的广告取决于旅游饭店对客人所在地和客人提前多长时间做预订的充分了解，例如一些客源以外来游客为主的旅游饭店的广告都是有季节性的。

（五）广告评估

旅游饭店广告效果是旅游饭店广告经过广告媒体传播后对受众所产生的直接和间接影响的总和。可从三个方面进行广告效果测试，即影响受众注意的能力、受众对旅游饭店广告的心理反应、广告受众购买旅游饭店产品的意愿。广告发布后，旅游饭店需了解实际沟通的效果。

（1）传播效果测定　通常通过接收率测定传播效果。接收率指接受广告信息的人数占媒体受众的百分比，比例越高说明传播效果越好。

（2）销售效果测定　把旅游饭店广告发布前后的旅游饭店产品销售额增长、利润额增长等情况进行对比，以此来判断广告效果。通常用广告效果比率来测定旅游饭店广告效果。其公式为：

$$E=Y/C$$

式中　E——销售或利润效果比率

C——广告费增加率

Y——销售或利润增长率

需要注意的是：由于销售额受多种因素的影响，只有在其他影响因素大致不变的前提下，才能真正解释广告与旅游产品销售之间的比例关系。因此，旅游饭店还必须结合历史资料或通过试验的方式来检测广告与销售额的关系。

项目三 旅游饭店人员推销

人员推销是推销人员通过面对面洽谈业务，向顾客提供信息，劝说顾客购买旅游饭店产品和服务的过程。它具有直接联系、机动灵活、现场洽谈、双向交流、反馈及时、选择性强的特点，有利于培养与顾客良好的人际关系。与其他促销活动相比，人员推销费用高，效率低，覆盖面小。因此要科学地运用人员推销策略，尽量避免成本高而效果小。

一、旅游饭店人员推销的类型

在旅游饭店的人员推销中，由于每次推销的功能和特点不同，推销拜访的类型也不同，一般包括以下五种类型：

（一）试探推销

试探推销通常是初次接触顾客，是销售人员经过认真的信息分析和市场预测之后进行的试探性拜访。其目的是为了证实已获得的信息，或收集更多的信息。这种推销方式多用于开发潜在市场，联系新顾客。由于试探性销售的时间较短，可以不需要预约，所以，其冒险性较大。

（二）公关拜访

公关拜访是指销售人员对旅游饭店固有顾客进行的礼节性拜访。其目的主要是征求顾客的意见，加强旅游饭店与顾客的感情沟通。许多旅游饭店特别将公关拜访安排在节假日或重要日期，并给顾客赠送礼品。

（三）预约推销

预约推销一般是指销售人员和顾客在约定的地点和时间对某项提案进行确认或磋商。由于之前双方已有过接触，因而预约推销也叫跟进推销。预约推销的时间性很强，因为关系到双方的利益，气氛也比较严肃，它要求推销人员必须做好充分准备。

（四）呈现推销

呈现推销是销售人员向顾客介绍旅游饭店并努力证明顾客利益的商洽过程，也是旅游饭店销售迈向成功的关键一步。销售人员可以借此机会充分施展公关的才能和推销技巧。呈现的内容一般都是一些新产品和新项目。因此，无论对新顾客或者老顾客，多采用主动上门拜访为宜。良好的呈现效果往往一次很难成功，销售人员必须善于创造机会，争取呈现拜访的连续性和完整性。

（五）店内推销

店内推销指顾客主动来旅游饭店进行有关合作的咨询访问。由于店内推销的偶然性，销售人员要不失时机地向顾客展开实地推销，必要时可以宴请招待，争取顾客的信任和好感。店内推销的成功几率比较高，有时可以获得直接预订。

二、旅游饭店推销人员的推销步骤

一般来说，旅游饭店的人员推销包括以下几个步骤：寻找顾客、访问前的准备、走访顾客、处理异议、达成交易、售后服务和维护。

（一）寻找顾客

推销人员有很多种办法来寻找顾客，如地毯式访问法、连锁介绍法、个人观察法、广告开拓法、市场咨询法、资料查阅法等。寻找顾客的目标是找到潜在顾客。潜在顾客是指既可以获益于旅游饭店推销的产品，又有购买能力的个人或组织。

（二）访问前的准备

（1）筛选顾客　从平常收集的公司资料、新闻报道等途径中选择适当的潜在顾客，根据近期旅游饭店的销售目的选取。列出重点顾客、普通顾客名单。绝对禁止对访问的公司或其他顾客一无所知就盲目上门拜访。

（2）做好计划　根据现有顾客和新顾客的重要程度做好销售访问计划，制定访问路线。

（3）准备资料　包括顾客档案资料、旅游饭店简介、旅游饭店宣传册、特别推广单、图片册、价格表、销售访问报告、名片、记事本等。

（4）确认见面时间、地点　确定访问时机也很重要，如正赶上顾客出差、开会或工作繁忙，就不宜上门造访。

（5）准备洽谈提纲　在走访顾客之前，推销人员必须就讨论问题、推销内容、推销方式等关键性问题列出提纲，做足准备，严禁无准备的随意访问顾客。

（三）走访顾客

（1）建立良好形象　旅游饭店推销人员走访顾客时，需要给顾客以良好的“第一印象”，包括自然的微笑、清楚的称呼、坚实的握手、简练的介绍、得体的着装、适当的“开场白”等，争取“润物细无声”地被顾客接纳。

（2）做好讲解与示范　旅游饭店产品基本上是无形产品，推销人员基本无法向顾客提供现场实物展示，就需依靠讲解和图片等示范来吸引顾客。推销人员应熟记酒店资料，在递送酒店宣传资料的同时介绍旅游饭店产品，以得体的言词将自身产品的优势介绍清楚。也可先与顾客讨论，再根据顾客的不同特点采用不同的讲解示范方法。推销人员应注意多倾听顾客意见，抓住顾客真正需要的关键点和解决顾客心存疑虑的主要问题，分别找到适合不同顾客需求的最佳卖点进行推销。

（3）注意细节　走访顾客时，推销人员要注意相关细节，例如，对于顾客的接待表示感谢，注意控制谈话时间、谈话内容及谈话方式，对于客人的投诉或谈话的重点内容做好记录等。

（四）处理异议

旅游饭店推销人员在向顾客推销时，一般情况下顾客不管是否有兴趣都会提出反对意见，有的顾客甚至已做出了购买决定，还会挑剔产品、服务、价格等方面的“毛病”，以此要求推销人员提供更多的优惠。推销人员因此要善于应对各种反对意见。首先，要耐心倾听顾客的意见或者不满；其次，对本旅游饭店所提供的产品要心中有数、要有信心，把顾客反对意见看成是“常态”，甚至可把反对意见看成是顾客对旅游饭店感兴趣的另一种折射；最后，向顾客做详细的解释以解除顾客的疑虑和异议，千万注意不要直接反驳，最好是列出现象让顾客自己得出结论。

（五）达成交易

推销人员要能够捕捉时机，把客户的购买愿望转化成实际购买行为。要学会辨别来自购买者的交易信号，包括身体行为、声明、评论以及问题等，也要善于使用促使交易达成的方法，例如重复合同的要点、帮助对方填写预订单、提出给对方价格折扣和优惠等。

（六）售后服务和维护

推销人员在授权范围内代表旅游饭店与顾客签约后，并不等于推销工作的结束。推销人员要把有关信息传递给顾客并把交易情况通报旅游饭店，以便各部门齐心协力准备好为顾客服务。在激烈的市场竞争中，旅游饭店特别重视对“回头客”的争夺，因此一笔交易的达成，还意味着新一笔交易的起点。所以交易达成后，推销人员必须保证交易合同的完全履行，确保顾客的满意。在整个交易完成后，还需要撰写访问报告并建立客史档案，这也是极其重要的后续工作。

三、推销人员管理

（一）推销人员的甄选

旅游饭店人员推销策略成功与否，关键在于推销人员。建立科学的选拔机制、用好的机制选拔符合需要的推销员就显得十分重要。应根据旅游饭店推销工作的需要，确定推销人员选拔的基本标准。这些标准包括职业道德、知识水平、能力与心理素质等。选拔的范围应尽可能大些，除了内部选拔外，还应面向社会招聘，以面试为主要考核方法，注重考核应聘人员的仪表、口语表达能力、应变能力以及对考核人员进行心理测试。通过考核，择优选聘理想的推销人员。

案例

推销骨干“被挖”，损失巨大

某三星级酒店是以接待观光旅游者为主的景区酒店，开业后一直生意火爆。该酒店实行无底薪的佣金制，开发什么客户都有推销人员自主进行，而且客户资料不许上交。同行竞争者打听到这消息后，以高薪挖走了该酒店全部推销骨干，导致该酒店入住客人在半年内下降60%，经济损失惨重，酒店高层被迫辞职。董事会新聘任的总经理上任后，立即重新整合营销部，同时规定了推销人员的工作程序，其中重要一条是访客记录、客户档案必须上交，酒店高层不定期检查推销工作日志，推销人员工作变动或去其他企业，工作日志也必须上交，不得带走。经过重整后，酒店业务逐渐回升，酒店高层也懂得重视推销后续工作中的客户档案建设。

（二）推销人员的培训

对推销人员的培训是极其重要的，它是旅游饭店拥有一支优秀销售队伍所必备的。推销培训过程不是一次性的，不断地进行培训应该成为旅游饭店经营理念的一部分。对推销人员需要进行3种类型的培训：

（1）产品服务培训　旅游饭店业中新技术的应用引起旅游饭店不断的变化。预订系统、设备、服务等都处在变化中，这些变化要求旅游饭店对其推销人员进行正规的和经常的培训。

（2）程序培训　包括推销制度、方法、工作步骤等，通过培训，增进推销人员对所在旅游饭店推销程序的了解，使推销工作规范化。

（3）推销技能的培训　包括推销学、礼仪学、心理学、口语表达等知识和推销技术等。虽然有些推销人员在推销技能方面拥有天赋，但大部分的推销技能须通过学习获得，旅游饭店在推销技能方面的培训，将为推销人员打下知识基础，提高推销能力。

对旅游饭店推销人员的培训形式可灵活多样，根据需要，既可采取脱产培训形式也可采取不脱产学习形式；既可以送专门的培训机构培训，也可以把有关营销专家请进来举办讲座，还可以通过优秀推销人员现身说法等互相交流。

（三）推销人员的结构设计

（1）地区结构式　这是最简便易行的模式，即按地理区域配备旅游饭店的推销人员，某个或某几个推销人员被指派负责一个地区，作为该地区旅游饭店产品销售和服务的代表。这种结构有以下优点：第一，推销人员的责任明确。由于一个地区只设一个推销员或推销团队，所以他就必须承担由于他个人推销努力的差别所带来的不同后果。第二，地区责任能促使推销人员与当地顾客加强联系，这种联系有助于提高推销人员的推销效果。第三，由于每个推销人员只在一个很小的地区内活动，因而其旅费开支较少。

（2）产品结构式　即每个（组）推销人员负责一种或几种产品的推销业务，例如郑州的大河锦江酒店，餐饮推销和客房推销就各司其职，按产品类型开展业务。由于推销人员了解旅游饭店产品的重要性，加之现在许多旅游饭店采用产品事业部管理，所以旅游饭店可以按照其产品线组织推销人员的结构。特别是在旅游饭店一些产品技术复杂，或产品间关联度较小的情况下，按产品专门化组成销售队伍就显得特别适合。

（3）顾客结构式　根据顾客的行业、规模、分销渠道的不同而分别配备推销人员。如旅游饭店对不同行业安排不同的推销人员，按大顾客或一般顾客安排推销人员，或按现有业务或新业务发展安排不同的推销人员。这种顾客专门化结构的最大好处是每位推销人员对顾客的特定需求非常熟悉，其缺点是如果各类顾客分布较广时，那么旅游饭店的每位推销人员的差旅开支将很高。

（4）综合结构式　通常情况是旅游饭店经常组合应用以上几种推销人员的组织结构形式，因为旅游饭店所面临的情况是比较复杂的，综合应用以上推销人员结构方式会取得较好效果。

（四）推销人员的业绩评估

对推销人员业绩的评估，旅游饭店可通过定性和定量两个方面进行。对推销人员的评价首先要从其销售业绩的指标方面进行衡量，例如，每天平均访问次数、每次推销访问的时间、每次推销访问的收入、每次推销访问的成本、每时期失去的顾客数量、每时期新增的顾客数量等。另外，还可对推销人员之间进行比较，排列旅游饭店销售人员的业绩。不过，这种比较可能使人误解，只有当销售地区的市场潜力、工作量、竞争、旅游饭店促销努力等没有差别的时候，相对的销售业绩才有意义。而且，当前的销售量并不是成功的唯一标准。旅游饭店还可以通过顾客的满意度来评价其销售人员。某个推销人员也许非常有效地为旅游饭店带来了销售额，但并没有得到顾客的好评，越来越多的旅游饭店不仅用他们的产品和服务来赢得顾客的满意，而且通过他们推销人员的表现来使顾客满意。满足顾客需要，得到顾客好评的推销人员应该得到旅游饭店的奖励。

旅游饭店对推销人员也可进行定性评价。对推销人员的评价也包括评价其对旅游饭店、产品、顾客、竞争者、销售地区和职责等方面的认识。推销人员的个性特征可以被评价，例如一般态度、外表、演讲和气质等。

项目四 旅游饭店营业推广

营业推广又称销售促进，是旅游饭店对目标市场进行促销不可缺少的一种手段，是一种非常规的、非经常性的销售尝试。

一、旅游饭店营业推广的含义

旅游饭店营业推广是指旅游饭店在特定时间、在一定的预算内，对某一目标市场所采取的能够迅速刺激购买欲望以达成交易的临时性促销措施。与旅游饭店广告、公关和人员推销等方式不同的是，营业推广限定时间和地点，以给予购买者一定奖励的形式促进其购买。这些奖励或是金钱或是实物产品或是附加服务，能快速激发需求。

旅游饭店通过营业推广活动，试图冲破旅游饭店与潜在客源之间的障碍，将产品推销给顾客。广告能使顾客了解产品，但在顾客真正来购买时往往还是觉得有风险。对于实物产品来说，顾客希望试一试，对旅游饭店产品而言，顾客希望能亲眼看到旅游饭店的设施和服务的图片，以减少风险。有些顾客因购买产品动力不足而犹豫不决，营业推广活动可以给顾客带来一些优惠、奖品或其他利益，促使其前来购买。在市场营销工作中，营业推广和广告相互依存。仅仅依靠营业推广活动来推动销售工作尚不足以奏效。营业推广与广告配合，常常会收到更佳效果。

二、旅游饭店营业推广的特点

（一）直观的表现形式

营业推广具有吸引注意力的能力，可以促使顾客购买旅游饭店产品。旅游饭店产品在投入期，市场对其还缺乏了解，通过营业推广可加速潜在购买者的知晓、认知和了解过程，有利于旅游饭店产品短期内在市场上占有一定的份额。告诉顾客这是永不再来的一次机会，对那些精打细算的顾客来说是一种很强的吸引力。

（二）灵活多样，适应性强

可根据顾客心理和市场营销环境等因素，采取针对性很强的营业推广方法，向顾客提供特殊的购买机会。这将具有强烈的吸引力和诱惑力，能够唤起顾客的广泛关注，立即促成购买行为，在较大范围内收到立竿见影的功效。如有的酒店规定对第二次入住的客人，客房按门市价打八五折；还有的酒店通过提供额外的附加服务争取回头客。

（三）有一定的局限性和副作用

旅游饭店企业运用营业推广进行促销时，应认识到有些目标依靠营业推广难以实现，如营业推广难以改变处于衰退期旅游饭店产品的销售大幅下降的趋势，只可能稍稍延缓销售下降的幅度。再如旅游饭店营业推广难以建立品牌忠诚，只可能在短时期刺激购买，一旦营业推广期结束，可能会面临“销售冷淡期”。故此，一些营销专家认为：不宜过分依赖营业推广来招揽生意。

三、旅游饭店营业推广决策

（一）明确营业推广目标

旅游饭店首先要明确营业推广所要达到的目标，营业推广所达到的具体目标要根据所选定的目标市场对象而定。针对顾客的目标是鼓励顾客更多地使用旅游饭店和促进大批量购买、争取未使用者试用、吸引竞争者品牌的顾客；针对中间商的目标是鼓励其增加经销（代销）量或协助进行促销活动、维持较高水平的购买，建立中间商的品牌忠诚，针对销售队伍的目标是激励他们寻找更多的潜在顾客及积极促销某些旅游饭店产品。

（二）选定营业推广的对象与方法

1. 针对顾客的营业推广

营业推广可以鼓励老顾客继续使用，促进新顾客使用，动员顾客购买新产品或服务，引导顾客改变购买习惯，或培养顾客对旅游饭店的偏爱行为等。可以采用下列方式：

（1）价格优惠　当价格是激发顾客购买行为的主要因素时，使用价格优惠往往能收到很好的效果。目前各大旅游饭店均在淡季或特殊时期推出优惠价格项目，以期招徕顾客。

（2）奖券和抽奖　奖券和抽奖都是刺激顾客消费行为的诱因。奖券可以附在报纸杂志广告中，也可以直接邮寄给顾客，或在顾客消费时赠送以吸引其下次光临。抽奖的形式也多种多样，目前许多旅游饭店餐厅在顾客就餐时均采用幸运抽奖方式。奖品既可以是实物，也可以是一次免费用餐或旅行。

（3）退款和折让　给予未得到满意服务的顾客以全部或部分退款和折让，是使顾客对旅游饭店质量充满信心的一种保证，同时也是吸引顾客的一大有利条件。

（4）优先照顾　旅游饭店对于特殊顾客，如重要客人、旅游饭店俱乐部成员、长期客户等实行特殊服务，如优先订房权、特别礼品、支票兑换现金等。

（5）鼓励重复购买　这是对经常下榻旅游饭店和与旅游饭店有长期业务关系的顾客所给予的各种优惠和激励形式，以提高顾客对旅游饭店的忠诚度。

（6）旅游饭店俱乐部　旅游饭店举办俱乐部是稳住客源的一种有效手段。目前旅游饭店俱乐部形式多种多样。顾客加入俱乐部既可以以缴费形式，也可以是旅游饭店给予某类顾客的特殊优惠。

（7）特殊活动　举办各种旅游饭店活动，形成旅游饭店"活动中心"的形象，是旅游饭店进行促销的又一形式，也是旅游饭店促销的一大优势。

（8）赠送礼品　向客人和中间商赠送特别礼品也是加强与顾客感情交流和联系的有效途径。设计精良的赠品也是旅游饭店的促销手段，它能够使礼品接收者了解旅游饭店，并对旅游饭店留下深刻印象。赠品并非越贵越好，作为业务赠品，主要应为带有旅游饭店标志的物品，如公文包、充气枕头、胸针、筷子、刀叉等。

案例

"喜来登亲子套餐计划"——Love Your Family Package

从今年7月份开始，大梅沙喜来登作为喜达屋集团在亚太区的新服务项目"Love Your Family Package"的推广度假酒店之一，率先开始推广专门为家庭提供顶级服务的"Love Your Family Package"（喜来登亲子套餐计划）项目。这一服务项目专为家庭度假休闲而设。参加这一套餐计划的家庭，不仅小孩子得到更特别的呵护，家长也可能得到"重温二人世界"的机会。

许多实实在在的让家长和儿童安心、快乐度假的体验也包含在这项亲子计划中：家庭办理入住时再不需要一家等候在前台，酒店为带小孩的家庭专门划分了休息区域；酒店的儿童俱乐部为家长提供免费儿童看护，让父母可安心享受一番久违的二人世界或享受浪漫的烛光晚餐；参入"亲子套餐计划"的家庭可免费获得一只儿童专用水杯，玩得又热又渴的小朋友再也不必到处找饮料，小朋友可用这只水杯在酒店的池畔吧，大堂吧，西餐厅添加软饮，不仅免费，并且是无限量的。更值得一提的是，儿童可免费参加喜来登儿童俱乐部开展的活动，在私家海滩玩沙桶，制作饼干，彩绘T恤，沙画等。到了晚上，家人还可以免费在酒店富丽堂皇的海滨会所观赏一部电影。回到面朝大海、涛声低吟的舒适客房，喜来登甜梦之床上的睡前礼物已经在等待小朋友了。

2. 针对中间商的营业推广

针对中间商的营业推广的目的是动员有关中间商积极推销旅游饭店产品，可以采用下列方式。

（1）批发回扣　旅游饭店为争取中间商多购进自己的产品，在某一时期内可给予销售一定数量本旅游饭店产品的中间商以一定的回扣。

（2）推广津贴　旅游饭店为促使中间商购进旅游饭店产品并帮助旅游饭店推销产品，还可以支付给中间商以一定的推广津贴。

（3）销售竞赛　根据各个中间商销售本旅游饭店产品的实绩，分别给优胜者以不同的奖励，如现金奖、实物奖、免费旅游、度假奖等。

（4）交易会或博览会、业务会议　旅游饭店可通过参加交易会、博览会等方式和中间商进行业务洽谈，达成合作协议。

（5）红利　旅游饭店为了刺激中间商经销的积极性，有时采取销售分红的形式，使之共享一定比例的红利。通过红利形式，将旅游饭店与中间商的利益紧密地联系在一起。

（6）提供旅游饭店产品样品　先让顾客免费试用，即免费住宿或就餐。这对于消除顾客不了解旅游饭店的顾虑有很大帮助，尤其对于中间代理商和大宗宴会的经办者，是十分有效的方法。

3. 针对销售人员的营业推广

鼓励销售人员热情推销产品，或促使他们积极开拓新市场。其方式可以为销售竞赛，如有奖销售、比例分成、免费提供人员培训、技术指导等。

（三）制定营业推广方案

旅游饭店进行营业推广必须先制订一个科学而切实可行的方案。营业推广方案是推广活动的具体安排，包括规模与强度、对象、途径、时间及费用等内容。

1. 营业推广规模与强度

一般而言，旅游饭店营业推广规模越大，对顾客产生的影响面就会越大，强度越高、刺激程度就会越强。但从成本效益的角度看，规模大、强度高，不见得就能达到最佳投入产出比。有时营业推广强度过高，还可能引起顾客的抵触情绪。

2. 营业推广对象

旅游饭店营业推广对象指要明确进行营业推广对象是谁，是经销商、代理商、顾客、还是推销人员，谁是重点，由谁去完成，强度如何等。

3. 营业推广途径

旅游饭店营业推广形式多样，多种形式又可通过多种途径来实施，如既可通过赠券形式，也可采取赠物形式，还可采取抽奖形式等进行营业推广。在实际经营中，旅游饭店往往针对不同的目标市场采取不同的营业推广途径。

4. 营业推广时间

旅游饭店营业推广时间长短要适宜。营业推广时间太长不一定妥当，如一家星级酒店一年365天标准客房都打五折，仅卖138元间／天，客人却并不怎么买账。营业推广时间也不能太短，太短则刺激作用有限。

营业推广时机的选择也很重要。由于旅游饭店产品季节性强，一般在旺季到来前就要进行营业推广，销售高峰期也是营业推广的高潮期，如果错过时机，营业推广效果往往很差。

5. 营业推广费用

要根据旅游饭店推广目标、规模强度、途径、时间等来确定营业推广预算，营业推广费用预算要与其带来的效益进行比较。

（四）营业推广实施与控制

旅游饭店在营业推广方案制订之后不能只停留在方案阶段，而要有条不紊地组织实施。在实施前有时还要进行测试以防止发生重大失误，在试验可行后方可付诸实施；在实施过程中还要进行必要的控制，发现问题及时解决，不断改进营业推广方案，力求达到最佳效果。

1. 营业推广方案测试

旅游饭店在进行重大营业推广活动前，往往会选择一定范围进行小规模测试，测试结果证明方案较为有把握时才全面付诸实施。如发现方案存在重大缺陷则要重新制订，如发现方案存在一部分问题，待修改完善后才能付诸实施。

2. 营业推广实施

营业推广方案在经过测验并完善后应按计划组织实施，把方案化为具体行动。在实施过程中，往往还会出现这样或那样的问题，一旦重大疏漏未能及时发现并矫正，将会出现不良后果，甚至损失惨重、影响极坏，因此还要实时控制，避免出错。

案例

免费自助餐带来的后果

C酒店新开辟能容纳100多位客人同时就餐的中式自助餐厅，拟在“国庆节”开业，为制造轰动效应，开业前三天在店内外张贴“国庆节中午免费提供自助餐”的营业推广海报，并在海报显著位置标注“天下真有免费的午餐”的字样。开业当天11点前，餐厅外已挤满了人，而酒店营销部和餐饮部却无察觉。11点整餐厅准时开门，人们蜂拥而入，许多没抢到座位的食客只好站着就餐，没有找到筷子的客人甚至用手拿食物吃起来；食物不够，有的客人甚至跑到厨房去拿，终因拥挤不堪、把餐厅的玻璃大门都挤破了，场面一片混乱。此时酒店领导才知道情况不妙，忙派保安去维持秩序，但仍于事无补，最后只好请110帮忙才控制了局面，原本希望通过提供“免费的午餐”来制造轰动效应，结果却搞得难以收场。

（五）营业推广效果评价

营业推广是否达到预期效果，只有进行评价后才能知道。有如下两种评价方法可以采用。

销售量评价法　销售量评价法指从销售量的角度评价营业推广效果。营业推广对销售量的影响有四种典型情况。

① 稳定上升型：在营业推广期内销售量不断增加，营业推广结束后能保持营业推广期间的销售量，这是最理想的状况，也是较少发生的情况，如图 9-4 所示。

② 平起平落型：在营业推广期内销售量增加，营业推广期结束后，销售量又回到原先的水平。消费者没增加购买量，只是改变了购买时间，如图 9-5 所示。

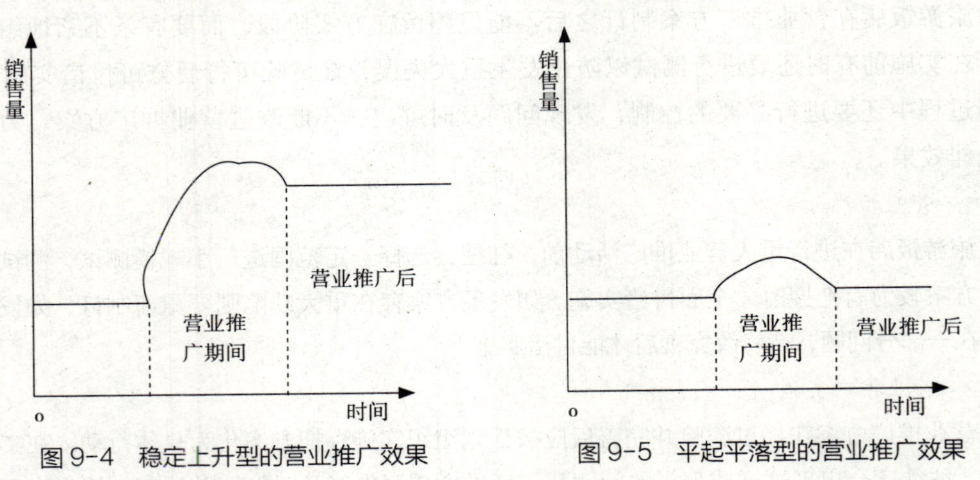

图 9-4　稳定上升型的营业推广效果　　图 9-5　平起平落型的营业推广效果

对于平起平落型的市场，较明智的做法是：对季节性或时间性不强的旅游饭店产品可不进行营业推广，改用其他方式促销；对季节性或时间性强的旅游饭店产品可通过营业推广进行“错峰”，使旅游饭店产品在销售方面总体上达到“均衡销售”。

案例

度假酒店的“错峰”营业推广

某景区 W 酒店为城郊型度假酒店，周平均开房率为 60% 左右。周五、周六、周日为高峰期，开房率几乎都为 100%，住房供给不足，不得不婉拒客人，而周一、周二、周三入住客人则较少，开房率仅为 25% 左右，周四入住率为 45% 左右。为改变客房销售不均状况，W 酒店设计了一套针对客房的营业推广计划，即周四维持现有房价不变，周五、周六、周日房价上浮 50%，周一、周二、周三房价下调 25%。实施这一营业推广方案一段时间后，W 酒店周一、周二、周三的客房开房率上升到 50% 左右，周四的开房率为 60% 左右，周五、周六、周日的开房率为 70%

左右。周平均开房率仍为60%左右，但由于平均房价提高，酒店收入增加，而且客人的满意度上升，酒店经营高峰期压力减轻。“错峰”式营业推广取得了理想效果。

③ 大起小落型：营业推广期内销售量增加，营业推广结束后有所减少，但总体上销售量增加的数量超过了销售量减少的数量。如图9-6所示。

根据这种情况，旅游饭店可以在上一个营业推广结束后，开展新一轮营业推广活动。

④ 小起大落型：营业推广期间销售量增加的数量还不如营业推广过后的销售减少的数量。如图9-7所示。

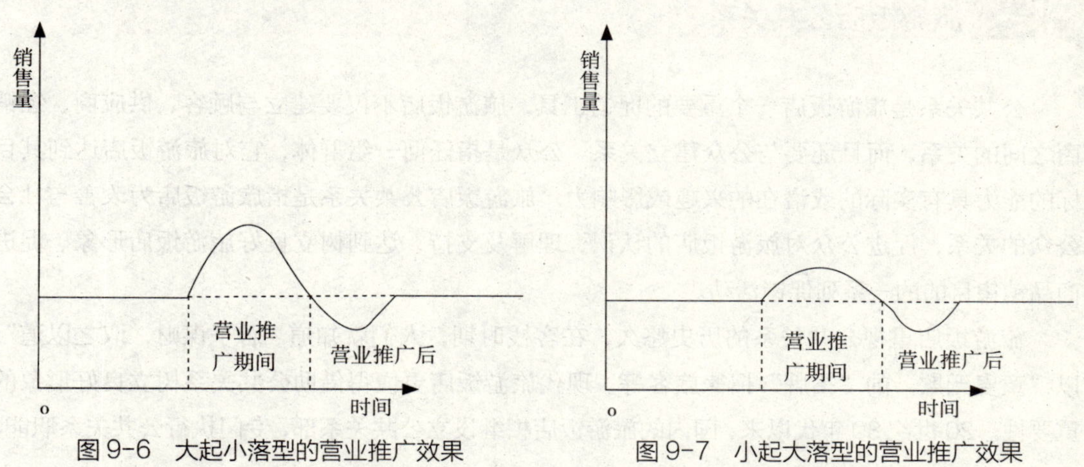

图9-6　大起小落型的营业推广效果　　图9-7　小起大落型的营业推广效果

旅游饭店经营者应极力避免这种情况的发生。一旦出现这一情况，应该停止营业推广活动，以免更大的损失。

（六）营业推广利润评价

旅游饭店开展营业推广需要费用投入，自然也要回报，在营业推广期间，产品的边际利润会有所下降，因此要得到应有的补偿。为此，营业推广期间的销售量要达到一定的水平，其中营业推广期间所要达到的最低销售量是重要的评价指标。此处所说的产品最低销售量是指可以全部补偿营业推广费用的销售量，超过最低销售量所带来的利润就是促销利润。旅游产品最低销售量的计算公式如下：

最低销售量 =（非促销期正常销售量 × 非促销期正常的边际利润）/ 促销期的边际利润

项目五 旅游饭店公共关系

旅游饭店公共关系是一种“柔性化”的沟通与促销方式。其目的并不完全是促销产品，还有着通过与社会和旅游饭店内部的“对话”来提升形象，内求团结和协调、外求理解与支持，为旅游饭店发展赢得良好的内外部环境的作用。

一、旅游饭店公共关系

公共关系是旅游饭店一个重要的促销工具，旅游饭店不仅要建立与顾客、供应商、经销商之间的关系，而且还要与公众建立关系。公众是指任何一组群体，它对旅游饭店达到其目标的能力具有实际的或潜在的兴趣或影响力。旅游饭店公共关系是指旅游饭店为改善与社会公众的关系，促进公众对旅游饭店的认识、理解及支持，达到树立良好旅游饭店形象、促进商品销售目的的一系列促销活动。

旅游饭店重视公共关系的历史悠久，在客栈时期，人们就知道“君子谋财，取之以道”，以“童叟无欺”的“招牌”招徕旅客等。现代旅游饭店更懂得借助公共关系树立良好形象的重要性。20世纪80年代以来，国内的旅游饭店相继设立公共关系部，专门执行公共关系职能。

二、旅游饭店公共关系的职能

旅游饭店公共关系具有搜集信息、沟通信息、广结人缘、处理纠纷、树立形象、扩大销售等职能。

（一）搜集信息

旅游饭店公共关系的重要职能之一是搜集旅游饭店所需要的相关信息，主要包括企业形象信息搜集、产品形象信息搜集和内部公关信息搜集等。

1. 企业形象信息搜集

企业形象信息搜集包括社会公众对企业诚信经营的评价、经营管理水平的评价、人员素质的评价、服务水平的评价，以及这些评价与同行相比的差异等。这些是对旅游饭店社会形象各个侧面的评价，所搜集的“评价信息”是旅游饭店提升形象的决策依据。

2. 产品形象信息搜集

产品形象信息搜集包括社会公众对服务质量评价、产品知名度、美誉度评价等。只有产品受顾客欢迎，旅游饭店才有生存与发展的空间。因此搜集产品形象信息并采取相应的营销措施，有助于维护、改善和提高旅游饭店产品的市场形象。

3. 内部公关信息搜集

化解旅游饭店内部矛盾、理顺各种关系，是旅游饭店公共关系的主要任务之一。经营者要重视员工的意见与建议，了解员工的思想，了解员工对管理层的看法、对旅游饭店的期望，增强内部的团结，形成较强的凝聚力和向心力。

（二）沟通信息和广结人缘

旅游饭店公共关系的重要职能是通过与社会“对话”和内部信息沟通，创造旅游饭店发展的“人和”环境。

旅游饭店利用广播、电视、报纸、杂志、电影、网络等各种媒介及展览、会议、赞助活动、联谊活动、走访、游说等进行信息沟通，把旅游饭店各类信息及时传递给特定的受众，以扩大旅游饭店和旅游饭店产品的知名度。通过信息反馈，增进旅游饭店和外部公众的相互了解，加深外部公众对旅游饭店的印象、消除误解以至改变态度，努力营造旅游饭店发展的“人和”环境。

旅游饭店通过沟通信息，协调内部管理层之间、上下级之间、二线与一线之间、员工之间、部门之间的矛盾冲突，消除隔阂、融洽感情，增强管理层的团结，增强部门之间的配合和上下级之间的协调，增强二线为一线、一线为顾客服务的合作精神，增强旅游饭店凝聚力，增强员工的归属感。

当旅游饭店遇到突发事件和危机时，公共关系的作用显得十分重要。“危机公关”往往会产生重大影响，处理得当甚至能使旅游饭店“因祸得福”。

案例

FA 酒店的电梯夹人事件

一天傍晚，一位日本客人外出归来，乘 1 号客梯回房间，当客梯运行到一半时突然发生故障，停在 15 层，门也打不开，他被关在电梯里，只得按警铃求援。电梯值班工李某得知情况后马上放下手中的晚餐，赶到楼顶电梯房排除故障，但未成功。李某又赶忙将电梯控制闸从“自动状态”转换为“手动状态”，自己赶到第 15 层，把电梯门打开，将客人“放”了出来。从客人被关到从电梯出来前后经历了 4 小时，由于时间太长，引起客人强烈不满，并投诉到大堂副经理处，并说要与酒店对簿公堂。此事闹得沸沸扬扬。

FA 酒店针对此事进行了细致地分析，并进行了如下处理：诚恳向该日本客人道歉，并送上鲜花、果篮以平息其因紧张而引起的愤怒情绪；向客人告知酒店电梯工李某当天对该事件的处理过程；检讨酒店部门之间的协调配合工作存在的问题，提出今后对类似事件的处理方法首先应是与客人取得联系，第一时间告诉客人他在酒店一直处在受保护、关注的安全环境中，以取得客人的谅解。经过公关努力，该客人终于平息怒气，并对 FA 酒店敢于承认自己工作中的失误并及时改正的态度感到满意，离店后他以亲身经历告诉了他的亲朋好友FA酒店对客人的热忱态度，结果为FA酒店带来了很多客人。

（三）公关纠纷处理

旅游饭店应对各种投诉、妥善处置公关纠纷事件也很重要。尽管旅游饭店行业力争避免公关纠纷事件的发生，但在实际经营中，公关纠纷事件往往难以避免，公共关系的重要职能就是妥善处理公关事件。

（四）树立形象、扩大销售

良好社会形象的基础是“诚信”，包括经营上坚持“多赢”理念、产品质量稳定、价格合理等。在此基础上，通过公共关系传播，扩大旅游饭店和旅游饭店产品的知名度和美誉度，不断为旅游饭店的品牌形象增添光环。在公关活动中及时反馈有损于旅游饭店和旅游饭店产品的各种意见，及时反馈各方面所提出的有利于改善和提高形象的有价值建议，提醒决策层及时矫正营销短期行为，以良好的产品形象和企业形象呈现在市场上。

三、旅游饭店公共关系方法

公关方法种类繁多，旅游饭店营销人员可运用多种公关手段，开展针对新闻界、社会公众以及企业内部员工的公关活动。

（一）新闻公关

新闻公关指利用或策划有吸引力的新闻事件、吸引媒体报道以扩大企业影响。由于新闻界是站在旅游饭店和顾客之外的第三者立场上，能客观公正地提供信息，因而可信度高，往往会起广告难以起到的作用。有时甚至由于新闻公关做得好，能产生轰动效应。

新闻公关的关键是与新闻界建立良好的合作关系，尽可能满足新闻界的合理要求。旅游饭店要掌握新闻特点，及时为新闻单位提供其感兴趣的新闻。在利用或策划新闻事件时，切忌胡编乱造，炮制“假新闻”。

（二）参与社会公益活动公关

旅游饭店可以根据自身需要量力而行、有选择的参与社会公益活动。参与社会公益活动既要积极，又要讲求实效。通过对社会公益事业提供支持与赞助，在奉献爱心的同时，树立企业“义”与“善”的社会形象。

（三）印制各种宣传资料公关

旅游饭店可通过印制内部“企报”、产品宣传小册子来进行公关宣传，还可以通过设计店服、店徽、带有旅游饭店标志的名片等能展示形象的形式进行公关宣传。有的旅游饭店还通过公开出版诸如“××经营管理模式”等进行公关宣传。

（四）专题公关

专题公关有开幕式公关、开放参观公关、展览公关、联谊活动公关等四种形式。

（1）开幕式公关　旅游饭店通过开业及有关专项活动的开幕式进行公关宣传，达到展示企业风采、扩大社会影响的效果。

（2）开放参观公关　旅游饭店特别是酒店利用向社会公众开放参观来公关。

（3）展览公关　旅游饭店通过展览形式进行公关，已达到扩大影响的目的。

（4）联谊活动公关　旅游饭店通过与社区、共建单位、合作单位、友好支持单位等的代表和顾客代表等开展联谊活动进行公关。

四、旅游饭店公共关系的主要决策

（一）建立营销目标

公共关系在旅游饭店营销中对实现下列目标发挥着重要意义：

（1）树立知晓度　公共关系可利用媒体来讲述一些情节，以吸引人们对旅游饭店产品、服务、人员或构思的注意力。

（2）树立可信性　公共关系可通过社论性的报道来传播信息以增加可信性。

（3）刺激销售队伍和经销商　公共关系对于刺激销售队伍和经销商的热忱非常有用。在新产品投放市场之前先以公共宣传方式披露，则便于帮助销售队伍将产品推销给零售商。

（4）降低促销成本　公共关系的成本比直接邮寄和广告的成本要低得多，越是促销预算少的企业，运用公共关系就越多，以便能深入人心。

旅游饭店对于每次公共关系活动都应该确定具体的目标，以利于评估其最后的结果。

（二）选择公共关系信息和载体

公共关系目标确定后，旅游饭店就要确认该产品是否具有可作报道的价值。如果新闻性信息数量不足的话，公关人员就应该提出一些旅游饭店能予以资助的有新闻价值的活动事项。公关人员此时面临的不是发现新闻而是制造新闻。公关创意包括举办重大学术会议、邀请知名演讲人士、组织新闻发布会等。每一项活动都有大量的事情可以报道，它们分别受到不同群体的关注。

（三）实施营销性公关计划

宣传活动要求谨慎地进行。例如通过媒体传播信息，激动人心的信息很容易得到报道，但是，大多数新闻发布会都可能缺少吸引力，难以引起媒体的注意。公关人员的一个主要任务就是维护与媒体的良好关系。

（四）评估公共关系的效果

由于公共关系经常与其他促销工具一起使用，故其使用效果很难衡量。常用的公共关系衡量方法有 3 种：展露度，知名度、理解和态度方面的变化，销售额和利润贡献。

（1）展露度　衡量公共关系效果的最简易方法是计算信息出现在媒体上的展露次数。这种衡量法也有其缺点，它不能指明实际上到底有多少人读了或者听到某种信息以及后来他们又想了什么。无法知道信息触及的受众的净人数，因为某一类出版物的读者往往是重复的。

（2）知名度、理解和态度方面的变化　一个较好的衡量方法是由公共关系活动引起的产品的知名度、理解、态度方面的变化。这需要调查这些变动的前后变化水平。

（3）销售额和利润贡献　如果希望得到可信度较高的数据，销售额和利润的改变是最令人满意的一种衡量方法。

综合案例

星巴克——在中国市场作秀

只用了短短几年时间，星巴克在中国就成了一个时尚的代名词。它所标志的已经不只是一杯咖啡，而是一个品牌和一种文化。星巴克已经在北美、欧洲和南太平洋等地开办了 6000 多家店，近几年更是以每年超过 500 家的速度增长，平均每周超过 10000 万人在店内消费。2005 年，星巴克在全球有 10000 家店。目前，星巴克是唯一一个把店面开遍四大洲的世界性咖啡品牌。

星巴克给品牌市场营销的传统理念带来的冲击同星巴克的高速扩张一样引人注目。在各种产品与服务风起云涌的时代，星巴克公司却把一种世界上最古老的商品发展成为与众不同、持久的、高附加值的品牌。然而，星巴克并没有使用其他品牌市场战略中的传统手段，如铺天盖地的广告宣传和巨额的促销预算。“我们的店就是最好的广告”，星巴克的经营者们这样说。据了解，星巴克从未在大众媒体上花过一分钱的广告费。但是，他们仍然非常善于营销。星巴克除了利用一些策略联盟帮助宣传新品外，几乎从来不做广告。因为根据在美国和中国台湾的经验，大众媒体泛滥后，其广告也逐渐失去公信力，为了避免资源的浪费，星巴克故意不打广告。这种启发来自欧洲那些名店名品的推广策略，它们并不依靠在大众媒体上做广告，而每一家好的门店就是最好的广告。星巴克认为，在服务业，最重要的行销管道是分店本身，而不是广告。如果店里的产品与服务不够好，做再多的广告吸引客人前来，也只是让他们看到负面的形象。星巴克不愿花费庞大的资金做广告与促销，但坚持每一位员工都拥有最专业的知识与服务热忱。他们的员工犹如咖啡迷一般，可以对顾客详细解说每一种咖啡产品的特性。通过这种一对一的方式，赢得信任与口碑。这是既经济又实惠的做法，也是星巴克的独到之处。另外，星巴克的创始人霍华·舒尔茨意识到员工在品牌传播中的重要性，他另辟蹊径开创了自己的品牌管理方法，将本来用于广告的支出用于员工的福利和培训，使员工的流动率保持在较低的水平。这对星巴克“口口相传”的品牌经营起到了重要作用。

星巴克另一个主要的竞争战略是在咖啡店中同客户进行交流，特别重视同客户之间的沟通。每一个服务员都要接受一系列培训，如基本销售技巧、咖啡基本知识、咖啡的制作技巧等。星巴克要求每一位服务员都能够预感客户的需求。另外，星巴克更擅长咖啡之外的“体验”：如气氛管理、个性化的店内设计、暖色灯光、柔和音乐等。就像麦当劳一直倡导售卖欢乐一样，星巴克把美式文化逐步分解成可以体验的东西。在设计上，星巴克强调每栋建筑物都有自己的风格。他们在设计每个门市的时候，都会依据当地的商圈特色，然后去思考如何把星巴克融入其中。例如上海星巴克以年轻消费者为主，因此在拓展新店时，他们费尽心思去找寻具有特色的店址，并结合当地景观进行设计。例如，位于城隍庙商场的星巴克，外观就像座现代化的庙；而濒临黄浦江的滨江分店，则表现花园玻璃帷幕和宫殿般的华丽，夜晚时分，可以悠闲地坐在江边，边欣赏外滩夜景，边品尝香浓的咖啡。

案例思考

1. 星巴克“不花一分钱做广告”的促销策略有何借鉴之处？
2. 星巴克能够盈利并且迅速推广的真正原因是什么？
3. 你认为星巴克在中国市场的未来发展存在哪些威胁？

复习思考题

1. 什么是旅游饭店促销？
2. 分析旅游饭店促销组合工具的特点。
3. 什么是旅游饭店广告？如何进行广告决策？
4. 什么是旅游饭店人员推销？如何进行人员销售决策？
5. 什么是旅游饭店营业推广？如何进行营业推广决策？
6. 什么是旅游饭店公共关系？如何进行公共关系决策？

参考文献

1. 赵西萍. 旅游市场营销（第二版）[M]. 天津：南开大学出版社，2005.
2. 张俐俐. 旅游市场营销[M]. 北京：清华大学出版社，2005.

3. 黄浏英. 旅游市场营销[M]. 北京：旅游教育出版社，2007.

4. 郭英之. 旅游市场营销[M]. 大连；东北财经大学出版社，2006.

5. 何乐. 少林品牌的营销借鉴. 中国市场[J]. 2007（10）.

6. 卢泰宏，叶铭伟，彭玲，朱翊敏. 实效促销. 广州：广东旅游出版社，1997.

7. 马勇，大连. 旅游市场营销. 大连：东北财经大学出版社，1998.

8. 胡宇成，王文君. 饭店市场营销管理[M]. 北京：中国旅游出版社，2008.

模块十

旅游饭店产品分销渠道策略

1．了解旅游饭店分销渠道的概念与类型
2．熟悉旅游饭店中间商的概念、分类及功能
3．掌握旅游饭店分销渠道的设计、选择、管理
4．初步掌握旅游饭店分销渠道的形式

销售渠道策略是市场营销组合策略之一。它同产品策略、促销策略、定价策略一样，也是旅游饭店能否成功地将产品打入市场，扩大销售，实现旅游饭店经营目标的重要手段。销售渠道策略主要涉及销售渠道及其结构；销售渠道策略的选择与管理；批发商与零售商等内容。

项目一 旅游饭店产品分销渠道概述

在旅游饭店市场中，许多旅游饭店产品并不是旅游饭店与顾客直接成交的，而是通过或经历中间环节得以实现。所以，能否建一个有效的分销渠道，将旅游饭店产品适时、经济方便地提供给顾客，分销渠道起到关键的作用。

一、旅游饭店销售渠道的概念

旅游饭店销售渠道是指旅游饭店产品和服务从旅游饭店向顾客移动时取得旅游饭店和服务的所有权或帮助转移其所有权的所有企业和个人。它主要包括中间商、代理中间商，以及处于渠道起点和终点的旅游饭店与顾客。在商品经济中，旅游饭店产品和服务必须通过交换，发生价值转移的运动，使旅游饭店产品从一个所有者转移到另一个所有者，直至顾客手中。这称为商流。伴随着商流，旅游饭店产品和服务从旅游饭店到达顾客手中，便是销售渠道或分配途径。

当今的全球化趋势、竞争和现代信息技术的发展，再加上旅游饭店产品的不可储存性特征使得旅游饭店分销越来越重要，占领新市场和现有的市场需要有创新的方法。全球化意味着旅游饭店必须选择外国合作伙伴联合营销和分销产品。现在国际旅游饭店集团之间通过行业协会等方式展开不同形式的合作。现代信息技术导致国际预订系统的发展。分销的重要性主要是由于旅游饭店产品的不可储存性，迫切要求旅游饭店通过不同的销售渠道销售其产品。

二、旅游饭店销售渠道的作用

（一）利用中间商提高销售效率

中间商凭借业务往来关系，接触面广，熟悉市场，有丰富的经验以及专业化和规模化的经营，能有效地弥合产品服务与其顾客之间在时间、空间等方面的缺口。这样，提供给旅游饭店的总利润往往高于旅游饭店自身销售所能取得的利润。旅游饭店的客源市场在地域和层面上分布极广，有的旅游饭店客源来自世界各地。任何旅游饭店都不可能仅靠自身进行推销活动，利用遍布世界各地的中间商，旅游饭店可以尽可能扩大市场覆盖面，提高其销售效率。

（二）利用中间商，提高经济效益

在现实中，销售渠道环节繁多，关系复杂，由于有中间商发挥自身特有的功能，从而保证旅游饭店销售的顺利实现，缩短销售时间，节约销售费用，降低成本，提高效益。如图10－1所示，利用中间商将大大节约其销售成本。

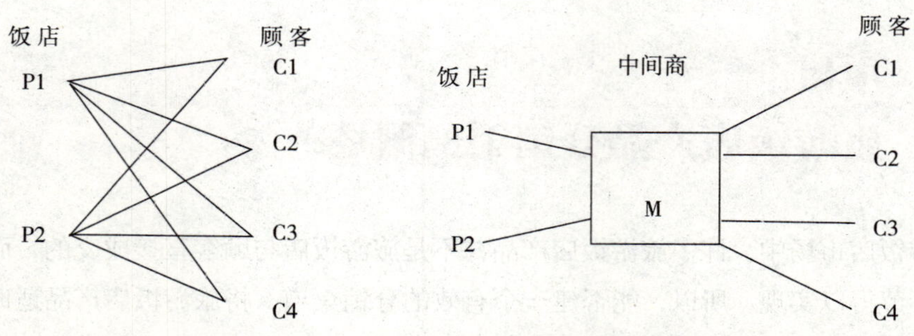

图 10-1　中间商的作用

（三）利用中间商可获取市场信息

处于销售渠道中的各种中间机构，活动于销售市场，能较准确地掌握顾客的需求及其变化，顾客对产品和服务的意见以及竞争者的动态，从而给旅游饭店提供有价值的信息，通过这种信息沟通和反馈，旅游饭店能及时改进自己的营销组合方案，完善自我，提高竞争力。

案例

酒店销售信息渠道

珠海步步高大酒店为了扩大对商务顾客和旅游散客的销售，对销售渠道进行了分析。销售部通过对目标顾客——中高档旅客的出发点、中转站和乘坐的交通工具等的调查研究和分析后发现，很大一部分旅客在食宿、餐饮上并无明确的目标，呈现出随意的特征，酒店只要向他们提供满意的心理价值和设施条件，均可成为其选择的对象，关键是销售渠道问题。

珠海步步高大酒店根据以上的分析，对自身的销售渠道发展做出如下几点规划：第一，每年召开一次分销商会议，总结经验、表彰先进、介绍挖掘客源的知识和销售业务的技能。第二，进行广泛的市场调研，摸清外省客源结构，一旦时机成熟，先在南方各大城市及旅游热点地区发展分销代理商，然后扩展至全国。

三、旅游饭店分销渠道的类型

（1）根据旅游饭店产品生产者与顾客之间是否有中间商介入分为 直接分销渠道和间接分销渠道。

① 直接分销渠道：是旅游饭店不通过中间商，直接将旅游饭店产品销售给顾客。例如：上门推销、邮寄销售、电话销售、开设自销机构直接提供产品等形式。

直接分销渠道的优点：有利于旅游饭店、顾客双方沟通信息，可以按需定制，更好地满足目标顾客的需要；可以使旅游饭店和顾客双方在营销上相对稳定；可以在销售过程中直接进行促销。

直接分销渠道的缺点：旅游饭店需设置相应的营销机构和人员，分散了管理的精力，增加了销售费用；由于营销机构有限，旅游饭店产品难以在短时间内推广，迅速占领市场。

② 间接分销渠道：是指旅游饭店借助中间商将其产品销售给顾客。解决了旅游饭店规模不断扩大，生产能力日益增强与销售不足的矛盾。通过建立广泛的销售网络，使顾客能够更加方便的购买。

间接分销渠道的优点：节约交易成本，旅游饭店可利用中间商具有的集中、平衡和扩散的功能，使交易次数减少，销售简单化，节约旅游饭店的销售成本；中间商具有庞大的销售网络，开拓市场能力强，能收集大量的信息，掌握市场动态，可发挥他们的桥梁和纽带作用，引导消费，促进产品销售。

间接分销渠道的缺点：第一、可能形成“需求滞后差”。中间商购买了产品，并不意味着产品从中间商手中再销售出去了，有可能销售受阻。对于旅游饭店而言，一旦多数中间商的销售受阻，就形成了“需求滞后差”，即需求在时间空间上滞后于供给。第二、可能加重顾客的负担，导致抵触情绪。中间环节的增多会增加顾客的负担。第三、中间商服务工作欠佳，可能导致顾客对商品的抵触情绪，甚至引起购买的转移。不便于直接沟通信息。如果与中间商协作不好，旅游饭店就难以从中间商的销售中了解和掌握顾客对产品的意见、竞争者产品的情况、饭店与竞争对手的优势和劣势、目标市场状况的变化趋势等。

（2）根据中间环节层次的多少可分为 短渠道和长渠道。分销渠道的长度是指旅游产品流通过程中所经过的不同层次中间环节的多少。显然，产品流通所经过的中间环节越多，则渠道越长；反之，则越短。按旅游饭店产品所经过的中间环节层次的多少，分销渠道可以划分成以下几种模式：

① 零级渠道：旅游饭店——顾客。旅游饭店产品不经过任何中间环节，直接由旅游饭店供给顾客。是一种最简便、最短的销售渠道。

② 一级渠道：旅游饭店——中间商——顾客。是指旅游饭店和顾客之间只经过一个中间环节的分销渠道。即旅游饭店直接向中间商供货，中间商再把产品转卖给顾客。

③ 二级渠道：旅游饭店——批发商——零售商——顾客。是指旅游饭店和顾客之间经过两个中间环节的分销渠道。这种分销渠道大多是旅游饭店产品向旅行社分销产品所采用，顾客通过旅游批发商和旅游零售商两个环节采购旅游饭店产品。由于旅游饭店产品不可转移性的特点，一般超出两个环节的销售渠道较少。

长渠道的优点：长渠道一般由多个中间环节组成，点多面广，市场覆盖率高，能高效开拓市场；中间商等可以为旅游饭店承担一定风险。

长渠道的缺点：渠道长，环节多，信息反馈慢，失真率高，控制性差；推高产品成本，失去低价优势。

（3）根据旅游饭店营销者选用同一层次中间环节的多少划分为 宽渠道和窄渠道。分销渠道的宽度是指渠道中的同一个层次中间环节使用同类型中间商数目的多少。按照渠道的宽窄分为三种形式：

① 密集性分销渠道：指旅游饭店尽可能多地通过负责任的中间商来推销其产品，使旅游饭店产品实现更加广泛的分销（图 10-2）。

② 选择性分销渠道：指旅游饭店在通过考察，精心挑选几个最合适的中间商推销其产品。有利于旅游饭店进行产品销售及市场的扩展，节省费用，易于控制。

③ 独家分销渠道：指旅游饭店在某一区域或某一时间段内仅选择一家中间商来推销其产品。它通常是双方协商签订独家代理或经销合同，规定中间商不得经营竞争对手的产品，这样便于控制中间商的业务经营，调动其经营的积极性，以有效地占领市场（图 10-3）。

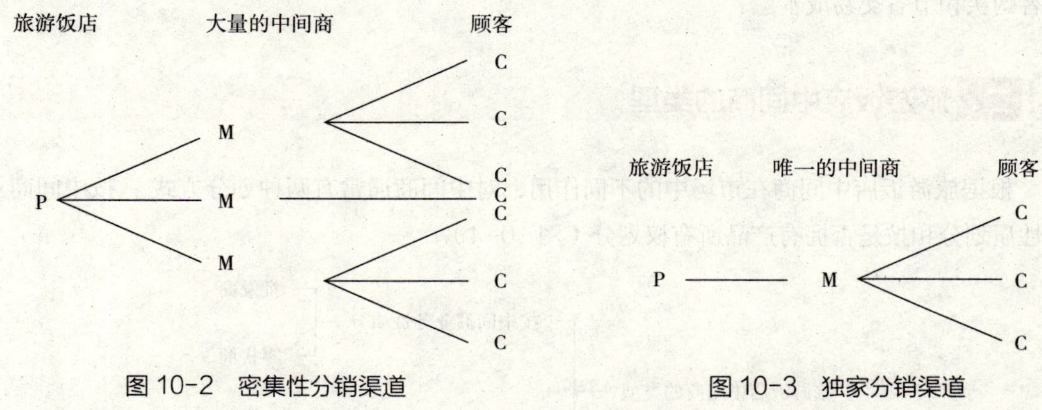

图 10-2 密集性分销渠道　　图 10-3 独家分销渠道

宽渠道的优点：产品销售速度快；多家中间商，有利于旅游饭店进行绩效评判，促进中间商的竞争，优胜劣汰。

宽渠道的缺点：旅游饭店与中间商的关系相对松散，易受外部市场变化的冲击，生产者与中间商之间的相互选择不断变化。

窄渠道的优点：容易控制价格，有助于密切旅游饭店与中间商之间的关系。

窄渠道的缺点：第一，选择性差，旅游饭店选择的某一中间商如不再分销旅游饭店的产品，就会丢掉大部分的市场；第二，没有其他中间商的竞争压力，影响其开拓市场的积极性。

项目二 旅游饭店中间商

旅游饭店中间商在旅游饭店产品流通过程中是不可缺少的部分，它能减少旅游饭店产品交易次数，节省旅游饭店在产品销售上所花费的时间和财力，有利于实现顾客的远距离购买，实现迅速分销，解决旅游饭店产品不可储存性的特点，通过发挥中间商的特长和优势，形成互利的局面。

一、旅游饭店中间商的概念

旅游饭店中间商是指介于旅游饭店与顾客之间，专门从事分销旅游饭店产品与服务的组织和个人。由于旅游饭店中间商的存在，可以减少旅游饭店产品在流通中的交易次数，有利顾客购买和节省交易成本。

二、旅游饭店中间商的类型

根据旅游饭店中间商在市场中的不同作用，对中间商通常有两种划分方式：按中间商业务性质划分和按是否拥有产品所有权划分（图 10-4）。

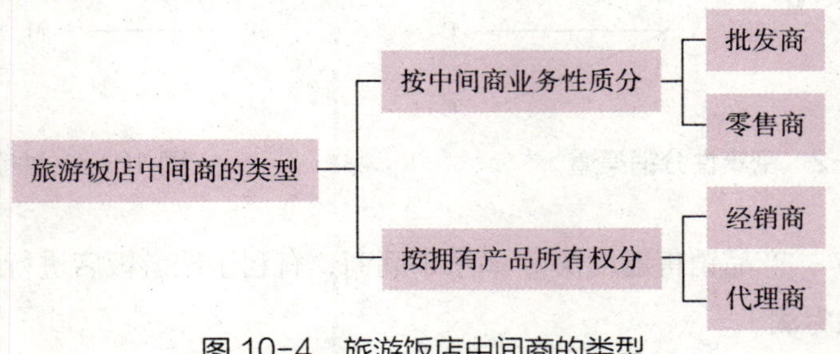

图 10-4 旅游饭店中间商的类型

（一）按旅游饭店中间商业务性质划分批发商和零售商

1. 批发商

旅游饭店产品批发商大多特指经营旅游批发业务的旅行社，在营销渠道中上游联结旅游产品生产者，下游联结旅游产品零售商或最终的旅游者。旅游批发商通常大量订购旅游饭店产品、交通、旅游景点等企业的单项产品，并将这些产品编排成多种时间、价格的包价旅游线路，然后再批发给旅游零售商，再由零售商转卖给最终的旅游消费者。旅游批发商因实力不同，营销网络和规模大小不一，有的遍布全世界，有的只在某一地经营。

2. 零售商

旅游饭店零售商是直接面向广大旅游消费者，从事旅游饭店产品零售服务的中间商，与顾客联系最为紧密，大多数为直接面向顾客的旅行社。

（二）根据是否购买旅游饭店产品所有权划分经销商和代理商

1. 经销商

经销商是指买进旅游饭店产品，取得产品的所有权，然后再出售的中间商。比如：旅游批发商和零售商。它通常根据市场需求状况与旅游饭店进行协调，签订经销协议书或合同，向旅游饭店购买产品，取得所有权，然后独立组织经营销售，通过差价获得利润，需要承担相应的销售风险。

2. 代理商

旅游饭店代理商是指受旅游饭店的委托，在委托权限内代理销售旅游饭店产品的中间商。比如：航空公司、预订网络等。其显著特点是代理商不取得旅游饭店产品所有权，收入来自根据代理销售量多少所取得的被代理企业支付的佣金。销售风险小，其积极性的高低主要取决于从销售代理中所得到的佣金数量和产品的热销程度。

三、旅游饭店中间商的功能

销售渠道执行的任务是将旅游饭店产品和服务从旅游饭店转移到顾客，它弥补了由于旅游饭店产品和服务与顾客在时间、地点和持有权等方面的缺口。销售渠道成员执行了一系列重要的职能，主要体现在以下几个方面（图 10-5）：

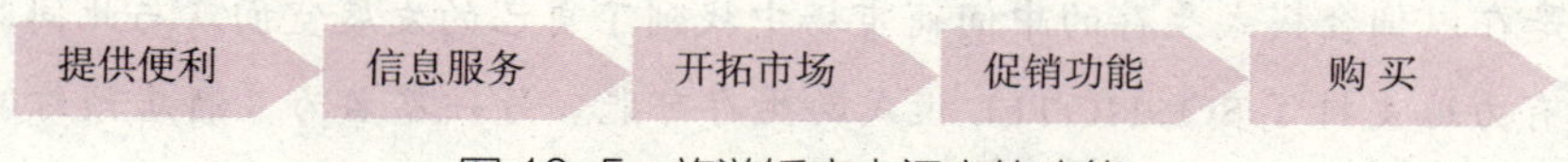

图 10-5 旅游饭店中间商的功能

（1）提供便利　旅游饭店中间商的销售网点分布于大中小城市，触角广泛，极大地缩短了顾客与旅游饭店的空间差距，给购买提供了便利的条件。

（2）信息服务　旅游饭店中间商面对的是广大的顾客，提供信息和咨询服务，能迅速掌握消费者的需求动向，从而为旅游饭店提供准确、及时的信息反馈，帮助旅游饭店对市场的变化作出积极的反应，使旅游饭店产品和服务的供应能不断适应顾客的需求。

（3）开拓市场　旅游饭店市场需求的变化和竞争的加剧，要求旅游饭店不断进行市场的开拓，旅游饭店一方面可以利用自身去开拓市场，另一方面中间商是专门从事产品购销的机构，对市场的需求和走向有着强烈的敏感性，能对市场的未来发展有较为准确的认识，善于寻找市场的空隙，捕捉市场营销机会。

（4）促销功能　旅游饭店要促进顾客的购买，需要有力的营销策略。中间商是专门从事销售的机构，拥有自己的专门人才队伍和目标客户群体，它会积极运用各种手段，比如：广告宣传、产品展示和营业推广等促销活动，激发顾客的购买欲望，促进市场需求的形成。

（5）购买　中间商在获得顾客预订要求后，向旅游饭店预订客房。在有些旅游饭店客房紧缺的地方，以及旅游饭店营业旺季，中间商为了保证能获得预订的客房，也采取预先向旅游饭店预订批量客房，然后再组织客源的做法。

案例

酒店预订中间商还能活多久？

随着旅游电子商务的发展，关于“酒店预订”的话题总是会成为大家讨论的中心。2006年末某网站和携程的“划线门”被炒作的沸沸扬扬，吸引了大量旅游和IT两大业界人士的眼球。其后国内的旅行社又在热评同程网的“中房信”系统，支持和反对的声音也是此起彼伏。可以看得出来，虽然酒店预订是趋势，但中间商的日子恐怕是越来越难过了。

《未来趋势：在线旅客直接从酒店网站预订客房》，这是来自《纽约时报》网站的一篇翻译稿，看完之后，着实会让酒店预订中间商们惊出一身冷汗。文章的内容其实很简单，客户的忠诚度基本上是根据服务的质量和优惠度来决定的。毫无疑问，服务质量的控制权在酒店而不是在中间商；而从优惠度上看，只要酒店把支付给中间商的佣金全部（部分）让给客人就可以了。目前酒店直销缺少的仅仅是一座将信息传输给客人的桥梁而已。

然而这座桥梁已经出现了。SO-HOTEL酒店直销网就开了一个好头，从他们的自我介绍上看，确实是在以佣金模式生存的中间商市场中找到了自己的发展空间。与此同时，相应的市场调查也有力地支持了SO-HOTEL模式的生存可能。另一篇名为《酒店预订网站不升级气难喘》的文章直接把佣金模式的中间商的软肋暴露出来。而且，SO-HOTEL应该还仅仅是个开头，尤其是在中国这样一个“成本低廉”且又“善于价格战”的市场环境中。相信要不了一年，类似于SO-HOTEL这样的网站会越来越多，那么为酒店直销提供信息发布的成本也会越来越低。一旦这样的格局越来越成熟，那么对佣金模式的中间商是很致命的。

当然，我们依然不排除佣金模式的中间商会通过对客户群体的细分和提供更加有效的服务来加强与酒店的合作，并且适当的调整佣金比例。在《未来趋势：在线旅客直接从酒店网站预订客房》一文中可以看到中间商们是如果采用自己的方式进行反击的。而且这样的反击会越来越强烈和更有智慧。比如《酒店搜索网站Travel Intelligence与hiphotels.com合作》的这篇报道说明新的产品和新的客户群体依然可以为佣金模式的中间商们增加新的生存空间。

四、旅游饭店的主要中间商

目前，旅游饭店中间商在我国主要有以下几种，如图10-6所示。

（一）旅行社

在我国，把有营利目的，从事旅游业务的企业称为旅行社。在旅行社的业务中，为旅游者提供住宿是其重要的业务之一，所以，旅行社成为旅游饭店销售其产品的重要渠道之一。由于旅行社在经营中存在风险大、批量大、季节性强等特点，旅行社的订房也会受到上述特点的影响，主要表现在以下几个方面：

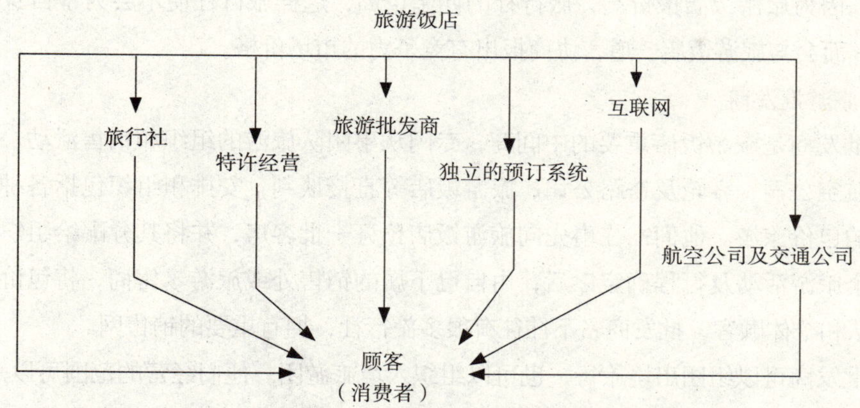

图 10-6 我国旅游饭店的主要中间商渠道

（1）订房数量大 除大型会议外，一般商务企业、政府组织机构等订房数量受其自身业务规模所限不会太大，但旅行社的订房则不然。通常旅行社的年接待量都比较大，大型旅行社的年接待量甚至几十万上百万，因此，旅行社的订房对旅游饭店尤其是旅游城市或风景区的旅游饭店而言是最主要的生意来源。

（2）订房价格低 旅行社为了尽可能提高经营利润以及降低直观报价，增强旅行社价格竞争力，通常会向旅游饭店争取较低的团队价格。加上付给旅行社的佣金，旅行社的实际订房价格往往要更低。

（3）订房时间集中 旅行社订房季节性强，通常都集中在旅游旺季，而旅游淡季则订房较少。这样便使旅游饭店在旅游旺季客源激增，形成营业高峰。在营业高峰，旅游饭店设施超负荷运转；在淡季，则大量闲置。这种现象给旅游饭店的经营带来一定的困难。为了避免订房过于集中，旅游饭店应当采取相应的措施，如采取淡旺季价格，与旅行社合作开展淡季促销活动，尽可能做到淡旺季订房的均匀分布。

（4）订房取消率高 旅游饭店大量接受旅行社订房，具有很大的风险。旅游业是一项很敏感的行业，尤其是组团旅游，极易受到政治、经济和突发事件的影响而出现大的波动，团队取消在行业中非常普遍。

（5）订房连续性强 旅游饭店通常与旅行社保持密切的业务联系，旅行社的订房连续持久。旅行社一般都将自己的团队安排在有主要业务往来的旅游饭店，而不会随意向其他旅游饭店订房。原因很简单，双方了解，合作容易，且能够达成有利的价格协定。如果旅游饭店能够保持与旅行社的密切合作，对于旅游饭店客源的稳定以及进行客源预测都十分有利。

我国现阶段旅游饭店与旅行社之间的报酬关系主要是采取旅游饭店与旅行社之间报价差的形式，较少给予佣金。随着我国旅游运作与国际标准的接轨，佣金这一形式的使用会越来越普遍。采用佣金形式，可以避免旅游饭店与旅行社之间利益对立的状况，减少相互之间的报价摩擦。因为旅游饭店报价高，旅行社的佣金也高，这样旅行社便不会为了自身的利润而拼命压价，而会与旅游饭店一道，协商报出有竞争力的市场价格。

（二）旅游批发商

旅游批发商是旅游饭店重要的中间商，专门从事团队旅游的组织和销售活动。旅游批发商通过与航空公司、客轮及铁路公司、旅游饭店等直接谈判，安排和组织包括各种时间、线路和价格的包价旅游。他们往往事先向旅游饭店预订一批客房，并将其分配给组织的系列团队，待整个旅游活动及行程确定以后，由自己下属的销售处或旅游零售商，将包价旅游项目出售给团队和个体顾客，批发商名下往往有很多旅行社，拥有重要的销售网。

旅游批发商可以组团出境旅行，也可以组织入境旅游团。他们经营的范围可以是本地区，也可以是在全国，甚至在国际范围内进行销售活动。地区性旅游批发商组团到本地区旅游，通过旅行社向旅客销售。国际性旅游批发商可能会在国外设立办事处，也可通过国外代理商，组团到本国旅游。

经营包团旅游，需要一系列技巧，包括销售技巧。旅游批发商必须具有一定的管理能力、宣传能力，他们必须能够预见旅游安排中一系列细节及其可能的变化，善于预见市场的变化，并根据市场需求制订营销计划和策略、产品策略、营销因素组合策略、定价策略等。

旅游批发商的营业收入，主要包括从交通公司等得到的代理佣金和旅游饭店订房差价所得到的收益。一般旅游饭店要给予其25%~45%的价格优惠，如果旅游批发商组织的包价旅游，包括在旅游饭店内的膳食，通常可以从旅游饭店得到整体包价10%的佣金。

（三）特许经营

特许经营是当今最流行的分销模式，它适应了社会化生产和旅游饭店顾客的要求，也是旅游饭店低成本标准化扩张和实现规模化经营的重要手段。

（1）特许经营的概念　特许经营，是指特许授予人在一定的期限内，向被特许授予人提供有形或无形的资产、管理方式、训练以及经营技巧等，受许人则先付一笔首期特许费，此后每年按销售收入的一定比例支付特许费的一种合作经营方式。比如：常见的假日酒店、餐饮店的特许经营。

（2）特许经营的特点

① 特许经营系统通常由一个特许人和很多受许人组成，核心是特许权的有偿转让，特许人和每一个受许人分别签订合同，而受许人之间没有横向联系。

② 在特许经营中，各受许人的财产所有权没有发生变化，特许人无权干涉。

③ 特许人根据签订的合同，在特许期间要向受许人提供开展经营活动所必需的信息、技术、知识和培训，同时授予受许人在一定区域内独家使用其商号、商标或服务项目等权利。

④ 受许人必须按照合同规定从事经营活动，受许人不是特许人的代理人或工作伙伴，没

有权利代表特许人行事，受许人要明确自己的身份，以便在同顾客打交道时不发生混淆。

⑤ 特许人按照受许人营业额的一定百分比收取特许费用，分享受许人的部分利润，同时也要分担广告、培训、管理、咨询服务等发生的部分费用。

（3）特许经营的类型　旅游饭店常见的特许经营的类型：产品或商标特许经营、经营模式特许经营。

① 产品或商标特许经营。这是一个传统特许经营形式，在这种形式中，特许人通常是一个旅游饭店，同意授许人对特许产品或商标进行商业开发。特许人提供相应的广告、人员培训、管理咨询等方面的帮助，但受许人仍作为独立的经销商经营业务。

② 经营模式特许经营。这是近几十年来发展较快的特许经营模式。这种形式中特许人和受许人之间的关系更为紧密，受许人不仅被授权使用特许人的商号商标，而且要接受全套经营管理方式，还要对企业的选址、产品或服务的质量控制、人员培训、广告、财务系统及商品供应等方面进行指导和帮助。这种特许经营常见于餐馆、旅游饭店等。

（四）互联网络

互联网正在迅速成为一种高效的旅游饭店分销系统，互联网络营销就是建立在综合利用互联网、电子计算机和数字交换等多种技术基础上，把产品或服务从旅游饭店转移到顾客的经营活动。现在已经有价值数十亿美元的旅游饭店产品通过网上预订和销售，一些大的旅游饭店集团，如希尔顿和马里奥特纷纷在网上开展预订客房的服务，其网上预订额逐年飞速增长，顾客逐渐接受并乐意在网上进行旅游饭店预订。作为新兴和最具有潜力的分销渠道，网络营销有如下特点：

（1）信息发布渠道广泛　网络作为迅速、便捷和范围广泛的媒体，旅游饭店可充分利用网络的特性，把旅游饭店的概况和产品的种类、规格、价格等告诉中间商和顾客，而且发布的费用成本低廉。

（2）销售产品和服务方便快捷　顾客可以从网上直接挑选和购买自己需要的产品或服务，并通过网络方便地支付款项，既节省了时间，又减少了流通环节。旅游饭店可以利用网络，将无形的产品有形化，为旅游饭店产品提供“身临其境”的展示机会。

（3）信息反馈迅速　网络的信息传递是双向的，旅游饭店不仅可以发送信息，也可以收到顾客的信息，大大提高信息反馈速度，有利于促进旅游饭店及时收集信息，改进产品设计，促进旅游饭店的良性循环。

（五）航空公司和其他交通运输公司

航空公司为旅游饭店输送的客源包括飞机乘客、航空机组人员、航空公司组织的包价旅游者或包机游客。航空公司是旅游饭店的重要销售渠道。当然，除了航空公司之外，其他交通设施的办事机构，如出租汽车公司、铁路服务处等，也可成为旅游饭店的销售渠道。

（六）行业协会和预定系统

预订系统，如路易斯国际代理、斯坦伯格预订系统和国际预订与信息联盟都在扩展它们的服务。预订系统为旅游饭店提供一个中心预订系统，它们经常为小型连锁旅游饭店配备这种系统或提供海外预订服务，使国际游客拨打当地电话就可以与旅游饭店取得联系。这些预订系统也为独立的旅游饭店服务，并收取15%的佣金。

行业协会是旅游饭店业为了共同的利益而联合成立的组织。市场营销通常是组成行业协会的初衷。行业协会允许其成员旅游饭店独立地拥有资产所有权和经营权，同时使每家旅游饭店都得益于行业协会的整体营销。世界一流旅游饭店组织就是行业协会的一个典型例子。由于有些预订服务正把业务扩展至市场营销领域，使得预订服务与行业协会的区别变得越来越模糊。当使用预订系统的旅游饭店达到一定数量时，行业协会很自然就会增加新的服务。

行业协会和预订系统使旅游饭店业的营销覆盖区域越来越广泛，随着业务的国际化，协会的成员将更多地使用行业协会和预订系统进行营销活动从而获得客源。

（七）全球分销系统

全球分销系统(GDS)是一种计算机化的预订系统，它可以被看作是旅行代理商或旅游饭店集团等的销售目录。这套系统首先是由航空公司为了扩大销售量而开发的，最近经过一系列的联合与兼并，最后形成了六大系统，即亚美达斯系统一号、阿波罗（伽利略）系统、阿克塞斯系统、凡塔希亚系统、赛伯系统和沃斯本（爱伯克斯）系统。美国96%的旅行代理商至少与一套计算机系统相连接，旅游饭店也把自己连接在这些系统当中，便于旅行代理出售。

案例

预订系统——饭店重要的销售渠道

美国的一些连锁饭店为了解决各饭店繁重的预订文件处理工作成立了中央预订办公室(CRO)，专门负责处理所联号饭店的预订，并利用了20世纪60年代中期电信公司推出的免费电话服务，同一集团的所有饭店宣传册上都只印有中央预订办公室的免费预订电话，而中央预订办公室实际上成为一个电话交换中心(Cal-Center)。CRO的出现有效地减轻了各饭店的预订压力，同时可以及时了解和合理调配集团下属各饭店的入住情况，如CRO发现某一饭店已订满会自动将预订转到附近的其他饭店。电脑系统的介入取代了CRO的电话交换中心功能。1965年，假日集团首家推出了Holidex电脑预订系统(CRS)。20世纪70年代初，威斯汀(Westin)酒店集团也开发出饭店版A-pollo（美联航机票电脑预订系统），称为Westron，并在非集团下属的酒店推广该系统的授权服务。不久，许多其他酒店集团也纷纷步其后尘，建立自己的电脑预订系统。据英国旅行代理商“托马斯库克”统计，对于旅行商来讲，电话预订饭店每个预订成本为3英镑，而利用CRS预订成本仅为0.76英镑。另据饭店的相应统计(HSMAI，1995)，通过饭店集团CRO电话语音预订，每个预订成本在12～15美元，而电子预订每个成本仅3.5美元。

旅游饭店除了可以选择以上几种销售渠道外，还可以选择其他一些销售渠道。如旅游局、旅游协会、旅游信息中心、各国驻华大使馆、进出口贸易公司、大型企业、各城市的大专院校等，这些组织也将或多或少地为旅游饭店提供客源。

项目三 旅游饭店产品分销渠道策略

一、影响销售渠道选择的因素

影响销售渠道选择的因素很多，旅游饭店在选择销售渠道时必须对下列几方面的因素进行系统地分析和判断，才能做出合理的选择。

（一）产品因素

（1）产品价格　一般来说，旅游饭店产品单价越高，越应注意减少流通环节，否则会造成销售价格的提高，从而影响销路，这对旅游饭店和顾客都不利。而单价较低、市场较广的产品，则通常采用多环节的间接销售渠道。

（2）产品的性质　由于旅游饭店产品具有无形性、不可储存性和位置的不可转移性等特征，使得旅游饭店在销售时面临许多困难，所以旅游饭店应该尽量多使用不同的销售渠道来销售其产品。

（3）新产品　为尽快地把新产品投入市场，扩大销路，旅游饭店一般重视组织自己的推销队伍，直接与顾客见面，推荐新产品和收集顾客意见。如能取得中间商的良好合作，也可考虑采用间接销售形式。

（二）市场因素

（1）购买批量大小　购买批量大，多采用直接销售；购买批量小，除通过自设销售处销售外，多采用间接销售。这就是旅游饭店为什么要有专门的销售人员负责向旅行社或大型公司销售其产品。

（2）顾客的分布　旅游饭店市场分布比较集中，适合直接销售。反之，适合间接销售。

（3）潜在顾客的数量　若顾客的潜在需求多，市场范围大，需要中间商提供服务来满足顾客的需求，宜选择间接销售渠道。若潜在需求少，市场范围小，旅游饭店可直接销售。

（4）顾客的购买习惯　顾客的购买习惯有较大的差异，旅游饭店应该根据目标市场的消费习惯而有选择地进行销售渠道决策。

（三）旅游饭店本身的因素

（1）资金能力　旅游饭店本身资金雄厚，则可自由选择销售渠道，可建立自己的销售网点，采用产销合一的经营方式，也可以选择间接销售渠道。旅游饭店资金薄弱则必须依赖中间商进行销售和提供服务，只能选择间接销售渠道。

（2）销售能力　旅游饭店在销售力量和销售经验等方面具备较好的条件，则应选择直接销售渠道。反之，则必须借助中间商，选择间接销售渠道。另外，旅游饭店如能和中间商进行良好地合作，或对中间商能进行有效地控制，则可选择间接销售渠道。若中间商不能很好地合作或不可靠，将影响产品的市场开拓和经济效益，则不如进行直接销售。

（3）可能提供的服务水平　中间商通常希望旅游饭店能尽可能多地提供广告、展览、培训等服务项目，为销售产品创造条件。若旅游饭店无意或无力满足这方面的要求，就难以达成协议，迫使旅游饭店自行销售。反之，提供的服务水平高，中间商则乐于销售该产品，旅游饭店则选择间接销售渠道。

（四）经济收益

不同分销途径经济收益的大小也是影响旅游饭店选择销售渠道的一个重要因素。对于经济收益的分析，主要考虑的是成本、利润和销售量三个方面的因素。具体分析如下：

（1）销售费用　销售费用是指产品在销售过程中发生的费用。它包括包装费、运输费、广告宣传费、陈列展览费、销售机构经费、代销网点和代销人员手续费、产品销售后的服务支出等。一般情况，减少流通环节可降低销售费用，但减少流通环节的程度要综合考虑，做到既节约销售费用又有利于旅游饭店产品的销售。

（2）价格分析　在价格相同条件下，进行经济效益的比较。目前，许多旅游饭店都以同一价格将产品销售给中间商或最终顾客，若直接销售量等于或小于间接销售量时，由于旅游饭店直接销售时要多占用资金，增加销售费用，所以，间接销售的经济收益高，对旅游饭店有利；若直接销售量大于间接销售量，而且所增加的销售利润大于所增加的销售费用，则选择直接销售有利。当价格不同时，进行经济收益的比较，主要考虑销售量的影响，若销售量相等，直接销售多采用零售价格，价格高，但支付的销售费用也多。间接销售价格低，但支付的销售费用也少。究竟选择什么样的销售渠道？可以通过计算两种销售渠道的盈亏临界点作为选择的依据。当销售量大于盈亏临界点的数量，选择直接销售渠道；反之，则选择间接销售渠道。在销售量不同时，则要分别计算直接销售渠道和间接销售渠道的利润，并进行比较，一般选择获利的销售渠道。

二、选择销售渠道模式的原则

旅游饭店销售渠道管理人员在选择具体的销售渠道模式时，无论出于何种考虑，从何处着手，一般都要遵循以下原则：

（一）畅通高效的原则

这是渠道选择的首要原则。任何正确的渠道决策都应符合物畅其流、经济高效的要求。旅游饭店产品的流通时间、流通速度、流通费用是衡量分销效率的重要标志。畅通的销售渠道应以顾客需求为导向，将产品尽快、尽好、尽早地通过最短的路线，以尽可能优惠的价格送达顾客方便购买的地点。畅通高效的销售渠道模式，不仅要让顾客在适当的地点、时间以合理的价格买到满意的旅游饭店产品，而且应努力提高旅游饭店的分销效率，争取降低分销费用，以尽可能低的分销成本，获得最大的经济效益，赢得竞争的时间和价格优势。

（二）覆盖适度的原则

旅游饭店在选择销售渠道模式时，仅仅考虑加快速度、降低费用是不够的。还应考虑是否有较高的市场占有率足以覆盖目标市场。因此，不能一味强调降低分销成本，这样可能导致销售量下降、市场覆盖率不足的后果。成本的降低应是规模效应和速度效应的结果。在销售渠道模式的选择中，也应避免扩张过度、分布范围过宽过广，以免造成沟通和服务的困难，导致无法控制和管理目标市场。

（三）稳定可控的原则

旅游饭店的销售渠道模式一经确定，便需花费相当大的人力、物力、财力去建立和巩固，整个过程往往是复杂而缓慢的。所以，旅游饭店一般不会轻易更换渠道成员，更不会随意转换渠道模式。只有保持渠道的相对稳定，才能进一步提高渠道的效益。畅通有序、覆盖适度是销售渠道稳固的基础。

由于影响销售渠道的各个因素总是在不断变化，一些原来固有的销售渠道难免会出现某些不合理的问题。这时，就需要销售渠道具有一定的调整功能，以适应市场的新情况、新变化，保持渠道的适应力和生命力。调整时应综合考虑各个因素的协调，使渠道始终都在可控制的范围内保持基本的稳定状态。

（四）协调平衡的原则

旅游饭店在选择、管理销售渠道时，不能只追求自身的效益最大化而忽略其他渠道成员的局部利益，应合理分配各个成员间的利益。渠道成员之间的合作、冲突、竞争的关系，要求渠道的领导者对此有一定的控制能力——统一、协调、有效地引导渠道成员充分合作，鼓励渠道成员之间有益的竞争，减少冲突发生的可能性，解决矛盾，确保总体目标的实现。

（五）发挥优势的原则

旅游饭店在选择销售渠道模式时为了争取在竞争中处于优势地位，要注意发挥自己各个方面的优势，将销售渠道模式的设计与旅游饭店的产品策略、价格策略、促销策略结合起来，增强营销组合的整体优势。

三、评估选择销售渠道方案

评估标准有三个，即经济性、可控性和适应性，其中最重要的是经济标准。

（一）经济性标准评估

主要是比较每个方案可能达到的销售额及费用水平。

（1）比较由本旅游饭店推销人员直接推销与使用销售代理商哪种方式销售额水平更高。

（2）比较由本旅游饭店设立销售网点直接销售所花费用与使用销售代理商所花费用，看哪种方式支出的费用大，旅游饭店对上述情况进行权衡，从中选择最佳分销方式。

（二）可控性标准评估

一般说，采用中间商可控性小些，旅游饭店直接销售可控性大；销售渠道长，可控性难度大，渠道短，控制比较容易。旅游饭店必须进行全面比较、权衡，选择最优方案。

（三）适应性标准评估

如果旅游饭店同所选择的中间商的合约时间长，而在此期间，其他销售方法如直接销售更有效，但旅游饭店不能随便解除合同，这样旅游饭店选择销售渠道便缺乏灵活性。因此，旅游饭店必须考虑选择策略的灵活性，不签订时间过长的合约，除非在经济或控制方面具有十分优越的条件。

四、管理控制销售渠道

旅游饭店在选择渠道方案后，必须对中间商加以选择和评估，并根据条件的变化对渠道进行调整。

（一）控制的出发点

不应从旅游饭店自己的观点出发，而要站在中间商的立场上纵观全局。通常旅游饭店抱怨中间商不重视某些特定品牌的销售、缺乏产品知识、不认真使用旅游饭店的广告资料、不能准确地保存销售记录。

但从中间商角度，认为自己不是旅游饭店雇佣的分销环节中的一环而是独立机构，制定政策不受其干涉；销售得好的产品都是顾客愿意买的，但不一定都是旅游饭店想销售的。也就是说，中间商的第一项职能是顾客购买代理商，第二项职能才是旅游饭店销售代理商。旅游饭店若不给中间商特别奖励，中间商不会保存销售各种品牌的记录。所以，旅游饭店要考虑中间商的利益，通过协调进行有效控制。

（二）激励渠道成员

旅游饭店在选择确定了中间商之后，为了更好地实现旅游饭店的营销目标，促使中间商与自己合作，还必须采取各种措施不断对中间商给予激励，以此来调动中间商经销旅游饭店产品的积极性，并通过这种方式与中间商建立一种良好关系。激励职能包括的主要内容有：研究分销过程中不同分销商的需要、动机与行为；采取措施调动分销商的积极性；要解决分销商或分销执行者之间的各种矛盾等。激励中间商的方法很多，不同旅游饭店所用方法不同，就是同一旅游饭店，在不同地区或销售不同产品时所采取的激励方法也可能不同。

从总体上说，激励方式的选择要具有针对性。依据旅游饭店销售产品的不同和旅游饭店选择中间商的不同，激励方式也会有所不同。任何一家旅游饭店在选用激励方式之前都要分析激励对象即中间商和其他分支机构的需求，然后没法满足。如果不分析中间商的需求情况随便采取一种激励手段，其激励效果可能不会很好，有时甚至起负面效果。旅游饭店还要确定好合理的激励水平，因为激励可能带来销售量增加，但也需要花费旅游饭店的人力、财力。

此外，在进行激励时，要注意采用多元手段，因为中间商与旅游饭店如果仅仅只有利益关系，在市场不稳定，出现利润下降甚至没有利润时，中间商就可能流失。而如果相互之间的纽带多元化，就可以化解很多危机。例如，现在有的旅游饭店在自身发展的同时，扶持起一大批一流经销商，旅游饭店不惜花较多的时间指导中间商的经营工作，从提供产品发展为提供管理、培训人员，合作领域扩大，接触面扩大，旅游饭店对中间商的影响力也随之扩大。

（三）调整渠道成员

在销售渠道管理中，根据每个中间商的具体表现、市场变化和旅游饭店营销目标的改变，对销售渠道需要进行调整，调整的方式主要有：

（1）增减销售渠道中的中间商　经过考核，对推销不积极或经营管理不善、难以与之合作的中间商，对于给旅游饭店造成困难的中间商，旅游饭店在必要时可与其中断合作关系。旅游饭店为了开拓某一新市场，需要在该地区物色一个中间商，经过调查分析和洽谈协商，在符合旅游饭店对中间商的要求和中间商愿意合作的基础上，可以选定其作为旅游饭店在该地区的经销商或代理商。

（2）增减某一种销售渠道　当某种销售渠道出售本旅游饭店的某种产品，其销售额一直不够理想，旅游饭店可以考虑在全部目标市场或某个区域内撤消这种渠道类型，而另外增设一种其他的渠道类型。旅游饭店为满足顾客的需求变化而开发新产品，若利用原有渠道难以迅速打开销路和提高竞争能力，则可增加新的销售渠道，以实现旅游饭店营销目标。

（3）调整整个销售渠道　有时由于市场情况变化太大，旅游饭店对原有渠道进行部分调整已难以适应旅游饭店的要求和市场情况的变化，则必须对旅游饭店的销售渠道进行全面的调整。这是对原有的分销渠道通盘调整，难度极大，风险极大，旅游饭店要认真作好调整前的准备，权衡利弊，充分考虑各种因素，以免仓促调整，带来不可挽回的损失。

案例

金陵旅游饭店的渠道管理

全球酒店业的权威杂志*HOTELS*发布了全球酒店业300强的2007年度排行榜，南京金陵连锁酒店以10318间客房、43家酒店名列第73位，跻身全球酒店业100强。金陵旅游饭店辉煌的背后，并没有号称中国酒店业第一渠道商——携程的身影。国内酒店管理集团只有金陵一家敢跟携程脱离关系，而金陵的底气，源于多渠道合作和管理改革后旗下各酒店客源结构的改变。与国内一些酒店高达30%的客源来自携程或艺龙等渠道商不同，金陵旅游饭店通过IT平台整合了多种订房渠道，"冲淡"了一家独大的渠道格局，任何一家渠道商的退出都不会对旅游饭店的业务造成影响。金陵旅游饭店的例子给了国内其他旅游饭店业者以启示，永远别把鸡蛋放进同一个篮子里。对于多数中小旅游饭店而言，更应该综合运用多重销售渠道，变被动为主动，平衡各种销售渠道之间的比重，切忌"在一棵树上吊死"。

综合案例

酒店直销还是分销?

自2000年开始，酒店业的景气周期已经持续7年，在此期间高星级酒店和经济型酒店得到了迅猛的发展。仅2007年，在年底前开工的全国待评、在建、待建四、五星级旅游饭店就达到1107家，其中相当于五星级的554家，是2007年全国五星级旅游饭店总量的1.9倍。而经济型酒店在全国已经超过1000家店10万间房，2008年各大经济型酒店集团都将以少则几十、多则上百的数量扩张。虽然我们看到了酒店行业的繁荣态势，但从另外一组数据中可以看出其中的诸多问题。全国14000多家星级酒店中，只有20%的酒店处于盈利状态，而经济型酒店的领头羊之一如家快捷也报出2007年第四季度净亏损1520万元。

从以上数据可以简单看出，中国酒店市场宏观处于供大于求的状态，整个市场的销售是非常激烈的，酒店产品的缺失、销售渠道的单一、市场客源的不足导致非常多的酒店经营状况日益低下，但是进行了某个环节改良的酒店却趋于好转。对于酒店，市场客源是自己不能解决的，酒店产品的改进需要大量资金的投入，因此短时间内也难以改善，但是销售渠道的丰富和结构合理化是酒店完全可以做到的。

中国的酒店销售从发展初始就有问题，当时的酒店建设基本是行政需要，酒店也主要进行政府接待，酒店的客户就是上级单位或相关单位，就算接到散客也基本是客户的外地相关单位。20世纪80年代旅游业开放后，酒店开始有了一类新客户——旅行社。旅行社开始给酒店输送大量的旅游团队，而酒店尤其看重的就是入境的外国客人，甚至出现酒店求着旅行社分配外国团队的现象。到20世纪90年代，商业发达了，散客成为酒店的另一生力军。而最让中国酒店大开眼界的就是90年代末，21世纪初的携程、艺龙从最初的没人理睬到后来的呼风唤雨，酒店见证了互联网分销的无比强大。自此，酒店销售从形态上已经完备，即传统的线下销售和新兴的互联网销售都已经被酒店采纳，不过是被动采纳，而从渠道类型来看，酒店还没有真正完备起来。

长久以来，酒店是分销还是直销一直存在争议，究竟从酒店渠道数量和销售上直销和分销各占多少比例，价格和政策差异如何制定等众说纷纭。我们也经常听到这样或者那样的声音："我们从来不签网络订房中心！"；"我们酒店没有旅行社就很难完成销售！"；"携程每天都给我100多间房，我们很喜欢！我们自己就不用花力气销售了！"也有理性的酒店业者表示"分销只能占到我们酒店的25%，订房中心不能超过10%，旅行社不能超过25%，企业占到30%，散客占到20%。"似乎这样的客户划分是科学的，也是有据可循的，但并不一定有广泛的适应性。

直销观点：

① 直销的散客价格更高，收入更多，分销渠道掠夺了这部分客源；

② 直销的客户对酒店更忠诚，更利于维护，成为酒店的长久客源；

③ 直销的成本低廉，客户的维护效率很高。而分销渠道很多都不会给酒店带来可观收入，还需要经常变价、对账等，维护成本高、效率低下；

④ 酒店企业客户和旅行社能带来非常多的附加值，而餐饮、娱乐等都将因此受益；

⑤ 某些分销渠道的议价能力太强，严重影响酒店的自主性；

⑥ 直销才能真正了解消费者的需求，挖掘酒店的特征、品牌价值等，从而树立酒店在众多竞争对手中的独特之处。

分销观点：

① 分销的底价并不低于企业、旅行社散客价格，并没有剥夺酒店的利润；

② 分销能更广泛地推广某酒店品牌，让更多的消费者认知，从而带来更多的酒店散客，这些散客可能会直接找酒店消费，成为酒店直销散客；

③ 分销的客户范围广泛，可以协助酒店摆脱区域化的营销困境，而且给酒店带来了非本土的客户资源和直销可能性；

④ 分销有效地协调酒店淡旺季差异，平衡淡旺季的落差，而且分销的受众广泛，能第一时间协助酒店进行促销和推广，效果远比酒店自身推广要好。

案例思考

1. 你是如何看待酒店直销和分销的?
2. 你为酒店选择一种新的销售渠道并说明理由。

复习思考题

1. 什么是旅游饭店销售渠道？
2. 解释饭店销售渠道的作用与功能。
3. 旅游饭店销售渠道的类型有哪些？如何选择不同的渠道？
4. 分析旅游饭店销售渠道的主要中介机构。
5. 分析影响旅游饭店销售渠道选择的主要因素。
6. 选择销售渠道模式的原则是什么？

参考文献

1. 马勇，大连. 旅游市场营销[M]. 大连：东北财经大学出版社，1998.
2. 吴金林. 旅游市场营销[M]. 北京：高等教育出版社，2003.
3. 黄继元，吴金林，林丽.旅游市场营销（第二版）[M]. 重庆：重庆大学出版社，2009.
4. 胡宇成，王文君. 饭店市场营销管理. 北京：中国旅游出版社，2008.

模块十一

旅游饭店市场营销管理

1．了解旅游饭店市场营销管理的定义和管理过程
2．了解旅游饭店市场营销计划的分类和实施
3．掌握旅游饭店市场营销计划的制订
4．了解旅游饭店市场营销组织的定义、演变过程
5．掌握旅游饭店市场营销组织的各种形式
6．理解网络环境下旅游饭店市场营销组织的新变化
7．了解旅游饭店市场营销控制的重要性
8．掌握旅游饭店市场营销的控制程序和控制方法

项目一 旅游饭店市场营销管理过程

旅游饭店市场营销的管理是针对市场营销活动现象中诸多复杂、多变的因素进行的有效控制，目的在于使饭店的市场营销活动与复杂多变的市场营销环境相适应，这是旅游饭店经营成败的关键。所谓旅游饭店市场营销管理过程是指旅游饭店分析市场机会，研究和选择目标市场，制定营销战略计划并实施控制，以实现旅游饭店任务和目标的管理过程，也就是旅游饭店与他的最佳市场机会和营销环境相适应的过程。这一过程主要有以下五步骤组成：分析市场机会、研究和选择目标市场、制定市场营销策略、制定营销战略计划、实施和控制营销计划。

一、分析市场机会

每一个旅游饭店的管理者所面临的第一个任务，就是分析市场上存在的各种长期机会、短期机会，以改进和完善本企业的工作。分析市场机会也可以说是市场内外分析、营销环境分析，是旅游饭店市场营销管理过程的第一个步骤，指根据营销理论，分析市场上存在哪些尚未满足或尚未完全满足的显性或隐性的需求，以便旅游饭店能根据自己的实际情况，找到内外结合的最佳点，从而组织和配置资源，有效地提供相应产品或服务，达到饭店的营销目的的过程。在旅游饭店市场中，绝大多数的市场机会对于旅游饭店来说基本上是平等的，关键是看哪个企业能够最先抓住市场机会，也就意味着抓住了盈利的商机，同时结合自身饭店特点和目标市场相关情况，及时的做出营销策略决策，以期在日益剧烈的市场竞争中居于领先地位。

1. 市场机会分析的内容

市场机会分析主要是指对旅游饭店市场的外部分析和内部分析。

首先旅游饭店市场外部分析主要是指战略环境分析和行业环境分析。战略环境分析是饭店战略管理的基础，指对旅游饭店所处的内外部竞争环境进行分析，以发现企业的核心竞争力，明确企业的发展方向、途径和手段。例如宏观环境分析、行业环境分析和企业内部条件分析。其中宏观环境分析、行业环境分析属于外部环境分析。行业环境分析是对旅游饭店经营业务所处行业的行业结构、行业内企业的行为方式、行业平均绩效水平、行业竞争程度和利润潜力等进行分析的过程。行业环境对身处其中的饭店企业影响远大于总体环境影响，进行行业环境分析非常重要。对于旅游饭店业来说，可以通过各种分析手段，例如产品生命周期模型、行业参与者模型等，分析饭店业的经济特征、变革因素、行业总需求情况，掌握竞争者状况以及市场需求情况，进而制定相应的营销策略，实现企业营销目标。

其次旅游饭店市场内部分析主要是指企业能力分析，指对企业的关键性能力进行识别并进行有效性、特别在竞争性表现上的分析。旅游饭店也要对自己的企业能力进行科学有效的分析，帮助饭店决策者确定近期以及长远的企业战略，衡量战略的落实可能性，并判断是否需要进行修订，或用以决策是否饭店需要通过能力改进手段进行能力完善。旅游饭店可以通过饭店内部环境分析 、SWOT 矩阵分析 、核心能力分析、平衡计分卡等方式进行企业能力分析。

2. 分析市场机会的重要性

旅游饭店市场营销是一个系统过程，在这一系统过程中，市场机会分析占有重要的位置。这可从以下几个方面体现出来：

（1）市场机会分析是旅游饭店市场营销管理过程的出发点　旅游饭店市场营销管理过程中，每一环节都互相衔接，是有机结合起来的，缺一不可。而市场机会分析处于市场营销管理过程的起点，它直接影响和制约着以下的各个环节。

（2）市场机会分析也是旅游饭店制定战略规划的重要依据　企业战略规划是确定企业任务、目标和具体发展方向的重要工具，在企业制定战略规划时，其首要的任务是要确定企业经营方向，而通过市场机会分析，企业目标就能符合市场的变化。这是以市场导向来研究企业目的的新观念。

（3）市场机会分析是旅游饭店企业产品决策的基础　在市场营销组合中，4P（产品、价格、渠道、促销）是重要的营销手段，也是市场营销的核心，4P 中产品是关键的因素，它是最后进入消费领域、满足消费者需要的唯一手段，而价格、渠道和促销是实现这一满足过程的辅助手段。因此，产品也可以说是市场营销组合的主体。产品决策在企业市场营销策略中居于重要的地位。但产品决策的各个方面，尤其是新产品的开发与市场机会分析有密切关系。市场机会分析为它提出开发的方向，指明潜在的发展趋势，使产品开发在市场导向的基础上进行。

二、研究和选择目标市场

旅游饭店市场是一个庞大的市场，任何一个国家、地区和企业都不可能垄断整个旅游饭店市场，必须从饭店和现实环境的实际出发，选择合适的目标市场有目的有针对性地开展市场经营。正确的选择目标市场，明确旅游饭店应该为哪些用户服务，满足顾客哪些需求是旅游饭店在营销活动中的一项重要策略。在选择目标市场之前，必须选择合适的衡量标准对市场进行细分，即根据消费者的不同特性，把某一产品市场细分为若干市场，每个子市场是具有相同需求的一个消费者群。在细分市场的基础上，旅游饭店准备以相应的产品和服务满足其中的一个或几个子市场就是目标市场选择。在现代旅游饭店市场营销中，任何一个酒店都不可能占领所有的细分市场，只能根据自己的任务、目标、资源和特长等，选择对自己当前和今后一段时间最为有利的一个或几个细分市场作为营销重点。目标市场选择分为以下几步：

1. 测量和预测市场需求

在选择目标市场之前，必须要做的就是测量和预测当前市场的需求，根据需求状况进行目标市场的选择。现代的饭店正处在信息化的时代，及时、有效、准确的收集信息尤为重要，这就要求酒店在预测之前做好相关的调研工作。通过市场调研，了解饭店市场状况，进而进行科学、有效的市场预测。

2. 进行市场细分

市场细分是饭店进行目标市场选择的基础，从复杂的市场中，按照一定的标准，把它分成若干的具有相近特征的子市场，便于发现最好的市场机会，提高市场占有率，用最少的支出尽力获取最大的经济效益。

3. 在细分的基础上进行目标市场选择和市场定位

因为没有任何一个酒店可以满足所有的市场的需求，所以在市场细分的基础上，寻找对酒店最有利的一个或者几个细分市场，确定自己的营销空间和经营对象，然后对其进行定位，以便与竞争对手区别而形成自己独特的经营风格和做法。

三、制定市场营销策略

市场营销策略（简称 4P）是企业以顾客需要为出发点，根据调研或者经验获得顾客需求量以及购买力的信息、商业界的期望值，有计划地组织各项经营活动，通过相互协调一致的产品策略、价格策略、渠道策略和促销策略（现代市场营销策略还要加上政治权利、公共关系策略，简称 6P），为顾客提供满意的商品和服务而实现企业目标的过程。旅游饭店市场营销策略包括：价格策略、产品策略、渠道策略和促销策略。

1. 价格策略

价格策略主要是指产品的定价。影响饭店定价决策的因素很多，既有饭店内部的因素，如成本、营销目标、饭店发展战略等，也包含饭店外部的一些因素，例如市场需求、竞争者的价格及产品、宏观管理、通货膨胀等，酒店根据这些情况来给产品制定价格，实现自身的营销策略。

2. 产品策略

产品策略主要是指产品的生产在包装、设计、颜色、款式、商标等方面给产品赋予特色，区别于同类酒店产品，让其在消费者心目中留下深刻的印象。对于旅游酒店来说，尽量使本酒店形成自己有特色的产品和服务，从而树立本酒店在市场中的特有形象。

3. 渠道策略

渠道策略是指企业选用何种渠道使产品流通到顾客手中。饭店渠道策略有很多种，例如直接渠道、间接渠道（分销、经销、代理等），旅游酒店可以根据不同的情况选用不同的渠道。

4. 促销策略

促销策略主要是指企业采用一定的促销手段来达到销售产品、增加销售额的目的。现代饭店促销手段多种多样，如折扣、返现、抽奖、免费体验等多种方式。酒店根据自身的需要选择相应的促销策略。

四、制定营销战略计划

营销战略计划由企业在预期的环境和竞争条件下的营销支出、营销组合等决策所构成。为了使营销战略得以贯彻实施，饭店营销部门就必须制定营销战略计划。

1. 营销支出

酒店管理层必须首先确定要达到饭店的营销目标所需要的营销支出水平，目前国际上通用方法就是按照推销额的比例做出营销预算。

2. 营销组合

营销组合是指企业用于追求目标市场的预期水平的可控制营销变量的组合。一般饭店常用的就是著名营销专家麦卡锡提出的 4P 组合，即产品、价格、销售渠道、促销。此外，酒店管理层还必须决定如何将营销费用分配给不同的产品、渠道、促销媒体和销售领域。

五、实施和控制营销计划

旅游饭店营销管理过程的最后一阶段是实施和控制营销计划。一项计划必须转化为行动才有实际意义。旅游饭店市场影响因素日益复杂，其变动就较为突出，因而旅游饭店在针对未来不确定的市场环境拟定营销计划时，所制定的计划就难免与实际实施情况有一定的出入和偏离。为了维护和保证旅游饭店市场营销计划的科学性和严肃性，在计划实施的过程中就应该有相应的调控程序，对计划本身和计划的实施进行必要的调整，以保证旅游饭店营销目标的实现。一般旅游饭店营销计划的执行需要注意以下几点：

（1）要开展目标管理，保证计划要层层落实，保证营销计划的时间性　旅游饭店一般是有淡旺季节的，而对于其营销计划而言，每一项计划都有其不同的时间限制，过早或者过迟开展都不能得到预期的效果，很可能会造成经济损失。

（2）紧抓营销人员的任务落实　计划的任何一步都需要营销人员的具体实施，所以要充分调动员工积极性，做到责任明确、分工合理。

（3）要正确处理计划与变化的关系　旅游饭店所处环境是极其复杂、瞬息万变的，所以营销计划也应适应环境变化，符合企业的发展趋势。在营销计划的执行过程中，根据突发情况修订计划是非常必要的。但是，在进行较大变化之前，应该慎重作出重新评估，确认修改计划的必要性。

（4）注意经营工作的全面协调　旅游饭店是一个有机的整体，旅游营销计划的执行离不开其他部门的通力合作，所以必须注重全企业的相互协调。

项目二 旅游饭店市场营销计划

旅游饭店市场营销计划工作是旅游饭店通过对目标市场发展态势以及自身地位和实力的

分析，确定今后发展目标，实现营销战略和行动方案的工作过程。反映这些既定目标、营销战略和行动方案的书面文件，便是该旅游饭店的市场营销计划。在不断变化的市场环境中，为了使自己饭店的经营决策不至于迷失方向，在激烈的市场竞争中求得生存和发展，任何企业都不得不对自己的营销活动进行系统的规划，旅游饭店也不例外。饭店应识别有利的经营机会，制定有效的经营策略，策划具体的行动方案，从而使业务的开展有据可依。所以营销计划在旅游饭店中的作用日益突出，它不仅为企业经营指明了方向，还为企业实现营销目标乃至总体目标规定了具体的逻辑步骤。

一、旅游饭店营销计划的分类

一般来说，任何计划工作都需要制定今后的发展目标以及实现这些目标的实施方案。目标的制定通常要在市场调研与分析的基础上进行。实施方案的策划则需要考虑有关费用的成本，并且要制定出以何种方式控制计划的实施以及评估计划目标的实际落实程度。但是由于企业的目标不同，所制定的计划标准也就不同。所以根据不同的标准，旅游饭店营销计划可以有以下分类：

1. 按照战略和战术关系分类，划分为战略营销计划和战术营销计划

战略营销计划是在分析当前饭店最佳市场机会的基础上提出其目标市场和价值建议。这一过程是通过分析市场、细分市场和评估竞争对手的产品等来设计制定有效的应对市场变化的战略。战术营销计划则描述了一个特定时期内的饭店营销战术，包括产品特征、促销、商品化、定价、销售渠道和服务质量等。

2. 按照计划的时间周期分类，划分为短期、中期和长期营销计划

短期营销计划通常是以一个财务周期或者一个财务月为周期。短期营销计划对饭店管理人员的影响极大，相对于中长期计划而言，它更侧重于手段与措施问题，可以将其理解为酒店经营工作的指南。一般来说，中长期营销计划的时间跨度为一个季度或者半年，由于旅游饭店销售随季节的波动较大，营销计划要能灵活的应对淡、旺季需求量变化的情况。

3. 按计划涉及范围分类，主要包括产品营销. 服务营销和客户营销计划

通常，产品营销计划主要是对旅游饭店产品或服务的目标、战略、战术等做出具体的规定。服务营销计划是计划规划的核心，主要包括饭店服务的设置、特色与创新、服务质量控制系统设计和运行监控等安排。客户营销计划主要包括开发饭店目标客户、与客户建立长期稳定的合作关系、培养忠诚顾客、建立顾客数据库和优化顾客价值结构等工作。

二、旅游饭店营销计划的制订

同其他行业一样，旅游饭店市场营销计划的制订并没有统一的模式，营销计划的结构程

序也不尽相同。但是尽管存在差异，几乎所有的营销计划都存在一些带有共性的基本内容，其中比较重要的内容包括：市场现状分析、机会和风险分析、确立营销目标、营销预算、营销战略和最后的评价控制。

1. 饭店市场现状分析

主要提供该饭店产品目前营销状况的有关背景资料，包括市场、产品、竞争、分销和宏观环境状况的分析。

（1）市场状况　列举饭店目标市场的规模和成长性的有关数据，包括常规规模成长状况、顾客的需求状况、饭店的市场占有率等。

（2）产品状况　列出饭店产品组合中每一个品种近年的销售价格、市场占有率、价格、成本、费用、利润率等方面的数据。

（3）竞争状况　识别出本饭店的主要竞争者，并列出竞争者的规模、目标、市场份额、产品质量、价格、营销战略和其他的有关特征，以了解竞争者的意图、行为，判断竞争者的变化趋势。

（4）分销状况　描述饭店产品所选择的分销渠道的类型和在各种分销渠道中的销售数量。

（5）宏观环境状况　主要对宏观环境的状况和主要发展趋势作简要的介绍。

2. 风险与机会分析

在描述当前营销状况的基础上，酒店管理层需要辨认在本计划期内公司所面临的机会与威胁、优势与劣势的问题，也就是战略管理理论的 SWOT 分析。S 代表 Strength，W 代表 Weakness，O 代表 Opportunity，T 代表 Threat。在这项分析中，必须把对风险与机会的分析与对企业的优势与劣势分析结合起来进行，回避可能遇到的风险。一个市场机会能否成为饭店的营销机会，关键在于这个机会是否与饭店在目标和资源方面的优势相匹配，因此，在计划中要对市场机会和风险进行科学、详细的预测、分析和判断。

（1）O / T 分析　即机会 / 威胁分析，指通过对饭店外部环境变化趋势的分析，识别出有利于饭店发展的重大市场和机会，以及可能影响饭店经营，甚至危及饭店生存的主要环境威胁。

（2）S / W 分析　即优势 / 劣势分析，指通过对内部经营条件的分析，认清本饭店相对于竞争者的战略优势和劣势。

（3）SWOT 分析　即综合分析市场机会、环境威胁、饭店优势与劣势等战略要素，明确能够为本旅游饭店有效利用的市场机会，尽可能将良好的市场机会与饭店优势有机结合；同时努力防范和化解因环境威胁和饭店劣势带来的市场风险。

（4）问题分析　在 SWOT 分析的基础上，明确在制定和实施市场营销战略计划过程中还必须妥善解决好的主要问题。

3. 确立营销目标

经过前几个阶段的分析以后，计划过程的下一步工作便是提出营销目标。所谓营销目标是指旅游饭店的管理部门计划在某一特定时期内应当实现的经营业绩。一般需要制定两个目标——饭店财务目标和营销目标，用数量化指标表达出来，并且将目标定得实际、合理，有一定的开拓性。

（1）财务目标　即确定每一个战略目标的财务报酬目标，包括投资报酬率、利润率、利润额等指标。

（2）营销目标　财务目标必须转化为营销目标。营销目标可以由以下指标构成，如销售收入、销售增长率、销售量、市场份额、品牌知名度、分销范围等。

当然，除上述目标以外，企业形象塑造、员工素质提高、股票市场印象等也应考虑。

4. 营销预算

营销预算是指为了实现旅游饭店营销计划中规定的目标所必需的费用总额。测算和确定营销预算是一项既有难度又十分重要的工作。一方面，营销费用属于必须花费的资金，或者是说在目标销售量和销售额实现之前所必须花费的资金。对于酒店来说，这些资金只能在将来的某一时刻从扣除营业费用的营业利润中得到补偿。另一方面，如果取消这些款项，则营销计划目标便不能够实现。

5. 营销战略

制定旅游饭店市场营销计划的第五步是制定具体的营销战略，并把这些战略写成文字材料，这关系饭店应该采取什么措施来实现企业饭店的营销目标。旅游饭店营销战略由两部分组成：目标市场选择和市场定位战略、营销组合战略。

（1）目标市场选择和市场定位战略　明确企业的目标管理市场，即企业准备服务于哪个或哪几个细分市场、如何进行市场定位、确定何种市场形象。

（2）营销组合战略　即饭店在目标市场上所采取的具体的营销战略，如产品、渠道、定价和促销等方面的战略。

6. 最后的评价控制

营销计划的最后一部分是检查和控制，用以监督营销计划的进程。将计划规定工作的营销目标和预算按月份或季度分别制定。上一级的管理者每期都要审查企业各部门的业务实绩，找出达到或未达到预期目标的部门。凡未完成计划的部门，其主管人员必须说明原因，并提出改进措施，以争取实现预期的目标，从而使组成整个营销计划的各个部门的工作受到有效地控制，保证整个计划能井然有序、卓有成效地付诸实施。

三、旅游饭店营销计划的实施

从影响旅游饭店市场营销计划的诸多因素和若干方面出发，成功贯彻实施旅游营销计划一般要经过以下步骤：

1. 制定详细的行动方案

在该方案中，不仅要明确营销计划实施的关键性要求和任务，而且还要把责任和任务落实到个人或者作业单位，并明确具体的行动计划执行时间表，在时间上有严格的规定，尽力做到将计划落实到每一个人，且人尽其责，使计划得到具体实施。

2. 建立营销组织机构

建立和强化市场营销组织对推动旅游饭店市场营销活动的开展起着决定性的作用，它是旅游市场营销计划和营销战略贯彻实施的主要力量。另外，还要重视企业内部的非正式机构，做到与其紧密结合，提高企业员工对营销计划和营销战略的共同认识、理解，促进和保证旅游饭店市场营销计划的顺利实施。

3. 设计科学合理的决策和报酬制度

大型的旅游饭店或者实行多角化经营的旅游饭店，不能再实行高度集中的统一管理，需要适应市场变化的要求，实行分权管理。所以，就必须设计有利于市场营销计划贯彻执行的报酬制度，充分调动员工的工作积极性，促进市场营销计划的执行。

4. 建设旅游饭店的企业文化

现代旅游饭店已经比较重视企业文化了，它是饭店的重要战略资源和竞争手段，对企业经营思想、领导风格和员工工作态度等都起着决定性的作用，通过企业文化建设，逐渐形成共同的价值标准和基本信念，保证旅游饭店的营销计划在相应的文化环境中得到强大的支持，最终能够完善执行。

5. 开发旅游人力资源

旅游饭店营销计划的实施需要全饭店员工的共同努力来完成，因而要充分调动员工的工作积极性，努力开发人力资源，实现人尽其才，为营销计划的实施提供可靠的保证。

上述几个方面需要旅游饭店全体员工的共同努力，协调一致，相互配合，才能使营销计划得到有效的实施。

项目三 旅游饭店市场营销组织

旅游饭店市场营销活动是通过一定的组织机构来进行的，因此，有效地制定旅游饭店市场营销计划，必须以完善的市场营销组织为基础。从一定意义上说，旅游饭店市场营销组织就是为了实现市场营销目标而从整体上对酒店的全部市场营销活动进行平衡、协调的有机器官和核心。

一、旅游饭店市场营销组织的含义

旅游饭店市场营销组织是指旅游饭店内部涉及市场营销活动的各个职位及其结构。它是以市场营销观念为理念建立的组织，以消费者的需求为中心，把消费者需求置于整个市场运行过程的起点，并将满足消费者的需求作为其归宿点。

影响旅游饭店市场营销组织设置的因素如下：

（1）旅游饭店规模　一般情况下，旅游饭店规模越大，市场营销组织越复杂；旅游饭店规模越小，市场营销组织则相对简单。

（2）旅游饭店市场状况　一般情况下，决定市场营销人员分工和负责区域的依据是市场的地理位置。

（3）旅游饭店产品特点　包括旅游饭店的产品种类、产品特色、产品项目的关联性以及产品的技术服务方面的要求。

二、旅游饭店市场营销结构组织的演变过程

现代的旅游饭店市场营销组织是随着旅游市场营销的不断发展逐渐长期演变发展形成的，一般也经历了以下几阶段：

1. 简单的推销部门

在旅游饭店的早期，主要是按产品观念指导自己的市场活动，饭店的目标、规划、价格等主要是由生产来决定的，而推销部门的职能主要是推销已经生产出来的产品，即有什么产品就推销什么，并没有享有应有的独立地位，对酒店的产品、规格等没有发言权。

2. 具有其他附属功能的推销部门

随着旅游经济和市场营销观念的发展，旅游饭店需要经常的做调研，做广告等促销活动，因此推销管理者除了要负责简单的推销人员外，还必须设置营销主管去执行广告、调研等计划、指挥、控制的营销职能，以实现新广告的出现、调研等的工作需要。

3. 独立的营销部门

随着旅游经济的发展和饭店规模的扩大，旅游饭店市场已经逐渐地转变成为买方市场，这时顾客的意见已经能够为经营者所重视，所以营销部门除了推销以外的其他职能显得越来越重要，市场营销部门独立存在的必要性已经越来越明显，推销和市场营销就成为了平行的职能部门。

4. 现代营销部门

尽管推销部门和营销部门是平行的，但是前者注重的是短期的目标，后者注重的是长期

的目标，两者执行时容易产生矛盾，然而在根本上二者又是一致的，都是市场营销的一部分，所以随着经济和旅游饭店行业的发展，二者最终合二为一，形成了现代的旅游饭店市场营销部门。

三、现代旅游饭店市场营销部门的组织形式

旅游饭店制定的营销战略最后必须被忠实有效地执行，否则便是一纸空文，没有实际意义。所以它要求旅游饭店要建立一个能够成功执行计划的组织，制定对计划实施起支持作用的政策和运作程序，诸如营销活动的控制评估系统等。可见旅游饭店的营销计划制定得越缜密，执行得越有效，监控评估越有力度，旅游饭店就越有可能在市场上成为一个强有力的竞争者，就越有可能在市场上获得竞争的成功。现代旅游饭店市场营销部门的组织形式一般有以下几种：

1. 基于不同功能的市场营销组织

这种组织形式（图 11-1）的优点在于产品经理能够将产品营销组合的各个要素较好地协调起来，更快地就市场上出现的问题做出反应。对于那些较小的品牌，由于产品经理专管，可以较少地受到忽视。缺点是产品经理权利力度不足，致使他们无法有效地完成自己的任务。

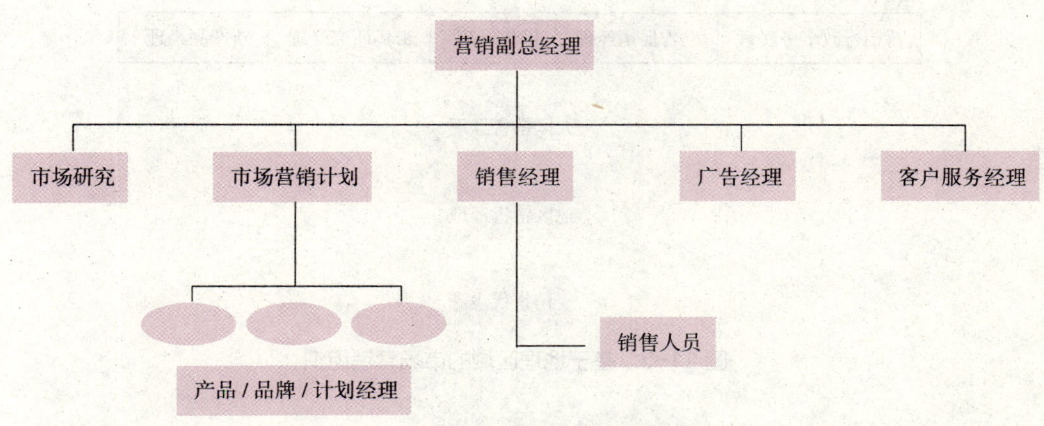

图 11-1　基于不同功能的市场营销组织

2. 以市场或客户为基础的市场营销组织

这种组织（图 11-2）是为了适应明确区分的细分市场。每一个细分市场都有负责人，相对管理较为有针对性，但是彼此之间联系较少，且随着市场规模的逐渐扩大，必须雇用大量的销售人员，组织逐渐膨胀并变得复杂，人员的耗资也会逐渐增加。

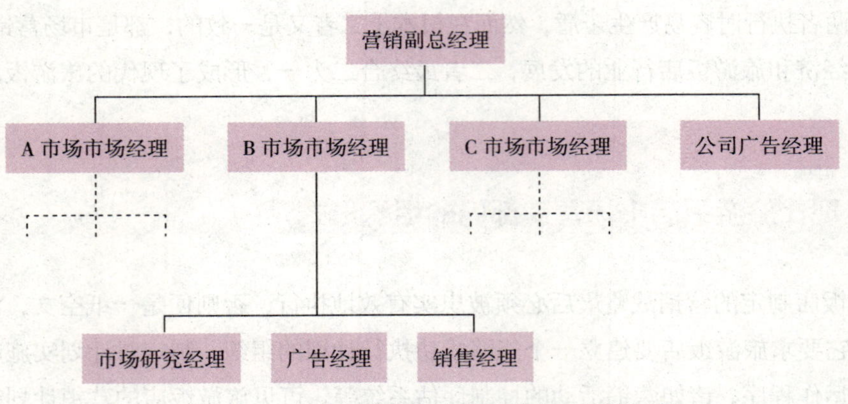

图 11-2 以市场或客户为基础的市场营销组织

3. 基于地理区域的市场营销组织

在广泛地理区域开发产品市场的公司适合采用这种组织形式（图 11-3）。特别是公司的产品范围有限，具有同质特点，并且需要迅速覆盖许多地区的时候。

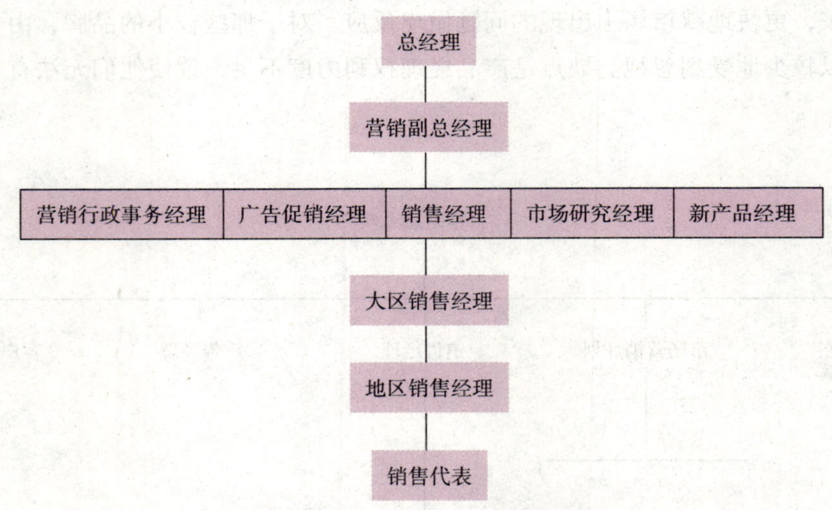

图 11-3 基于地理区域的市场营销组织

4. 以分销渠道为基础的市场营销组织

这种组织形式（图 11-4）适用于将一系列产品既出售给消费者，又卖给团体客户的情况。这里每一种分销渠道都需要以不同的方式来组织。可以将公司广告和市场研究等职能作为中心，而其他部门则作为这个中心的分支机构。中心和部门之间的关系必须有明确界限，每一层次的人员都要服从各自的主管。这种组织的主要不足之处在于限制现有渠道之间的联系，阻碍市场营销以创新的方式进行分销。

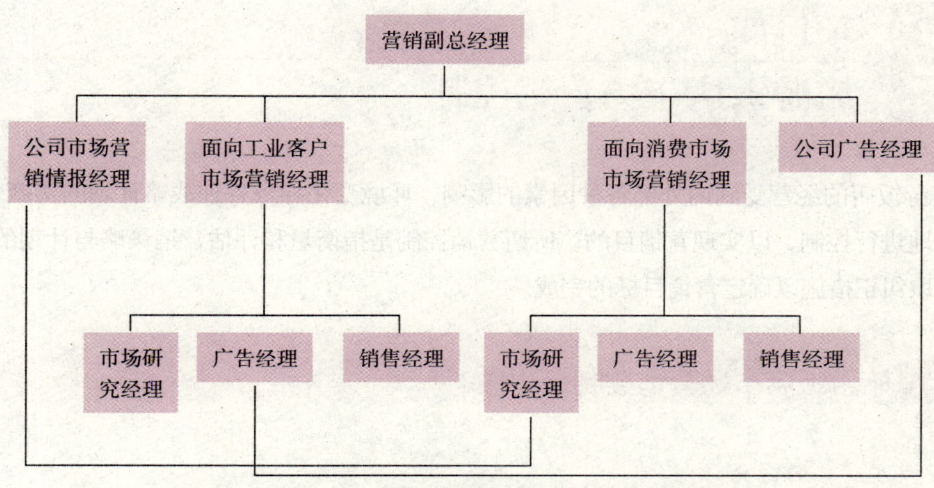

图 11-4 以分销渠道为基础的市场营销组织

四、网络化条件下旅游饭店市场营销组织结构的新变化

随着网络环境在旅游饭店的日益发展和应用，旅游饭店市场营销组织也必须适应市场和企业的新变化而随之进行改变。总的看在网络化条件下，旅游饭店营销组织呈现如下特点：

1. 旅游饭店营销管理信息化、网络化

在旅游饭店内部或者其他的电子商务系统平台上，构建饭店营销管理的子系统和营销数据库，并与网络连接，使组织结构处于网络化状态，企业内部可以借助网络平台进行沟通，同时营销组织也可以通过网络与客户实现双向交流。

2. 管理层级减少，旅游饭店营销结构扁平化

在网络环境下，旅游饭店营销管理者可以直接通过网络获得信息，减少人员的使用量，同时可以跨越界限的进行交流，这样扁平化、网络化的组织结构有利于管理者抓住市场机遇，更加快速果断的进行市场决策。

3. 组织结构无边界化

由于网络系统使用，促使饭店内部之间的联系更加的方便，并且打破了彼此之间的界限，加强了沟通，消除了各部门之间以及营销组织者与顾客之间的沟通障碍，使结构组织无边际。

项目四 旅游饭店市场营销控制

旅游饭店的经营受到内外部各种因素的影响，环境变化导致各种战略计划的实施效果需要实时地进行控制，以实现营销目的。所谓营销控制是指衡量和评估营销策略与计划的成果，以及采取纠正措施以确定营销目标的完成。

一、旅游饭店市场营销控制必要性

1. 环境变化的需要

控制总是针对动态过程而言的。从旅游饭店营销管理者制订目标到目标的实现通常需要一段时间，在这段时间里，旅游饭店内外部的情况可能会发生变化，尤其是面对复杂而动荡的市场环境，每个旅游饭店企业都面临着严峻的挑战，各种变化都可能会影响到旅游饭店已定的目标，甚至有可能需要重新修改或变动以符合新情况。高效的营销控制系统，能帮助营销管理者根据环境变化的情况，及时对自己的目标和计划作出必要的修正。一般来说，目标的时间跨度越大，控制也越重要。

2. 需要及时纠正执行过程中的偏差

在计划执行过程中，难免会出现一些小偏差，而且随着时间的推移，小错误如果没有得到及时的纠正，就可能逐渐积累成严重的问题。营销控制不仅需要对企业营销过程的结果进行控制，还必须对企业营销过程本身进行控制，而对过程本身的控制更是对结果控制的重要保证。因此，旅游饭店营销管理者必须依靠控制系统及时发现并纠正小的偏差，以免给旅游饭店企业造成不可挽回的损失。

二、旅游饭店市场营销控制程序

旅游饭店市场营销控制过程实际上是一个目标管理系统，主要有四个步骤：确定控制目标，评价执行情况，诊断执行结果和采取纠正措施。

1. 确定控制目标

确定控制目标就是要解决要达到什么目的的问题，它不同于营销计划中的营销目标，前者是后者的分解。在营销控制过程中，营销目标被分解成若干更短时期的控制目标。例如可以把年度计划分解成季度计划，只要每个季度的目标实现了，那么年度计划自然也就实现了。

2. 评价执行情况

第二步就是监督营销活动的实际效绩，监测工作人员都在做什么，并且评价其所作业绩的实际情况。这一步与第一步的实际联系极为密切，营销目标数量化、可监测化，并在现实中得到具体有效的实施，评价工作人员的执行情况才有实际的意义。

3. 诊断执行结果

第三步是分析各控制目标的执行结果。对于那些执行情况差的要深刻分析其形成原因。一般来说，计划执行过程中出现的偏差有两类：一类是外部原因，一类是企业自身原因。如果诊断结果属于第一类原因，那饭店应该及时的修正营销计划，因为外部原因是企业不可控制的力量，只能是去适应，不能改变；如果是内部原因，企业就应该采取相应的措施予以改正。

4. 采取纠正措施

最后一步是采取纠正措施。在诊断执行结果以后，如果确定是外部原因，当然管理层要想办法纠正营销计划，使之适应现实复杂的市场环境；如果是内部原因，如员工不够努力或者是执行的错误，应该采取相应的惩罚措施，尽力纠正错误，激励员工努力工作，以达到控制目标。

三、旅游饭店市场营销控制方法

1. 年度计划控制

旅游饭店年度计划控制，主要是检查营销活动的结果是否达到年度计划的要求，并在必要时采取调整和修正措施。年度计划控制的目的是确保旅游饭店企业实现年度计划中所确定的销售、利润和其他目标。管理者可运用四种方法来衡量计划的执行绩效，即销售差异分析法、市场占有率分析法、营销费用率分析、顾客态度追踪。

（1）销售差异分析　衡量并评估旅游饭店企业的实际销售额与计划销售额之间的差异情况。

（2）市场占有率分析　衡量并评估旅游饭店的市场占有率情况。根据旅游饭店选择的比较范围不同，市场占有率一般分为三种：① 全部市场占有率：指旅游饭店的销售额（量）占行业销售额（量）的百分比；② 目标市场占有率：指旅游饭店的销售额（量）占其目标市场总销售额（量）的百分比；③ 相对市场占有率：指旅游饭店企业的销售额（量）占几个最大竞争者的销售额（量）的百分比。

（3）营销费用率分析　衡量并评估旅游饭店的营销费用对销售额的比率，还可进一步细分为人力推销费用率、广告费用率、销售促进费用率、市场营销调研费用率、销售管理费用率等。

（4）顾客态度追踪　旅游饭店通过设置顾客抱怨和建议系统、建立固定的顾客样本或者通过顾客调查等方式，了解顾客对本旅游饭店及其产品的态度变化情况，进行衡量并评估。

2. 盈利能力控制

盈利能力控制一般由财务部门负责，旨在测定旅游饭店不同产品、不同销售地区、不同顾客群、不同销售渠道以及不同规模订单的盈利情况的控制活动。盈利能力指标包括资产收益率、销售利润率和资产周转率、现金周转率、存货周转率和应收账款周转率、净资产报酬率等。

3. 营销效率控制

假如盈利分析发现旅游饭店在某些产品、地区或市场方面的赢利不佳，那接下来要解决的问题是寻找更有效的方法来管理销售队伍、广告、促销和分销。

（1）销售人员效率　各销售经理可用这些指标考核和管理销售队伍，提高销售人员的工作效率：

① 销售人员日均拜访客户的次数；

② 每次访问平均所需时间；

③ 每次访问的平均收益；

④ 每次访问的平均成本；

⑤ 每百次销售访问预定购的百分比；

⑥ 每月新增客户数目；

⑦ 每月流失客户数目；

⑧ 销售成本对总销售额的百分比。

（2）广告效率　为提高广告宣传的效率，经理应掌握这些统计资料：

① 每种媒体接触每千名顾客所花费的广告成本；

② 注意阅读广告的人在其受众中所占的比率；

③ 顾客对广告内容和效果的评价；

④ 广告前后顾客态度的变化；

⑤ 由广告激发的询问次数。

（3）营业推广效率　为了提高促销效率，企业应注意的统计资料有：

① 优惠销售所占的百分比；

② 每一单位销售额中所包含的陈列成本；

③ 赠券回收率；

④ 因示范引起的询问次数

（4）分销效率　主要是对分销渠道的业绩、企业存货控制、仓库位置和运输方式的效率进行分析和改进，提高分销的效率。

综合案例

起死回生的营销计划

位于田纳西州孟菲斯城的普罗莫斯公司（Promus Companies，Inc.）是普罗莫斯饭店集团与海拉赌场饭店（Promus Hotels and Harrah's Casinos）的母公司。该公司拥有所有权和特许经营权的饭店品牌包括公寓饭店（Embassy Suites）、汉普顿客栈 (Hampton Inn) 和家屋公寓饭店（Homewood Suites）。海拉公司在一些重要的城市以及许多河船和美国土著居民的保留地经营赌场饭店。

李·威特罗（Lee Witherow）从威克林业大学获得 MBA 学位后，于 1991 年进入普罗莫斯公司，成为总裁助理项目的新成员，普罗莫斯公司成立的总裁助理项目是为了吸引具有较大潜能的 MBA 毕业生，以确保高水平的经理层人才的供应。

1991 年秋，威特罗被任命为得克萨斯州达拉斯市的大使公寓饭店的常务经理。他主要负责把前公园公寓饭店转到大使公寓饭店的旗下。该饭店当时的市场正在被蚕食，平均房价和出租率都上不去。当威特罗被指派到这家饭店时，大使公寓饭店的总经理克莱默·卡尔（Clyde Culp）把这家饭店称为“我们公司最大的挑战，我们最难经营的饭店之一”。

威特罗到那里后，发现这是一个依靠两个主要大客户的饭店，这两个主要的大客户租用的客房占该饭店出租客房的 42% 以上，这就带来了很多问题。为此，威特罗制定了一个计划，要用对房价不太敏感的客户来代替当前的大客户。两年半后，这家饭店的客房出租率增长了近 9%，平均房价增长了近 19 美元。最终结果是净收益超过了 200 万美元。

威特罗在达拉斯所取得的成功表现在两个方面：一是大使公寓饭店实施的 100% 满意承诺，宣称“如果你不高兴，我们不指望你付款”。二是使用精心挑选的员工，确保每个客户在住店期间是 100% 快乐的。

在饭店的销售和营销方面，他同时采取了两种方法：提高客房出租率，以有助于实现平均房价目标的客户取代购价较低的客户。

为了保证销售部能意识到他们工作的重要性，在第一年威特罗每周都用 15 至 20 小时的时间给他们打电话。这种方法不仅对销售部有帮助，而且威特罗也可以通过关系营销了解他的客户。

在大使公寓饭店，标准经营程序要求常务经理把他的办公室设在饭店的大厅。这不仅给威特罗提供了与其客户建立联系的机会，还使员工能够直接与常务总经理接触。简而言之，快乐的员工造就了快乐和百分之百满意的顾客，好的营销结构组织也是成功必备的条件。

案例思考

请思考案例中威特罗取得成功的原因。

复习思考题

1. 旅游饭店市场营销管理的定义及其管理过程。
2. 旅游饭店市场营销计划如何制定和实施？
3. 试编制一个旅游饭店市场营销计划。
4. 简述旅游饭店市场营销的组织形式。
5. 什么是旅游饭店市场营销控制，如何进行控制？

参考文献

1. 赵毅，叶红. 新编旅游市场营销学：北京：清华大学出版社，2006.
2. 徐德宽，王平. 现代旅游市场营销（第一版）：青岛：青岛出版社，1998.
3. 林南枝. 旅游市场学（第二版修订版）. 天津：南开大学出版社，2000.
4. 徐淑梅，董淑娜. 旅游市场营销：长春：东北师范大学出版社，2006.
5. 赵西萍. 旅游市场营销学：北京：高等教育出版社，2002.
6. 李鼎新，岳福琴. 旅游市场营销：北京：科学出版社，2005.